U0116288

疾病 丹药 与动荡

唐山／著

国际文化出版公司
·北京·

图书在版编目（CIP）数据

谁杀了秦始皇：疾病、丹药与动荡 / 唐山著. --
北京：国际文化出版公司, 2023.3
ISBN 978-7-5125-1498-0

Ⅰ.①谁… Ⅱ.①唐… Ⅲ.①中国历史—秦代—通俗
读物 Ⅳ.①K233.07

中国国家版本馆CIP数据核字(2023)第002841号

谁杀了秦始皇：疾病、丹药与动荡

作　　者	唐　山	
责任编辑	吴赛赛	
选题策划	品　雅	
出版发行	国际文化出版公司	
经　　销	全国新华书店	
印　　刷	固安县保利达印务有限公司	
开　　本	710毫米×960毫米	16开
	19.5印张	320千字
版　　次	2023年3月第1版	
	2023年3月第1次印刷	
书　　号	ISBN 978-7-5125-1498-0	
定　　价	65.00元	

国际文化出版公司
北京朝阳区东土城路乙9号　　邮编：100013
总编室：（010）64270995　　传真：（010）64270995
销售热线：（010）64271187
传真：（010）64271187-800
E-mail：icpc@95777.sina.net

序　言

历史还是那个历史，但不妨换个角度看

如果不是2200多年前那次看上去无关紧要的疾病，中国历史是否会改写？

毕竟，秦始皇去世时才49岁，以他的精明强干，秦朝也许不会那么快崩溃。如秦始皇能延寿10年，也许秦朝真会成为百年帝国，法家将变成绝对主流，形成传统，儒家则日渐衰微……那么，后来的中国历史将完全不同。

这样的假设还可以有很多，比如高寿的汉武帝早去世10年，西汉会不会崩溃？一代明君李世民多活10年，唐代疆域会不会更辽阔？唐玄宗早退位，“安史之乱”能否避免……

历史不能假设，因为假设的空间太广阔，无法论证真伪，只能是游谈无根。

然而，读史又离不开想象力。

在“不能假设”与“历史想象力”之间舞蹈，是我写这本书的原因——我希望这本小书既忠实于历史研究的规范，又能跳出传统解释方面。由此发现：以往读史，较多关注当事人之间的博弈，却忽略了疾病的作用。

人人都会得病，疾病深深嵌入历史，只是我们常从当代医学的角度看问题，忽略了疾病在历史进程中的作用。

在今天，儿童死亡是低概率事件，在古代，约1/5的人无法活到成年。

在今天，流感几无杀伤力，在古代，它可能造成上百万人死亡。

此外，医学条件不同，会塑造出不同的观念。古人诸多饮食禁忌，与消化道疾病患者的死亡率高直接相关；古人重阴阳，源于对传染病的误会；古人很少谈到高血压、糖尿病等慢性病，因为大多数人活不到那个年龄……这些观念对政治格局的影响可能更大，比如汉武帝惧怕巫蛊，误杀戾太子刘据；再如为了养生，唐代多位皇帝服丹中毒。

近年来，“疾病改变历史”类的著作开始受到重视，其中多是着眼于大历史。本书则聚焦个案，但也试图通过个案呈现出大历史的波澜——在历史的诸多重大转折中，疾病是关键因素，我们不应忽视它。

写这本小书，还有一个原因，与我在《中国家庭报》的一段工作经历相关。

《中国家庭报》是国家卫健委主办的报纸，面向普通读者，内容以普及医学常识为主。可医学常识就那么多，较少出新。有的稿年年登，各报都登，甚至10多年前的旧稿，换个标题，仍在发表。

媒体应出新，可怎么出新呢？

我和报社同事商量：读者爱看历史文章，能否将科普和历史结合起来，做个“给古人看病”的专栏？同事试了一期，就不写了。一是同事对史料不太熟，二是工作忙，应付不来。

这件半途而废的事，成了我的心病。离开《中国家庭报》后，在其他媒体上开专栏，我便把这个想法捡了起来。

真捡起来，才知是自讨苦吃。一篇稿至少要写六七个小时，此外还要用差不多的时间找材料、看材料。

做这个专栏，医药科普方面的内容好找，很多是我在《中国家庭报》工作期间编发的科普文中的内容，多属反复发表、易查到的知识，但都来自可靠信源——一般来说，《健康报》《中国人口报》《老年健康报》等正规媒体上的内容属可靠信源。

开专栏，我本想换个科普方式，但在实际写作中，科普内容并不多，重点在讲历史。所以，本书是讲历史故事的书，而非健康科普书，读者千万不要将它当成保健指南。医学在不断发展，知识会不断更新，遇到问题，一定要向专业的医务工作者征求建议。

本书中所列古籍中的方剂，仅供了解，读者如身体有不适症状，请及时就医并遵医嘱，切勿据本书中所列方剂自行调配药物。

书中的历史故事也仅是故事，不作为专业的历史研究资料引用和例证。历史还是那个历史，但看历史的方法和角度可以不同，至少我自信这本书是与众不同的，希望方家和读者批评指正。

是为序。

唐山

2022年7月6日

目　录

第一章　秦汉

第二章　三国两晋南北朝

第三章　隋唐

第四章　辽宋夏金元

第五章　拾遗

第一章 秦汉

秦始皇：是谁杀了“千古一帝”

前210年，秦始皇死在第五次巡行天下的途中。

《史记》记载甚详：“至平原津而病，始皇恶言死，群臣莫敢言死事。上病益甚，乃为玺书赐公子扶苏曰：‘与丧会咸阳而葬。’书已封，在中车府令赵高行符玺事所，未授使者。七月丙寅，始皇崩于沙丘平台。”

平原津今属山东省德州市，是古黄河上的重要渡口之一。沙丘宫平台遗址位于今河北省邢台市广宗县大平台村南，是一个长150米、宽70米的沙丘。

秦始皇当年年仅49岁，巡行途中，曾登高山、涉大河，并在海上亲自操弩，准备射杀鲛鱼（一说是白斑星鲨，一说是鲸鱼），但鲛鱼没来，后在芝罘（隶属于今山东省烟台市），终于干掉一条。从平原津到沙丘宫，不过140多公里，也就是说，尚未进入垂暮之年的秦始皇从发病到去世，才两三天，所以后世不少研究者对秦始皇的死因充满怀疑。

比较主流的说法有两种：

其一，胡亥、赵高谋杀说。

其二，秦始皇患病说。

古人多信前者，今人多崇后者。

蒙毅为什么离开秦始皇？

司马迁或倾向于“谋杀说”，在《史记》中，他反复暗示胡亥、赵高有谋杀动机。

秦始皇发病时，派蒙毅“还祷山川”。蒙毅是大将军蒙恬的弟弟，与秦始皇外出则同乘一车，居内则侍奉左右，此时被支走，引人怀疑。但蒙毅官拜上卿，爵位很高，权力很大，胡亥、赵高不可能调动他。

蒙毅离开，可能是为了祷疾。当时，祷疾是常用的消灾祈福手段，属于《周礼·大宗伯》所记载的“五礼”中的吉礼。人们患病后，常去神山祈祷。

《史记》曾记载：“武王病……周公乃祓斋，自为质，欲代武王，武王有瘳。”意思是周武王患病后，周公便通过斋戒，祈祷神明将病转到自己身上，武王病也好了。这在后来便成为重臣的义务：君主生病时，他们应祈祷以身相替。

即便他们不祈祷，君主也有办法应对。至少从春秋时起，宫廷中便有秘祝一职，他们负责通过某种祷祝活动，把君主的疾病、坏运气等，转嫁到臣子身上。楚昭王曾见云如“众赤鸟，夹日以飞三日”（《左传·哀公六年》也有类似记载，管辰《管辂别传》也说：“赤鸟夹日，殃在荆楚。”），便去问卜，卜官称是患病之兆，建议让秘祝将其转嫁到令尹（相当于丞相）、司马（军事最高长官）身上，但楚昭王认为人各有命，拒绝了这个建议。

转嫁疾病不太光彩，所以该职位被命名为秘祝。

秦始皇死后，尸体发出臭味，随从的车均载两筐鲍鱼以掩盖。此鲍鱼非今天的鲍鱼，而是咸鱼，古人认为鱼掌疾病，载咸鱼可转嫁疾病，除掩盖臭味外，还意在向外表示秦始皇没死。

神山有很多，本可就近祷疾，但秦始皇平定六国后，不忿于神山多在关外，下令取缔诸多神山名号，并将神山名号转给关中的山，以致关中神山占天下神山的六成。所以蒙毅“祷山川”，必须得“还”，即回关中去，不得不离开秦始皇。

关于《赵正书》的两个疑问

蒙毅一走，胡亥、赵高确实有了下手的机会。但是随着出土文献《赵正书》的公开，胡亥被立为接班人似乎得到了证实。《赵正书》中称：“丞相臣斯、御史臣去疾，昧死顿首言曰：‘今道远而诏期群臣，恐大臣之有谋，请立子胡亥为代后。'王曰：'可。'"这证明秦始皇生前便同意立胡亥为接班人，由此看来，胡亥、赵高并无作案动机。

关于《赵正书》，人们有两大疑问：一是作者可能是汉朝人，所记未必准确；二是文字的现场感太强，近似小说，但它从侧面证明，至少在汉初，部分人认为胡亥并非篡位。吕思勉先生曾说："古太子皆不将兵。使将兵，即为有意废立。"他认为秦始皇早已取消了扶苏的继承权。

胡亥登基后，也曾巡行天下，3个月行近2万里，每天至少180里，可见其勤，但经后代史家书写，胡亥被视为荒淫、残暴、懒惰的昏君。

将"谋杀说"普及开来的，是郭沫若先生1935年9月24日的《秦始皇将死》，它本是一篇小说。郭沫若曾在日本学医多年，他认为秦始皇患有癫痫症和结核性脑炎，但这两种病不会让人猝死，所以谋杀的可能性更大。

在《秦始皇将死》中，郭沫若先生称胡亥、赵高在食物中下毒，令秦始皇病倒，二人又把铁钉插入秦始皇的耳道，使其暴毙。因当时无解剖术，所以事后无人发现。这本是明清公案小说的常见情节，却被许多人信以为真。

秦崇法家，管理极严。《史记》记载，秦始皇去世前两年，有一次去咸阳郊外的梁山宫游览，远望发现丞相李斯随行车马过多，很不高兴。几天后，他发现李斯的随行车马数量骤减，便怀疑身边侍卫透露了消息，于是便将他们全部杀死。

在这样的氛围下，下毒、插铁钉等行为似乎不太可能。

秦始皇没得哮喘病

"谋杀说"有难以回避的解释困境，但郭沫若提供了一个很好的思路，即从疾病的角度看历史。

《史记》记载："秦王为人，蜂准，长目，挚鸟膺，豺声，少恩而虎狼心。"

古人称鼻子为"准"，郭沫若认为"蜂准"是"马鞍鼻"，即塌鼻梁，但也有人认为是鹰钩鼻。

至于“挚鸟膺”，东汉王充的《论衡》中为“鸷鸟膺”，就是鸡胸，与小时候营养不良有关，是佝偻病的一种表现。考虑到秦始皇出身贵族，他的“挚鸟膺”可能来自家族遗传（20%—30%的鸡胸患者有家族遗传史）。

对于“豺声”，人们则争议较大。郭沫若认为这说明秦始皇患有支气管炎。有医学专家进一步提出，支气管炎不至于对发音造成如此大的影响，应该是哮喘，而哮喘可能引发猝死。

但从史料来看，历史上很多名人都是“豺声”。比如楚国皇子商臣便是“蜂目而豺声，忍人也”，晋朝的王敦是“蜂目已露，但豺声未振耳”。由此可见，“豺声”也可能是比喻，未必是一个医学病症。

春秋战国时，患病的王子会被取消君位继承资格。《左传》记载：“崔成有疾，而废之，而立明。”《公羊传》也明确说：“兄何以不立？有疾也。”不仅是患生理疾病的会被取消继承资格，患心理疾病的也会被取消继承资格。

秦国医学在诸国中最发达，人们常用“秦医”代指良医，晋国君主曾两次请秦医诊病。如果秦始皇真的体弱多病，那么他是不可能当上皇帝的，由此看来，他的“挚鸟膺”应该也不太明显。

秦国本是医疗强国

受西方人类学研究影响，现代学者多认为中国上古史也有一个巫医不分、巫医对抗的阶段，但实证不足。在《周礼》中，巫属春官，医属天官，分野清楚。巫也负责治疗，医则分食医、疾医、疡医等。在当时，巫与医是相互配合的关系。

《周礼》表达的是治国方案，官职未必实有。从实践看，秦国是最早在制度上将巫医分开的诸侯国。

秦国设有太医令、太医丞等医职，并有泰医左府、泰医右府等医疗机构，此外还设有左礜（yù）桃支、右礜桃支、左礜桃丞、右礜桃丞等。

礜即礜石，是一种性热含毒的石头，可提炼砒霜，人服用后会产生幻觉。桃支即桃枝，古人认为桃枝有驱鬼的作用。可见，礜桃支是用巫治病的机构。

巫多用祝由术，即借助咒语画符禁禳等招数来治病。比如治疗蛇咬伤，可用“吐气”这个动作；治烧伤，可用“唾”这个动作；治疣，可用“敝帚扫”这个动作；治颓疝（男性睾丸肿胀，女性腹肿），可用“禹步”（依北斗七星的排列行步转折，又称“步罡踏斗”）这个动作。

巫医分开，有利于医学进步。

春秋时，晋侯因梦成疾，秦伯派医缓去诊治，医缓诊断说：“疾不可为也，在肓之上，膏之下。”因断症准确，晋侯称赞医缓“良医也”。这是典籍中最早记录的一个医案。（《左传·成公十年》）

后代晋侯患病，晋国上下束手无策，秦国派出医和，医和指出：“是谓近女室，疾如蛊。”蛊可能是指性病。

战国时，秦国有医竘。《尸子》记载：“有医竘者，秦之良医也。为宣王割痤，为（秦）惠王疗痔，皆愈。张子肿背，命竘治之，遂愈。”

秦穆公之前，秦与中原少往来，中原诸侯视之为蛮夷，为何秦国医术如此发达？这可能与秦地处西周故地，故而继承了周代医学成果有关。

乱扔垃圾会被剁手

秦国医学发达，可能是秦统一六国的重要因素之一。

复旦大学文物与博物馆学系博士后熊建雪的《关中地区周秦时期人类体质健康状况研究》显示，从出土骨殖看，战国时秦国人的身高明显高于西周时的人，寿命也有显著增长，婴儿死亡率也明显下降。在战国时期，秦国所在的关中地区死于壮年期前的人口不足40%，死于老年期的占20%，而其他国家壮年期之前的死亡率高达60%，死于老年期的则占很小一部分。

《睡虎地秦墓竹简》中记录了这样的个案：某人被邻居们扭送到官府，因大家怀疑他患有“毒言”。“毒言”是一种传染病，可通过唾液传播，在岭南一带多见。此人称自己的外祖母是“毒言”患者，而他自己因曾与30多人共用过杯具，被认定有罪，30多岁时被迁到其他地方。官吏召医工查验，认为此人未感染“毒言”，便予以释放。

通过这条记载，我们发现秦朝已建立了较为严格的传染病隔离制度，基层亦设有医工。据《睡虎地秦墓竹简·法律答问》，秦朝明确提出，发现染疠（可能是麻风病）者，应立即送往“疠迁所”隔离。对于染疠者，可视同罪犯，甚至能“定杀”，“生埋之”或“杀水中”。

此外，秦国特别重视环境卫生。《史记·李斯列传》记载：“商君之法，刑弃灰于道者。”严禁乱扔垃圾。从考古发现来看，在临潼汉新丰遗址，在靠近居民区的地方，政府设有多处垃圾坑。不守法者可能遭“断其手”的惩罚。

相对完善的医疗卫生体系，环境较好，身体也不差，这些因素有助于秦国持续对东方用兵。

慢性疾病才是真凶

秦朝的医学水准颇高，可秦始皇去世前，医生们为什么没发出预警呢？

从史料看，秦始皇重视保健，侍医随侍左右。荆轲行刺时，侍医夏无且（jū）以药囊提（dǐ）荆轲，救了秦始皇一命。为长生不老，秦始皇还常年服食丹药。由此看来，认为秦始皇死于中暑、佝偻病等，说服力不足。

医学博士、心理督导师施琪嘉认为，秦始皇很可能患有慢性疾病，即“死亡的前几年，身患糖尿病、前列腺炎”，且古代丹药多含汞，长期服用，会造成肝中毒。

秦始皇患慢性疾病，源于长年超负荷工作。“天下之事无大小，皆决于上……日夜有呈”，他每日批阅的文书多达20万字。且秦始皇私生活失谨，统一天下后，命六国美女入后宫。秦始皇共有24个儿子、10个女儿，这还没有算上早殇的。

秦始皇13岁即位，22岁才亲政。司马迁说他“居约易出人下，得志亦轻食人”，意思是身在人下时，非常平易近人，得志后，便特别暴虐。因长期受压抑，秦始皇多疑、胆小、易怒，而人格障碍也会引发慢性疾病。

肝中毒有很强的隐蔽性，初期表现为食欲减退、消化功能减弱，有时腹胀、腹痛，常被误认为是劳累所致。

秦始皇的决策失误均是在生命的最后5年，修骊山墓、长城、阿房宫（Ē páng）、驰道等，动用人力达200万，加上后勤征用，动用了秦朝2000万人口的一半。这些决策失误可能与他病情加深、性格发生变化有关。

秦始皇最后一次出巡长达9个月，行程近万里，是历次出巡中时间最长的一次。秦始皇去世前正值炎夏，天气和劳累极有可能使他的病情突然加剧，最终暴毙。

（本文多处引用了马临漪先生的《秦始皇死因探析》和杨勇先生的《战国秦汉医疗研究》，特此声明并鸣谢）

张苍：活得久也是本事

前176年，御史大夫张苍终于升任丞相。

在西汉，御史大夫相当于“副丞相”，是做丞相的必经之路。张苍是最后一位入相的汉初功臣，时年已80岁。张苍能升任丞相，离不开下面几个因素：

首先，好出身：刘邦功臣集团大多数出身草莽，张苍在秦朝便是御史。

其次，有师承：张苍是李斯、韩非子的师弟，同拜大儒荀子为师。

其三，资历深：刘邦起兵不久，张苍便投靠了他。

其四，文武双全：张苍不仅是文臣，而且有战功。

其五，忠诚度高：深得刘邦信任，曾被派去“打入敌后”，监视张耳父子。

其六，有政绩：汉初许多政策都出自张苍之手。

其七，全能型人才：张苍精于律历，是经学、天文历算专家，曾校正《九章算术》，推动中国古代数学体系的形成。

拥有如此豪华的履历，却晚年才入相，从知名度来看，尚不如自己的学生贾谊，张苍多少有些憋屈。然而，张苍奇迹般地活到了104岁（可能更长），相比于刘邦的61岁，吕后的61岁，张良的61岁，萧何的64岁，陈平的60多岁，周勃的75岁……堪称笑到最后。

张苍能长寿，有自身身体素质的因素，也有深得儒学真传的因素。

在刘邦手下混了个“老资格”

张苍生于何年，《史记》未载，但肯定在秦灭周之前。即以东周末代君主周赧王退位时（前256年）算，张苍也活了104岁。

司马迁说："苍本好书，无所不观，无所不通，而尤善律历。"成年后，张苍拜在荀子门下，他和荀子都是三晋人。战国时，三晋"以医言政"风气浓烈，学者们坚信"上医医国"，故师徒二人均通医道。

张苍后在秦朝任御史，"主柱下方书"，即掌管奏章、档案、图书等，以备君主咨询。此职位又称"柱下史"，老子（李耳）在周朝时曾任此职。张苍的师兄韩非、李斯受秦朝重用，张苍可能搭了顺风车。但不知为何，张苍后来犯了罪，只好逃走。

前209年，刘邦起兵。经过长达2年的努力，刘邦终成一方豪强。前207年，刘邦远征南阳，张苍来投。故张苍虽非勋旧，但也算"老资格"。

楚汉争霸时，为分化项羽军力，刘邦派亲信分头把持各诸侯。张苍被派到赵国当相国，"辅佐"赵王张耳、张敖父子近4年。派张苍去，一是因为刘邦非常猜忌张耳父子，必须找个信得过的人去监督；二是因为张耳父子为人软弱，需要能人相助。任职期间，张苍曾领兵作战，堪称出将入相。

张敖丧失利用价值后，刘邦命韩信灭赵国，张苍随韩信参加了赫赫有名的井陉之战，彻底消灭了陈馀的势力，立下战功。

刘邦不喜儒生，却重用张苍，部分原因是他相貌异常，且有吏能。

长得白竟然能免死

先说相貌异常。

张苍投奔刘邦后，曾"坐罪当斩"，王陵（后任汉朝丞相）见张苍"身长大，肥白如瓠"，"怪其美士"，便向刘邦求情，饶他一命。

张苍肤白、个儿高，属"奇貌"。

秦汉户籍记录中，有肤色一项，在出土文献中，绝大多数人的肤色是偏黑色、黄色，只有极少数人的肤色是偏白色的。司马迁说，张苍的父亲身高不足五尺，张苍却八尺有余，张苍的儿子也是高个儿，张苍父子二人都封了侯。张苍的孙子身高仅六尺，后因罪被削爵位。

可见，“奇貌”是秦汉时当官的重要条件。刘邦便以左腿有72颗痣而自豪，他未发迹时，吕公善相，称刘邦有“奇貌”，将女儿吕雉嫁给了他。

王陵之所以能说服刘邦，还因为二人同乡，王陵年长且富，刘邦曾视之为兄。

再说吏能。

秦法以吏治国，汉随秦法。鉴于秦法苛酷，致秦朝二世而亡，汉初期以严刑峻法为基础，执行时适度放宽。

萧何、曹参都主张“无为而治，坚守清静，复返自然”，但不接受儒家的仁政，儒生难得重用。可楚汉战争刚结束，萧何便任张苍为计相，让其主持税收和上计工作（古代地方官员年终申报一岁治状，即全年“集簿”，称为上计），同年张苍被封为北平侯。

汉初将相大多出身布衣，张苍熟读秦档案，且通算学。利用秦档案，张苍完善了地方法律，制定出新的赋税标准，调整了兵役安排策略。刘邦曾迁关东六国豪强10余万口入关中定居，而这是秦始皇用过的手段，应该是张苍从秦档案中学来的。

然而，张苍长期未进入权力核心。

这一等就是20年

刘邦统治后期，到吕后掌权8年，张苍被派到诸侯国当相国，在淮南王手下一待便是16年。与西汉开国功臣比，张苍的战功太少，他只能默默等待。

先是刘邦，死于前195年。刘邦在平定黥布叛乱时中流矢，吕后请良医诊治，医生称可治，刘邦却骂道：“命乃在天，虽扁鹊何益？”不许施治，但赐医“金五十斤”。医在当时属方技，与祝由术、巫并列，会诊多是方技医与巫协商，所以许多人不信医。在出土于长沙马王堆汉墓的《五十二病方》中，有30个是巫方。

接着是萧何，死于前193年。在刘邦的坚持下，萧何被定为西汉开国“第一功臣”，压倒了将领们支持的“战功第一”的曹参。曹参被长期外派到齐国当相国。汉朝初期，萧何大修未央宫，有讨好刘邦的嫌疑，他与吕后合谋诛杀韩信后，自污名节以保身，可见萧何心思重（长期身居高位，伴君如伴虎），难免积劳成疾，以致病亡。

之后是曹参，死于前190年。史书未记其生年，根据推算他应该活了60多岁。曹参好饮酒，而这加速了他的死亡。

再往后是张良，死于前186年。张良年轻时曾领兵作战，投靠刘邦后，身体多病，只能"常为画策臣"。为治病，张良采用春秋时便风行的导引法，即用特殊动作，配合呼吸，加上辟谷术（因"食谷者智而不寿"）来强身健体。导引法初期似有成效，楚汉战争后，张良曾随刘邦平叛，后因长期辟谷导致瘦弱不堪，长年无法外出。

最后是吕后，死于前180年。她被狂犬伤腋，误信巫师之言，未进一步治疗，4个月后发作而死。

张苍等了20年，终于等到故人皆凋零的局面。

精英们竟然是被齁死的

1930年，瑞典学者贝格曼（Wariock Bergman）对汉代烽燧遗址进行挖掘，出土1万余支汉简，记载了居延城（在今内蒙古自治区额济纳旗东南17千米处）戍卒的生活状况。学者李振宏发现，虽然这里生活条件恶劣，但是士兵患病率仅为4.28%，且77.65%的患者可以被治愈。由此可见当时医疗水平之高。[①]

秦朝加汉朝共441年，发生疫灾66次，平均6.68年1次。其中大疫6次，特大疫18次，均与汉初无关。[②]秦汉是中原气候转冷期，最低点在东汉，致传染病流行，所以古人称传染病为"伤寒"。但西汉初期气温稳定，是瘟疫的平静期。秦统一六国后，各医学流派互相融合，医疗水平空前提高，可西汉开国精英活到70岁以上的寥寥无几（周勃活了75岁）。

---

① 李振宏：《汉代居延屯戍吏卒的医疗卫生状况》，《中原文物》1999年第4期，第63页。

② 徐兆红、殷淑燕：《我国秦汉时期疫灾时空特征分析》，《江西农业学报》2016年9月，第28卷，第86页。

著名秦汉研究学者王子今深入研究居延汉简，惊讶地发现：西汉政府月给戍卒食盐多达3升（相当于894克），日均摄入量达29.8克。[①]

有人认为，当时食盐加工水平差、杂质多，但食盐加工难度不高，汉代已有精炼的“末盐”，就算是低档“颗盐”（大粒盐），居延汉卒日均摄盐量也高达24.2克，而当今世界卫生组织的建议是每日不超过5克。[②]

古人嗜盐，《管子》中也有记载：“终月大男食盐五升少半，大女食盐三升少半，吾子食盐二升少半。”顾炎武认为，当时的升容量只有清代的1/3，即使如此，成年男子日均摄盐量也达26.5克。[③]

古人多农耕，劳动量大，出汗多，需补充食盐，且当时副食难保存，多用腌制法来保存。食用盐后，人体易兴奋，害处不易被发现。摄盐量过高，可能是影响精英们寿命的重要原因。

没躲过汉文帝下的套

前180年，陈平、周勃发动政变，杀诸吕，迎代王刘恒登基，刘恒即汉文帝。

汉文帝对陈平、周勃颇疑惧，入长安当晚，便撤换南北禁军和宫廷内卫负责人。之后，汉文帝提拔张苍为御史大夫，因他虽属开国功臣，但与陈平、周勃等人往来少，且张苍已76岁，威胁较小。

周勃、灌婴相继被罢相后，张苍顺位而上，一下当了15年丞相。张苍主张“清净不事”，让急于作为的汉文帝不满。汉文帝更喜欢张苍的弟子贾谊，贾谊性格峻急，主张用儒家哲学彻底改造西汉政治，引起功臣集团不满，周勃、灌婴、冯敬等人轮番对其进行诋毁，汉文帝只好疏远贾谊。

前163年，汉文帝暗中指使公孙臣上书，提出汉朝属土德，将有黄龙出现，

① 王子今：《汉代边塞军人食盐定量问题再议》，《江苏师范大学学报（哲学社会科学版）》第41卷第5期（2015年9月），第75页。

② 同上，第77页。

③ 同上，第77页。

应改正朔服色制度。

当时有两种说法：其一认为周属火，秦属水，汉属土，依序后者均克前者；另一个说法是，刘邦起家之初，流窜于芒砀山中，此地属楚，民风尚赤，所以编出斩白蛇的故事，自称赤帝子。

登基后，刘邦意识到当年临时编的说法与五德理论不合，称秦太短，应有汉来延续周朝（火德）之后的水德，所以汉初也属水德，皇帝着装外黑内赤，黑代表水，赤代表赤帝子。

汉文帝变水德为土德，可能是圈套，引诱反对者出击，并彻底干掉他们。张苍本不反对，但按水德，遵秦礼，以农历十月为岁首，预算、征税等皆以此为准。改土德，则以一月为一年之始，行政上较麻烦。所以张苍驳回公孙臣的动议，称不信黄龙会现身。

据《史记·孝文本纪》载："十五年，黄龙见成纪。"95岁的张苍被罢相，这标志着汉初功臣集团从此退出大汉朝廷。可惜不久后贾谊在长沙病死，未能施展抱负。

自有一套养生法

张苍是北平侯，据西汉制度，罢相后需回封地。张苍在北平（今河北满城）又住了近10年，比汉文帝还晚死5年。

晚年张苍牙齿尽落，每天只食人乳，后人误以为这是长寿秘方。其实，儒家以"仁者寿"为核心，自有一套成熟的养生法。

其一是节欲慎疾。不仅"八不食"（《论语·乡党》），连睡觉也要"寝不尸""曲肱而枕"，即侧身睡，别像尸体那样躺着。

其二是重视体育锻炼。孔子"钓而不纲，弋不射宿"，钓鱼、打猎不为收获，只为健身。

其三是注意心理健康。《礼记·乐记》中提出了"乐则安，安则久，久则天，天则神"的理论，要求人们注意陶冶性情。

其四是终身学习。这既能使头脑保持活跃的状态，又契合"养生之道，常欲小劳”的理念。

除此之外，儒家认为“静”能养生，于是创造出独特的打坐方法，代代传承。孔子活到73岁，孟子活到84岁，荀子活到75岁。张苍作为儒家弟子，自然学过这些方法。

在“诚意正心”上，张苍也下过功夫。为感谢王陵的救命之恩，张苍一生视之如父。张苍在官场几经沉浮，始终保持内心的平和、开朗，践行了儒家“养德、养生无二术”的观念。

此外，在孔子提出的“八不食”中，有“不得其酱不食”的主张，即专菜配专酱，否则不吃。张苍遵循此主张，从而减少了盐的摄入量。

另外，张苍可能有长寿基因，他的儿子也很长寿，但据现代科学研究，长寿基因只起约17%的作用，生活方式起约60%的作用。看来，虽然张苍创业的本事不如萧何等人，但养生的本事却大大胜出。

（本文多处引用董平玉先生论文《百年历史变迁的见证者——张苍研究》，特此声明，并表谢意）

商山四皓：灵芝成仙药，只因找对代言人

莫莫高山，深谷逶迤。

晔晔紫芝，可以疗饥。

唐虞世远，吾将何归？

驷马高盖，其忧甚大。

富贵之畏人兮，不如贫贱之肆志。

这是《史记》中记录的《紫芝歌》，传说作者是秦末汉初的商山四皓——东园公唐秉、角（lù，本用角字，后因角音变化，改成甪）里先生周术、绮里季吴实、夏黄公崔广。他们隐居商山，多次被刘邦征辟而不至，后张良向吕后建议，吕后和太子请四皓出山，辅佐太子刘盈。

刘邦不满刘盈的“仁弱”，一直想废掉他，改立戚夫人的儿子如意为太子。听完这首《紫芝歌》，刘邦哀叹刘盈“羽翼已成”，对戚夫人唱道：“鸿鹄高飞，一举千里。羽翮已就，横绝四海。横绝四海，当可奈何！虽有矰缴，尚安所施？”从此断了废长立幼的念头。

商山四皓改变了历史，助力稳固了汉初政局，令后人交口称赞，唐代白居易在诗中33次提到他们。而“晔晔紫芝，可以疗饥”堪称史上最成功的广告，使灵芝一跃成为仙药，甚至被称作还魂草，说是有起死回生之效。

话说回来，为什么大家这么信商山四皓的话？灵芝真那么神奇吗？

被四个无名老头打败

在《史记》中，作者未提四皓姓名，后人注为东园公名唐（一说庾）秉、角里先生名周术、绮里季名吴实、夏黄公名崔广，隋唐经学大师颜师古斥责说："自相错互，语又不经……诸家皆臆说。"

四皓在秦朝当过博士，可能留有姓名，但史籍无载。对于这样的无名之辈，刘邦为何要在意？

首先，这可能与时人对"帝王之法"的理解有关。

孔子曾提出执政四原则："谨权量，审法度，修废官，举逸民。"秦灭六国后，也曾"聘名士，礼贤者"，但西汉后期学者梅福仍指责秦朝"隐士不显，逸民不举，绝三统，灭天道"，所以"身危子杀，厥孙不嗣"。

可见，"举逸民"事关兴亡，马虎不得。

先秦时，逸民分儒隐和道隐，后者为修身养性，前者因"天下无道"，又不愿与人同流合污，遂隐居山林。商山四皓不出山，等于对外界表明君主无道。所以刘邦登基后，几次征召四皓。而四皓因刘邦"一向轻慢高士，动辄辱骂"，拒绝应征。

其次，古人尊重长寿者。

刘邦起兵时，经"父老"推举才成沛公。后来他率军杀入咸阳，也是与"父老"约法三章。在当时，长寿者的社会地位极高。汉代成年男性的平均寿命仅49岁，女性仅52岁，[①]如将生产死亡率、早夭率计入，则不足30岁，[②]而四皓出山时均已80多岁，堪称奇迹般的存在。

四皓既是逸民，又是父老，被他们多次拒绝的刘邦气馁不已。

颜色差的不配成仙药

在《紫芝歌》中，四皓高唱"晔晔紫芝，可以疗饥"，给人一种错觉：他们

---

① 袁祖亮：《中国古代人口史专题研究》，中州古籍出版社，1994年10月，第124页。

② 阎爱民：《汉晋家族研究》，上海人民出版社，2005年2月，第288页。

能长寿，与常吃紫芝有关。

其实，国人很早便食用灵芝。在距今几千年的余姚田螺山遗址、余杭南湖遗址等处，均发现了灵芝的痕迹。

中科院研究生院学者方晓阳等在《早期文献中所载灵芝之考证》中提出，虽然古代文献中常提到灵芝，但它们很可能不是今天的灵芝，甚至不是真菌。

《山海经》中称，炎帝女儿瑶姬死后，尸体化为䔄（yáo）草。后人以为䔄草就是灵芝，但䔄草“服之媚于人”，更可能是淫羊藿。

道教文献《太上灵宝芝草品》中，记载了127种灵芝，并配了图，从图片来看，它们更像宗教符号，并非灵芝。至于《种芝草法》中提出的在坑中埋入曾青、羊负来、青葙子、丹砂、黄金、雄黄等，百日后通过神秘仪式，即可获得灵芝，食后可“飞行登仙”，当然也不可信。况且，灵芝生在腐木上，根本不能种在坑里。

可见，早期道教所称的芝，是代指一种典籍中的超自然物，与真正的灵芝无关。

汉代的《神农本草经》是现存最早的记载灵芝相关内容的文献。它将灵芝分为赤芝、黑芝、青芝、白芝、黄芝、紫芝六种。前五种恰好是五行色，紫色则属另类，因此紫芝遭受鄙夷。《神农本草经》认为，其他灵芝均可“延年神仙”，紫芝只能“延年”。

那么，四皓为什么不吃其他品种的灵芝？因为其他灵芝苦咸酸辛，口感太差，只有黄芝、紫芝味甘，而黄芝不易得。四皓说得很客观，吃紫芝只是为了“疗饥”。

张良把皮球踢给了四皓

在《史记》中，司马迁笔下的刘盈软弱、平庸，让人不解的是，四皓为何要辅佐软弱的刘盈呢？中国台湾学者郑晓时发现，《史记》中的相关记录极其错乱，这可能是为掩盖吕后的恶行而刻意曲笔的结果。仔细阅读，你便会发现，刘盈并非昏君。

刘盈继位后，丞相曹参终日饮酒、不理政事，他的儿子曹窋（zhú）劝谏，却被他打了两百板子。刘盈知道后，当面责骂曹参道："与窋胡治乎？乃者我使谏君也。"意思是，你惩罚曹窋干什么？是我让他劝谏你的。

得知母亲吕后与审食其（shěn yìjī）有染，刘盈曾想公开审判，并处死审食其。审食其是刘邦的同乡，楚汉争霸时，刘邦把父亲托付给审食其和自己的哥哥刘喜，后来刘父、吕后、审食其皆被项羽抓获。审食其与吕后在敌营待了2年多，二人关系密切，至于奸情，则无实据。

刘盈刚毅果决，颇有刘邦遗风。刘邦善于识人，应该对此早有了解，他之所以坚持废长立幼，可能不是对刘盈不满，而是对吕后不满。

吕后个性刚强、为人狠厉。刘邦后期宠爱戚夫人，知道自己死后，吕后必会报复，传位给如意是保护戚夫人母子唯一的办法。然而，秦破坏嫡长子继承制度，二世而亡，所以汉代官员们对废长立幼极敏感。刘邦几次尝试立如意为太子，均遭到强烈的反对。刘邦怕引起政变，只好搁置议题，不再表态。

吕后请张良从旁劝说，张良推脱道："打天下时陛下会听我的建议，现在不打仗了，我说话也没用了。"

吕后再三请求，张良推脱不过，只好提议请出商山四皓。

连刘邦都被逼急眼了

商山在今陕西省商洛市丹凤县商镇南，因山形近"商"字而得名。商山是终南山余脉，所以又称南山。汉画像砖中，商山四皓常被写成南山四皓。沈从文先生据此提出，陶渊明名句"采菊东篱下，悠然见南山"中的"南山"，并非指庐山，而是代指四皓，表达归隐的决心。

刘邦夺取天下后，张良急流勇退，隐居在书堂山，距商山不足百里，与四皓结交。孔子认为，一旦秩序恢复，儒隐必须出仕，这就像农夫耕田一样，是不可逃避的义务。张良嘱吕后以护佑嫡长子制度为理由请四皓出山，四皓很难拒绝。

四皓出山，意味着他们正式承认刘盈为明主。在此舆论氛围下，再想废太子，将冒天下之大不韪，强势、任性的刘邦只好放弃，但他为戚夫人留下了三道

“防火墙”：

第一道，派如意去赵国当王，远离吕后。

第二道，派忠臣周昌辅佐如意。

第三道，临终前下令处死连襟樊哙（他的夫人是吕后的妹妹吕媭）。

四皓出山后，也没给刘盈出什么好主意。黥布叛乱时，刘邦想锻炼刘盈，派他去平叛。四皓嗅出这是废长立幼的新动向，立刻转告吕后。吕后在刘邦面前大哭：“黥布，天下猛将也，善用兵……令太子将此属，无异使羊将狼。”

刘邦正生着病，气得直骂娘：“吾惟竖子固不足遣，而公自行耳。”意思是：早知傻儿子没用，你爹我亲自上。出征前，张良劝刘邦任刘盈为监国，而这等于正式承认他死后由刘盈继位。看在张良交了征讨黥布的策略的分儿上，刘邦没有发作。

击败黥布后，刘邦因伤去世。

刘盈可能死于吃错药

刘邦死后，四皓回商山接着吃紫芝，不久病死。刘盈派3000名御林军，每人从长安带去10斤土，将四皓墓垫高，并建四皓庙。

刘邦留给戚夫人的三道“防火墙”很快坍塌：先是樊哙被赦免，继而周昌被调回长安，最后刘如意也被调回。为保护刘如意，刘盈不离其左右，但吕后派来的刺客趁刘如意睡懒觉，用鸩酒毒死了他。

鸩是毒鸟，喜吃蛇，羽毛含剧毒。宋人认为是蛇雕，明代王世贞认为是孔雀，可蛇雕与孔雀的羽毛均无毒。1992年，美国科学家在新几内亚发现林鵙鹟[①]，皮肤与羽毛含剧毒，可在数小时内致人死亡。但林鵙鹟是小鸟，它的毒液无法像鸩毒那样立竿见影。古籍称鸩产于岭南，岭南的气候倒是与新几内亚相近。

① 林鵙鹟（jú wēng），动物王国中仅有的几种有毒鸟类之一。它的皮肤和羽毛含有毒液，这种毒液是已知鸟类中对人类伤害最大的。

据《西京杂记》载，刘盈探知刺客下落后，派人“腰斩之，（吕）后不知也”。可见，刘盈并非傀儡，他封了3个侯，均非诸吕。为报复戚夫人，也为了警告刘盈，吕后下令砍掉戚夫人的四肢，挖出戚夫人的眼睛，把铜汁注入戚夫人的耳朵，并割去戚夫人的舌头，将其做成“人彘”，请刘盈参观。

刘盈大受刺激，派人对吕后说：“此非人所为。臣为太后子，终不能治天下。”从此，刘盈沉迷酒色，在1年多后去世，终年23岁。

为何刘盈死得这么早？可能是因为他在受惊后，大量服用安神定志类的药物，其中含有朱砂。100毫克的朱砂就能引起中毒反应，人只能服用7天。而刘盈则是一边服药，一边喝酒。汉代酿酒工艺差，酒最高不过6度，而低度酒的酒精更难排出。酒精会加剧朱砂的毒性，二者的结合最终杀死了刘盈。

其实灵芝能救刘盈一命

后来文人大多推崇四皓。曹植写过《商山四皓赞》，唐代李白被驱逐出长安后，专门去四皓墓地凭吊，写诗道：“飞声塞天衢，万古仰遗则。”

四皓名气越大，灵芝热度就越高。汉武帝时，甘泉宫的梁柱年久腐朽，长出蘑菇，为掩盖失职，官员们称这些蘑菇为“灵芝”。汉武帝大喜，宣布大赦天下，“灵芝热”进入高潮。到唐代时，人们仍将灵芝视为仙药。

从汉末起，开始有人质疑四皓。建安七子之一的徐幹称“四皓虽美行，而何益夫倒悬”，意思是四皓对百姓脱离困苦没有贡献。宋代朱熹则认为四皓“不是儒者，只是智谋之士”。

随着代言人四皓名声下滑，人们也开始怀疑灵芝的药效。明世宗问灵芝的作用，礼部尚书吴山等人回答：“久食有益于身，但服食之法，世未有传。”李时珍在写《本草纲目》时，将灵芝列入菜部。

现代研究发现，灵芝的确含有一些有益成分，但不能包治百病。且灵芝从孢子到成熟，仅需1年，千年灵芝只是传说。

20世纪80年代后，有人称灵芝、人参中含有有机锗，可以治疗癌症。其实，有机锗多达700余种，无法替代现有的治癌方法。锗有毒，过量摄入可能致人死亡。上海第二医科大附属宝钢医院微量元素研究室、轻工业部食品发酵工业科学研究所学者孔祥瑞、杜钟发现，被传得神乎其神的有机锗，是Ge-132，人参、灵芝等均不含此物。灵芝治疗癌症的神话源于日本的一篇论文，译者错将原文中无机锗译成有机锗，而无机锗会抑制灵芝生长。遗憾的是，此错误至今仍在流传。

不过，灵芝的确有安神定志的功效，假如四皓不归山，且能活得更长，教刘盈多吃紫芝，说不准还真能救他一命。

汉武帝：一代雄主得了什么病

“朕即位以来，所为狂悖，使天下愁苦，不可追悔。自今事有伤害百姓、糜费天下者，悉罢之。”前89年，汉武帝发布《轮台诏》，否决了桑弘羊等人在轮台地区屯田、打持久战的提案。从文字上看，汉武帝似乎对屡征匈奴有悔意。有人认为，《轮台诏》是汉武帝的“罪己诏”，它代表着晚年汉武帝在政策上进行了大调整。

下诏时，汉武帝已67岁。在他的统治下，汉朝与匈奴作战44年，共发动13次战争，前10次取胜，后3次惨败。

其实，《轮台诏》的主要内容是军事调整，反省意味较弱，并非“罪己诏”。但汉武帝一生豪迈，此前从未流露出气馁、伤感的一面，遂使后人议论纷纷。也有人认为，此时汉武帝因错杀太子刘据而痛悔不已，致心情郁闷，丧失了继续作战的勇气。此说虽有一定道理，却忽略了背后的疾病因素。

西汉诸帝平均寿命不足38岁，汉武帝最长寿，活到了69岁。但在晚年，汉武帝的性格变得狂躁、多疑，决策失误不断。他自己也意识到自己的精神“恍惚不定”，为此，匈奴王还曾进献治病秘方。显然，正是在疾病的折磨下，汉武帝开始实施以守代攻的策略，这才有了《轮台诏》。

那么，汉武帝究竟患了什么病？他为什么会患病？

匈奴为何不凶了？

前141年，16岁的汉武帝登基。8年后，汉武帝便下令在马邑（今山西省朔州市）设伏，虽未成功，却拉开了对匈奴作战的序幕。

自刘邦与匈奴在白登山缔约后，双方已维持70多年的和平，其间匈奴9次“背约南侵”，但只有两次规模较大，且一遇汉军，立刻遁走，未与汉军发生正面冲突。匈奴常在秋冬之际南侵，因草原冬季多灾，需提前储备物资。匈奴行动的季节性如此鲜明，汉军较易防守。

汉武帝主动出击，并不是因为边防压力有所增加，而是因为他想为先辈洗雪耻辱。此外，汉朝国力上升，朝中主战派的声音压倒了主和派的声音。

前129年到前119年，汉武帝7次对匈奴作战，名将卫青、霍去病表现优异，使“匈奴远遁，而幕（漠）南无王庭”。但他们未能实现汉武帝的战略目标——彻底征服匈奴。

11年间，汉军投入100多万名士兵和300万名民夫，损失10多万名精兵和20多万匹战马。在汉代，中原养一匹军马所消耗的土地产出可养25人，质量却难与草原战马相比。

卫青、霍去病战功赫赫，因为采用了游牧民族的作战方式：每名士兵带三四匹军马出征，保持急行军的状态，通过长途奔袭，擒杀对方主将。因后勤无保障，只能取粮于敌，万一失手，则刺马饮血，可以支撑几天。

在宋代以前，这种作战方法效果突出。东汉陈汤灭郅支单于、初唐李靖一战打服突厥、初唐薛仁贵征西，乃至中唐李愬（sù）雪夜入蔡州，采用的都是同样的战法——派出高机动性部队，出其不意地攻击。

汉武帝赢了人才战

奔袭战对将领的个人素质要求很高。

一方面，要有极强的个人魅力，能慑服手下，防止哗变；另一方面，要随机应变，危急时刻能挺身而出。从卫青、霍去病起，中原军队的将领多有单骑冲阵的习惯，即凭个人英勇，或率领少数亲兵，直接冲入敌阵，斩杀主将。历史上尉迟敬德、李存勖（xù）、石敬瑭等都是个中高手。

直到契丹崛起，他们采用中原地区常见的高墙厚垒，防守力陡增，使中原军队的奔袭战变成赌博——一击不中，可能全军覆没。当奔袭战不再是主流作战方式，单骑冲阵便逐渐退出历史舞台，变成《三国演义》等小说中的桥段。

在汉匈战争中，霍去病表现突出。他本是平阳县小吏霍仲孺的私生子，因生母卫少儿的妹妹卫子夫被立为皇后，跻身贵族圈。加上卫少儿的弟弟是名将卫青，所以霍去病17岁便以票姚（彪鹞）校尉的身份参加对匈战争，因战功被封为冠军侯。

霍去病相貌英俊，善于骑射，且性格偏激。每次奔袭归来，饮食服用极奢，士兵正挨饿，他却随手将没吃完的食物丢掉。军营缺粮，霍去病也不过问，而是继续踢球。

显然，霍去病是卡里斯马式权威（具有非凡魅力和能力的领袖），他越是和普通人不一样，大家就越佩服他。霍去病不看古代兵书，反而能更好地接受奔袭战这种全新的作战方式。

作为战争天才，霍去病是幸运的。他遇到了格局足够大的汉武帝，而同时期的匈奴却未涌现出同样的天才，所以“胡无人，汉道昌”。

遗憾的是，霍去病仅活了24岁便去世了。

霍去病可能有遗传病

霍去病为何英年早逝？有两种可能。

其一，被暗杀。

有学者提出，卫青和霍去病并称卫霍，而汉武帝尤喜霍，致卫青嫉妒，但霍去病自小受卫青扶持，甥舅感情深厚。所以这种说法说服力不强。

还有学者认为，霍去病之死与将门李家有关。李广是一代名将，卫霍后来居上，李广被卫青逼死，李广的儿子李敢因此打伤卫青。霍去病得知后，在皇家围猎时，竟射杀了李敢。汉武帝撒谎说，李敢被野鹿撞死。李家在北方边陲根深叶茂，汉武帝尚且忌惮，李家党羽多，不可能不报复。

其二，患病。

汉匈战争中，汉朝与匈奴均派专业巫师去“诅军”。汉朝派出的多是越巫，当时越人迷信，巫师较多。汉武帝也用懂“胡巫”的人，比如范夫人，以“知己知彼”。匈奴则“使巫埋牛羊所出诸道及水上以诅军”，引发瘟疫，致汉军“死者十之三四”。

有学者认为，这是历史上最早的细菌战，霍去病不幸中招。可同时出战的卫青、赵破奴、公孙贺、公孙敖、赵食其等均未染病。中国传统文化学者陈星宇指出，用动物尸体传播疾病，感染者的潜伏期很短，出血热是5—46天，鼠疫是3—5天，而霍去病回军2年后才去世。

南京师范大学学者高元武通过分析居延汉简发现汉军食物配给有重大缺陷：士兵每日从饮食中吸收的蛋白质仅72克，是重劳动者最低需求的70%，[①]没达到健康人的日需求量。特别是赖氨酸摄入量严重不足，使人体免疫力下降。霍去病频繁出征，一去就是几个月，吃这样的军粮，身体难免受影响。

此外，霍去病可能有遗传病，他的儿子霍嬗被汉武帝收养，10岁便病死了。

司马迁捅的娄子有多大

霍去病去世后，汉武帝渐失英明。除了在战场上屡屡失利，还因为司马迁替李陵说了两句公道话，而对其处以宫刑。然而，此事却有两个疑点：

首先，司马迁只是为李陵说情，为何被罚得这么重？

其次，汉文帝已下令废肉刑，为何到汉武帝时还有宫刑？

武汉大学文学院学者钟书林在敦煌写本《李陵变文》中发现，李家与汉武帝的外戚集团一直有矛盾，卫青、霍去病均属外戚集团，长期打压李家这样的边陲将门。汉武帝明显偏向外戚集团，他派李陵出征，却不让他带骑兵部队，李陵兵团覆灭处，距汉朝边塞仅百余里，边塞守将紧急上奏，汉武帝却未及时救援。

汉武帝希望李陵以死报国，得知李陵投降，便让卜者给李陵的母亲和妻子相面，发现她们均无死丧之色，便发怒说：“何其期小人，背我汉国，降他胡虏。

① 高元武：《影响汉代守边戍卒健康因素的相关研究》，南京师范大学社会发展学院历史学2011年硕士论文，指导教师洪璞，第26页。

李陵老母妻子付法。”之后，汉武帝便杀了李陵全家。

《李陵变文》是小说，但它证明汉武帝倚外戚、贬边将的作风已被人们熟知。司马迁捅破了这层窗户纸，汉武帝自然震怒。

汉文帝后，宫刑已废，汉武帝时，宫刑已不再是正式刑罚。司马迁坐毁谤罪被判死刑，为写完《史记》，自请以宫刑代死刑。

受宫刑后，司马迁仇视外戚集团，在《史记》中，他刻意贬低卫霍，南宋学者黄震曾说：“卫、霍深入二千里，声震夷夏，今看其传不直（值）一钱。李广每战辄北，因踬（zhì，意为受挫折）终身，今看其传英风如在。”所以后代有人称《史记》为“谤书”。

汉代宫刑风险小

古代宫刑手术风险大，后来只施用于幼童。据近代国学泰斗王国维先生推算，司马迁受刑时已48—50岁（当代学者也有人认为是38—40岁），那么，他是如何挺过来的？当时的施刑者是如何麻醉的，又是如何使他避免感染的？

宫刑源于家畜阉割术，甲骨文中已有应用于人的记载。战国末期，战争频繁，需大量使用战马，骟马术日渐普及。秦兵马俑中的陶马，多数是骟过的。秦汉之交，韩信发明了“水骟法”。此前多用“火骟法”，即用烙铁直接操作。“水骟法”指切断输精管后，在伤口上浇冷水，令血管收缩，达到止血目的。

至少到唐代，宫刑仍用“水骟法”，被称为“半套”。后来受外来宗教影响，又出现了“罗切”。“罗切”加“水骟法”，是明清宫刑的标准方式，又称“全套”。“全套”创面大、失血多，术后死亡率高。汉代多用“半套”，所以司马迁能挺过宫刑。

汉代麻醉术水准很高，长沙马王堆汉墓出土的《五十二病方》中，有“令金伤毋痛方”，而《神农本草经》中也记载了羊踯躅、大麻、乌头、附子等止痛药。

汉武帝是一个特别喜欢用香料的皇帝，他大量引进海外香料，这些香料有除疫效果。比如月氏国曾进贡月氏香，“状若燕卵，凡三枚，大似枣……后长安中大疫，宫人得疾”，汉武帝烧一枚，“长安百里内闻其香，积九月不歇”。

记载虽夸张，但香料确有一定的消毒作用。在汉武帝的推动下，用香在当时成为时尚，有利于预防术后感染。

汉武帝得了什么病

然而，用香过度，很可能是造成汉武帝后期昏聩的重要原因。

在晚年时期，汉武帝行为日渐乖张，有学者认为，他可能患了消渴症（糖尿病），并进一步提出，这是刘家的遗传病。刘邦可能也是糖尿病患者，他征黥布时受箭伤，伤口长期不愈合，引发全身感染，这是糖尿病患者的典型症状。

然而我对这个推论心存疑问：当时的文坛领袖司马相如患有消渴症，汉武帝任命他为郎官，二人往来多年，如汉武帝也有此疾，太医岂能诊断不出来?

更大的可能是：随着年龄增加，汉武帝患上了慢性疾病，如高血压、高血脂等。症状不明显，如注意调养，病情可控。可汉武帝贪声色，且用香过度（对呼吸道危害很大），尤其喜欢海外异香，导致身体受到伤害。

以常用的苏合香为例，它本是药材，可缓解心绞痛等，但中医理论认为香气太烈，只适合寒气大的人，对虚火旺的人有伤害。

汉武帝为成仙，常大剂量服用菖蒲，它也有毒性，可能导致抽搐、惊厥。

汉武帝还使用过海外进献的返魂香，它呈“黑饧状”，又称“狮子屎”。有学者认为，它是苏合香的一种，也有学者认为，它就是鸦片。鸦片可镇痛，并能让人产生升仙的幻觉，但长期使用，会严重伤害人的身体。

汉武帝曾派人沿海上丝绸之路求取西亚产的乳香，乳香也有毒性，少量就能致小白鼠死亡。有研究发现，连续使用14天的乳香，小白鼠的白细胞明显减少。乳香还能使人血压骤降，三四个小时内都无法恢复。

古人房屋潮湿，焚香可去湿气。但用得太多太滥，甚至到了让奏事者都口含鸡舌香（母丁香）的地步，就可能引发慢性疾病，使汉武帝未能尽天年。

霍光：只因一味药，名臣全族竟被杀

“显前又使女侍医淳于衍进药杀共哀后。”这是《汉书·宣帝纪》中的一段记载。显，即西汉名臣霍光的夫人。共哀后，即汉宣帝的第一任皇后许平君。

《汉书》载：霍光夫人显（未记其姓）想让小女儿霍成君当皇后，时宫廷女医淳于衍的丈夫赏（姓不详）任掖庭护卫，就是给妃嫔当保安，他想求霍光把他调到安池监（负责盐场管理，属肥缺）任上去。皇后许平君刚生完孩子，显让淳于衍去投毒。淳于衍以生附子入药，许平君用后，头脑发昏，问是否有毒，淳于衍说无毒，随后许平君死去。

《西京杂记》称，事成后，显酬以巨资，淳于衍却说：“我立如此大功，才给这么点儿报答？”

霍光死后三年，霍家被满门抄斩，毒杀皇后是罪名之一，但疑点颇多：

首先，著名历史学家吕思勉认为，附子非杀人之药，更难在短时间内毒死人。

其次，既然霍光也参与了阴谋，为何不早将淳于衍灭口？

其三，霍光死后，有人上书汉宣帝，称许平君死于中毒，为何汉宣帝没深究？

在《汉书·霍光传》中，茂陵（今陕西省兴平市东北）徐生（徐生名福，与渡海的徐福同名）称：“霍氏必亡……霍氏秉权日久，害之者多矣。天下害之，而又行以逆道，不亡何待！”

可见，附子只是借口，霍氏灭门，另有原因。

汉武帝为何重用霍光?

霍光，字子孟，历汉武帝、汉昭帝、汉宣帝三朝，是“昭宣中兴”的关键人物。史称他身材魁梧，但根据《汉书》的记载，他不过身长七尺三寸。汉朝的一尺是现在的23.6厘米，那么霍光的身高是1.72米，比同时期的名臣金日磾（mì dī，身高1.90米）矮多了。

霍光是名将霍去病的异母弟，幼时随父霍仲孺在平阳县生活，霍去病功成名就后，将霍光接到长安教育，并安排他在宫中任职。霍去病英年早逝，汉武帝甚感惋惜，于是便提拔霍光为光禄大夫。光禄大夫又称中大夫，掌议论，月薪100石俸谷。西汉后期，高官多从光禄大夫做起。

汉武帝提拔霍光，别有深意。

汉武帝刘彻是汉景帝的第10个儿子，本无登基可能，但母亲王娡阿附汉景帝的姐姐刘嫖，承诺娶其女阿娇为媳，二人结成同盟。

在汉景帝面前，刘嫖不断诋毁太子刘荣，而刘荣的母亲栗姬心胸狭隘，在听到汉景帝说“我死后，希望你善待其他妃嫔和他们的孩子”时，她不仅没答应，还大闹起来。王娡趁机唆使大臣上奏，称既已选刘荣为太子，就应立他的生母栗姬为皇后。

汉景帝大怒，处死了这位大臣，并废了刘荣的太子之位，改立刘彻为太子。

由此可见，汉武帝靠外戚起家，登基后却发现，窦家（刘嫖的母亲是孝文帝窦皇后）、田家（王娡的母亲改嫁田氏）等戚族势力太大，威胁皇权。于是汉武帝使出两招：

其一，扶持新外戚（卫家、霍家），对抗旧外戚。

其二，建立中朝，最高官为大将军，对抗丞相统领的外朝。

汉武帝晚年时可能发现卫家势力过大，想剪除，恰逢太子刘据用巫蛊术谋害自己的谣言生，汉武帝一时轻信，趁机将卫家势力全部剪除（祸及太子为始料未及）。至此，汉武帝不得不倚重霍家。

刘贺只当了27天皇帝

汉武帝并不完全信任霍光，去世前，托孤于5位大臣，即田千秋、桑弘羊、霍光、金日磾、上官桀。

汉昭帝继位后，田千秋、金日磾早逝，桑弘羊与上官桀联手，准备借酒宴杀掉霍光，并废汉昭帝，遭举报，皆横死。最终，霍光成了唯一的托孤重臣。

前74年，21岁的汉昭帝去世，未留子嗣，大臣均支持广陵王刘胥（汉武帝第四子，汉昭帝的异母兄）继位。刘胥身材高大，能空手与熊、野猪搏斗。遇到这样的狠人，霍光显然无法再独揽大权，他力排众议，选择了昌邑王刘贺。

刘贺在深夜1点多接到诏书，中午便出发，黄昏时已到定陶（今属山东省菏泽市），半天跑了135里（约合今天的56千米），累死多匹马。刘贺到长安东郭门（外城门）时，迎接的官员说："按《礼》的规定，为国君奔丧，见国都应痛哭。"刘贺说："我嗓子疼得厉害，实在哭不出来。"到了城门，刘贺还是哭不出来。直到皇城门，他才开始痛哭。

正史记载这一细节，大概是想挖苦刘贺只会演戏、毫无诚意。刘贺只当了27天皇帝，便被霍光废为海昏侯，主要原因是：

首先，刘贺刚登基，便从昌邑国召200多名官员到长安，并任命原昌邑国国相安乐为长乐宫卫尉，相当于禁军司令。

其次，改旌旄颜色。旌旄即军用指挥旗，改色相当于改易番号，表明要全面插手军队管理事务。

这显然触动了霍光的底线，刘贺被废后，他从昌邑国调来的200多名官员全部被杀。匆忙间，霍光立汉武帝曾孙刘病已（后改名刘询）为帝，即汉宣帝。

霍光敢和汉宣帝掰手腕

汉宣帝的爷爷就是太子刘据，刘据蒙冤而死后，还在襁褓中的刘病已被关进高级监狱（郡邸狱）中，后遇大赦，被养在祖母家。汉武帝去世前下诏，承认刘病已的皇族身份，将其交给掖庭（宫中旁舍，妃嫔、宫女居住的地方）抚养。刘病已少年时喜游侠，斗鸡走马，颇知民间疾苦。

即将18岁的汉宣帝一上台，便与霍光产生了摩擦。他立许平君为皇后，意在逼上官皇太后归政。上官皇太后是汉昭帝正妻，爷爷是上官桀，外祖父是霍光。霍光杀上官桀后，她成了霍光在宫中的内援。正因为得到了上官皇太后的许可，霍光才敢废刘贺。

得知汉宣帝立后的消息，上官皇太后当天便搬到长乐宫去住。霍光也没客气，立刻在长乐宫设置屯卫，派自己的大女婿邓广汉负责，在汉宣帝身边安置了一支霍家军。

一般情况下，皇后的父亲可封侯，但霍光却以"刑人不宜君国"为由，拒绝封许平君的父亲许广汉为侯。许广汉本是汉武帝随驾之一，误将别人的马鞍放在自己的马背上，坐盗窃罪被判死刑，用宫刑替代，后在掖庭服务，曾与刘病已住在一起。

酷吏张汤之子张贺也因罪受了宫刑，在掖庭服务。张贺见成年后的刘病已身高1.94米，想把女儿嫁给他。张贺的弟弟，名臣张安世大怒说："他是罪人的后代，今后能当个平民就不错了。"张贺悔婚，又不好明说，便去忽悠许广汉："刘病已是皇亲国戚，将来也许能封侯，和你女儿特别般配。"许广汉信以为真，不顾老妻反对，真把女儿许平君嫁给了刘病已。

霍光在封侯这件事上刁难许广汉，是故意给汉宣帝难堪。

汉宣帝只好打擦边球

自汉宣帝18岁后，朝中舆论一致要求霍光归政，于是霍光向汉宣帝请辞。

经过一番博弈，汉宣帝自知不是霍光的对手。汉宣帝的城府比刘贺深多了，他立刻表态坚决不同意霍光的请求，且此后"诸事皆先关白光，然后奏御天子，光每朝见，上虚己敛容，礼下之已甚"。

于是霍光也退了一步，同意封许广汉为昌成君，比侯略低。

直接对抗行不通，汉宣帝开始打擦边球——力推《谷梁传》和表彰凤凰。

汉武帝时，《公羊传》是官学，提倡大一统，认为历史是据乱世、升平世和太平世三者循环，处在不同时代，需要不同的皇帝。因此"上无天子，下无方伯”，当皇帝不能匹配时代需要时，可以革除其天命。

汉昭帝时，《公羊传》学者眭弘上书说，天下不断出现怪征兆，表明汉祚已尽，请皇上将皇位禅让给贤者，自降为侯。霍光以“妖言惑众”的名义，将眭弘处死。

然而，霍光本人相信《公羊传》，常以《公羊传》的内容教训汉宣帝，所以汉宣帝排斥《公羊传》。汉宣帝更喜欢《谷梁传》，因为它强调大臣需要无条件服从君主，特别是对春秋时期的郑国权臣祭仲持全面否定的态度，祭仲曾参与废立事宜，把持朝政，与霍光略同。

在汉宣帝的努力下，霍光死了10多年后，《谷梁传》终于成为官学。

汉宣帝执政时期，凤凰出现得异常频繁，共计10余次。每次地方向朝廷报告相关信息，汉宣帝都会赏赐臣民，并将之昭告天下。汉宣帝出身民间，比他更有资格继位的皇亲甚多，霍光为专权才挑上他。汉宣帝表彰凤凰，意在表示自己得到了上天的眷顾，没有霍光他也能当上皇帝。

附子在汉代是“万能神药”

霍光处处压制汉宣帝，却未取而代之，后世的人称他为忠臣，为何他在女儿当皇后这件事上节操尽丧？问题的关键，可能出在附子上。在汉代人眼中，附子是“万能神药”，而非毒药，所谓下毒，可能是泼污[①]。

附子确有毒，与剧毒药乌头为一物。生于主根上的块根称乌头，细长者称天雄，生于附根上的块根即附子，三者采摘时间不同。乌头毒性大，古人将其汁液涂在箭上，制成毒箭，所以乌头又称射罔。关羽刮骨疗毒时，中的可能就是乌头毒箭。

自秦汉时起，人们对附子的毒性已有认识，《神农本草》将它列为下药，孕妇禁用。但在《黄帝内经》中，它被用来医治“痞满”（胃胀）。据甘肃武威出土的汉简，官方认定的治伤寒逐风方中，也有附子。张仲景在《伤寒论》中，提及四逆汤，一次用生附子20克，相当于今天用量的10倍左右[②]（今人用炮制后附

① 比喻对人或事进行诬蔑和攻击。

② 张仲景：张仲景的四逆汤原配方便标明“生附子3枚”，附子中等大小的约7克，3枚即20克左右。附子有剧毒，今多用炮制后的附子。

子，一次6—10克，炮制会损失部分成分的83%[①]）。在当时，附子也用于治疗难产和通乳，浙江大学古籍研究所学者余欣提出，汉代甚至有“附子崇拜”。

在汉代，加工附子的方法只有两个，一是炮，就是“裹物烧也”；一是生用。二者都须去皮。南北朝时，加工更复杂，甚至要炮三次，可见当时的医师对附子的毒性有了更深的认识，可淳于衍是否知道呢?

用0.5—2两的附子，可使人中毒，可用如此剂量的附子来杀人，成功率偏低。更大的可能性是，淳于衍也没想到，许平君产后抵抗力下降，竟被附子毒死。霍光审案时，应该也是不相信附子能杀人，所以赦免了淳于衍。

占了城隍庙正殿主位

汉宣帝得知许平君去世，并未深究。霍光去世后，汉宣帝采纳御史大夫魏相的建议，允许官吏、百姓用密封上奏的方式直接奏事。第二年，汉宣帝收到密奏，称霍光之妻霍显毒杀许皇后，汉宣帝也未进行追查。倒是霍光后人感到权力不断被剥夺，怕毒杀罪名坐实，惨遭灭门，遂两次谋反。第一次得到汉宣帝宽恕，第二次则全族被杀，淳于衍也被处死，此时距霍光去世才3年。

然而，汉宣帝命人画麒麟阁十一功臣像时，仍把霍光排在第一位，且允许霍光配享太庙。可见，他不太相信许平君是被霍家毒死的。

汉宣帝外宽内忌、刻薄寡恩。他幼年入狱，缺乏母爱，一生对人缺乏信任。

张安世当年不许哥哥嫁女，汉宣帝后来虽然重用张安世，却一直记恨他。此事被名将赵充国的儿子赵印所知。赵印的死对头辛武贤上书造谣说，赵印在四处传播您讨厌张安世的事。汉宣帝非常倚重赵充国，然而还是毫不犹豫地命令赵印自杀。

宋代司马光说：“霍光之辅汉室，可谓忠矣；然卒不能庇其宗，何也？夫威福者，人君之器也。人臣执之，久而不归，鲜不及矣。”霍光功高震主，以下凌

① 成都市药品检验所郑露露：《附子炮制中的成分流失》，《中药通报》第8卷第2期（1983年3月），第27页。

上，汉宣帝作为皇帝，压抑久了，早晚会找个借口报复。

霍光虽被灭族，但到三国时，吴主孙皓病重，梦见霍光说，金山（靠近上海）一带风潮为害，请封自己为海神，予以弹压。孙皓醒后，果然给霍光立庙，年年祭祀。明代时，秦裕伯被皇帝封为城隍神，但城隍庙正殿的主位，还是留给了霍光。

赵飞燕：燕啄皇孙，西汉宫中的一桩冤案

“燕燕尾涎涎，张公子，时相见。木门仓琅根，燕飞来，啄皇孙。皇孙死，燕啄矢。”这是《汉书·孝成赵皇后传》中收录的民谣，言西汉后期，赵飞燕、赵合德姐妹无法生育，为专宠后宫，害死汉成帝全部子嗣，引发汉祚传承危机的故事，此即历史上著名的“燕啄皇孙案”，赵飞燕因此死于非命。

“张公子”指张放，是汉成帝的男宠，二人常微服出宫。汉成帝第一次见赵飞燕时，即由张放陪同。“仓琅根”是铜铺首①，代指宫门。

在史家的建构下，赵飞燕姐妹成了蛇蝎美人的代名词，以致后来狎邪小说多用“二美”的叙事结构。这就忽略了以下事实：汉成帝还在当太子时，发妻许氏便两次流产；班婕妤也曾怀孕，却“数月失之”（亦流产）。汉成帝继位第四年，儒生谷永甚至劝他：“广求于微贱之间。”即不论美丑，不论身份，不论是否再嫁，只要能生孩子，便统统招入后宫。继位第五年时，“中外皆忧上无嗣”。显然，汉成帝患有男性病，不可能有皇孙，赵飞燕想啄都啄不了。

值得注意的是，西汉后期皇帝生育能力明显下降，成帝刘骜、哀帝刘欣、平帝刘衎（kàn）均无后（平帝14岁时被王莽毒死，但他12岁时已完婚）。没子嗣，只好依靠外戚，结果导致西汉灭亡。

那么，西汉后期的皇帝们究竟出了什么问题?

---

① 门扉上含有驱邪意义的环形饰物，大多冶兽首衔环之状。以金为之，称金铺；以银为之，称银铺；以铜为之，称铜铺。

西汉皇帝为何迷上了近亲结婚？

汉代家法是嫡长子继承制度，即“立嫡以长不以贤，立子以贵不以长”。汉惠帝、汉景帝、汉元帝、汉成帝都是嫡长子。在中国历史上，共有24人以嫡长子身份继位，西汉便有4人。

早早就立下储君的优点是减少了宫廷斗争，缺点是各派争相拉拢太子，婚姻成了突破口。最早下手的是吕后，她把外孙女张嫣嫁给了儿子汉惠帝。吕后的女儿鲁元公主说：“张嫣才9岁，您做这种禽兽不如的事情，不怕天下人耻笑吗？”

吕后垂泪，说：“刘邦已死，遗臣们虎视眈眈，不和刘家结为一体，我们怎能保住性命？”

此外，汉景帝娶了表妹薄氏，汉武帝娶了自己的表妹陈阿娇，汉成帝娶了表姑……据南开大学历史系学者阎爱民统计，西汉帝室婚姻中，世亲占到80%，近亲结婚占到40%。

古人早就意识到“男女同姓，其生不蕃”，从西周时起，人们便已采取“同姓不婚”制度。古代父母在子女的婚姻大事上有决定权，且汉代以孝治天下，汉代每个皇帝的谥号前都加“孝”字。比如汉景帝、汉武帝，正式称呼应为汉孝景帝、汉孝武帝。皇室婚姻大事自然取决于长辈。

汉文帝登基前，薄太后（刘邦的妃子，汉文帝的生母）患病，文帝三年不离左右，亲尝汤药。到汉武帝时，选官中特设孝廉一科。结果后族势力空前扩张，在太子婚姻上，皇后、皇太后拥有较多发言权。为巩固本家势力，她们常将族中女子纳入后宫，造成“亲上加亲”式的重亲婚姻泛滥。

在重亲婚姻的支撑下，西汉女主专权时间较长，从吕后专权，到窦太后专权，再到末期王太后专权。

子弟素质差，只好强调孝

秦国从商鞅时代起，为增加税收，鼓励儿子成年后便分家，“民有二男以上不分异者，倍其赋”，以致关中人“借父耰锄，虑有德色；母取箕帚，立而谇语……妇姑不相说，则反唇而相稽”。意思是，分家后，父亲来借农具，儿子就满脸施恩的表情，母亲来拿簸箕、扫帚，张口就骂。儿媳妇与婆婆关系不好，便公开争吵。

贾谊说：“不同禽兽者亡几耳。”楚汉战争后，民生凋敝，社会道德水准进一步下滑，以孝治天下可促进民风改善。

此外，刘邦起于草莽，没做好榜样，刘邦一家子孙中，有不少荒淫无耻之辈。

比如广川王刘去。他怀疑妃子与小吏有私情，便将妃子剥光痛殴。妃子投井自杀，他命人把尸体捞出来，割掉其鼻子、嘴唇、舌头等，再将其切成块，和毒药一起煮，而他则带着其他妃子在旁观赏。

再比如燕王刘定国。他与父亲的小妾通奸，生了一个孩子，还强抢弟弟的妻子当妾。还有梁王刘立。他与自己的姑姑私通，皇帝知道后，却以“梁王年少，颇有狂病”为借口，不予追究。

强调孝，多少算是一种约束。

重亲婚姻给太子们造成了伤害，但太子们很欢迎重亲婚姻。西汉大多数嫡长子被立为太子后，皇帝都曾感到后悔。戾太子刘据（汉武帝的嫡长子）被废，而汉惠帝、汉元帝、汉成帝也差点儿被废。

为确保继位，太子们暗中联络一切可联络的势力，包括接受重亲婚姻，换取后族支持。所以在西汉，存在着“皇帝欲废太子而不能”的现象。

出身低的女子越来越难上位

重亲婚姻的代价是子嗣数量减少。

刘邦有8个儿子，汉惠帝有6个，汉文帝有4个，汉景帝有14个，汉武帝有6个，汉昭帝无嗣，汉宣帝有5个，汉元帝有3个，此后三位汉帝均无嗣。

汉代初期，皇帝的婚姻不论贵贱，只看色艺，所谓“浴不必江海，要之去垢；马不必骐骥，要之善走”。比如汉文帝的母亲薄姬，曾嫁给魏王豹，还生了一个女儿，后来还是被刘邦收为侧室。

对此，儒家表示支持。大儒董仲舒说：“夫死无男，有更嫁之道也。”董仲舒鼓励寡妇再醮[①]。

汉武帝时，“元功宿将略尽”，即开国功臣都被清出政局，皇权更多依赖官僚集团。汉武帝先娶表妹陈阿娇，二人多年无嗣。汉武帝也接纳出身微贱的女子，如后来的皇后卫子夫，本是平阳侯家奴（讴者，负责唱歌），再如宠妃李夫人（将军李广利的妹妹），出自娼门。

汉武帝后，重亲婚姻渐多，出身低的女子很难上位。

除了重亲婚姻的影响，西汉皇帝好男宠，可能也是导致他们生育能力下降的一个原因。

黥布造反时，刘邦称病，令外人不得探视。樊哙闯入，发现刘邦的脑袋正枕在籍孺的胳膊上。孺即美少年。

刘邦此好，被他的子孙继承：汉惠帝有闳孺，汉文帝有邓通，汉武帝有韩嫣、李延年（李夫人的哥哥），汉昭帝有金赏（名臣金日磾的儿子），汉宣帝有张彭祖，汉元帝有弘慕、石显，汉哀帝有董贤。一次喝醉了，汉哀帝说：“吾欲法尧禅舜，何如？”他竟要把帝位传给董贤。

邯郸倡善长袖舞

赵飞燕姐妹能突破各种阻碍，成功上位，与“邯郸倡”[②]的品牌影响力有关。西汉皇室对邯郸倡不陌生，汉宣帝的生母王翁须就是“邯郸倡”。

商朝末代君主商纣王曾在沙丘（今河北省邢台市广宗境内，在邯郸附近）建行宫别馆，放纵声色，于是当地歌舞渐盛、倡优渐多，所谓“弹弦跕躧[③]，游媚富贵”，说的就是“邯郸倡”。

“邯郸倡”多是“赵女”，在当时，“赵女”乃美女的代称。司马迁说：

---

① 指再次结婚。古代男女婚嫁时，父母为他们举行酌酒祭神的仪式叫“醮”。后专指妇女再嫁。

② 倡，chāng。古代表演歌舞杂戏的艺人；亦指娼妓。

③ 跕躧，diǎn xǐ，亦作跕蹝。拖着鞋子，足尖轻轻着地而行。躧，舞鞋。指挟妓冶游。

“今夫赵女郑姬……目挑心招，出不远千里，不择老少者，奔富厚也。”

“赵女”大多从小被卖到邯郸，经倡家严格训练，再被送往汉朝国都长安、洛阳。“邯郸倡”善长袖舞，当时富豪设宴，常以此舞为伴。

赵飞燕出生时，父母不肯养她，3天后，她竟然没有死，父母这才肯养她。赵飞燕姐妹都是“邯郸倡”，投阳阿公主门下为奴。汉成帝微服私访时，被赵飞燕舞姿打动。

赵飞燕自创踽（jǔ）步，有学者认为就是禹步，即道教中的步踏罡斗，但禹步缺乏美感，不易打动汉成帝。踽步可能是跕躧的一种，即踮起脚尖舞蹈，有点儿像芭蕾舞，据《赵飞燕外传》，她可在掌上、铜盘上跳舞。

进入汉宫后，赵飞燕、赵合德一直未育，有学者提出，二人可能患有性病，因《史记》中称“邯郸多娼妓”。其实，当时“娼妓”指女演员，与如今的概念不同。汉代有很多描写城市的作品，如《两京赋》《蜀都赋》《西京赋》《南都赋》等，从中找不到有关声色场所的记载，而且在古籍中，未见相关疾病流行的痕迹，可见此说不太成立。

花九千万还是没治好不孕

不育的责任不在赵飞燕姐妹，而在汉成帝。

妻妾频繁流产，很可能与汉成帝的精子质量有关。除遗传因素外，这可能还与熬夜、泌尿系统感染、精索静脉曲张、前列腺炎、尿道炎等有关。通过针对性治疗，问题不难解决，但在古代，因断症不准，这些病反而成了疑难杂症。

汉代宫廷高度重视生育，开发出各种药物。

比如陈阿娇曾“与医钱九千万，然竟无子”。为生子，皇后居所用花椒和泥刷墙，称为椒房。花椒性温，对体性寒凉的女性有滋补作用。花椒多籽，象征多生养。

马王堆汉墓出土的《胎产书》，提出女子在怀孕三个月时，取蒿、牡、蜱蛸（pí shāo，螳螂的卵）三味中药服用，就会生男。或用蜂房、狗阴两味药，也能起到同样效果。

药石无效时，只能靠祈祷。汉代的生育神叫容成。在传说中，容成是黄帝的辅臣，到了汉代，它只管房中术，相貌也变成了两头相背、兽身四足。

东汉著名学者桓谭提出，自汉武帝后，西汉皇帝的寿命整体呈减少趋势：武帝寿70岁，昭帝寿21岁，宣帝寿44岁，元帝寿43岁，成帝寿45岁，哀帝寿27岁。（受统计方式、资料来源等影响，数据可能略有差别）

西汉后期皇帝“多凶短折，中年夭卒”，身体素质下降，也可能导致不育。

只有人证，却没有物证

前7年，一向身体强壮的汉成帝暴毙，在大臣们的追究下，同寝的赵合德自杀，时年38岁。汉成帝可能患有高血压，高血压初期症状不明显，直到今天，约一半的患者知晓自己患上了这种病。约七成的脑卒中死亡和约一半的心肌梗死死亡与高血压密切相关。

得知汉成帝去世的消息，张放也自杀了。

因拥立汉哀帝有功，赵飞燕躲过一劫，还当上了皇太后。汉哀帝继位仅几个月，便有人上书，举报赵飞燕姐妹曾谋害汉成帝的两个亲生儿子。据称，汉成帝和宫中婢女曹晓的女儿曹宫有一子，还与许美人有一子。在赵飞燕姐妹的胁迫下，汉成帝不得不将这两个孩子杀掉。一个尸体不知所踪，一个埋在“狱楼垣下”。

汉哀帝下令免去赵飞燕兄弟新成侯赵钦、侄儿成阳侯赵䜣的爵位，家属徙辽阳，但未追究赵飞燕的责任。7年后，汉哀帝暴卒，外戚王莽下令继续严查“燕啄皇孙案”，赵飞燕只好自杀，终年45岁。

山东大学历史系学者孟祥才发现，虽然举报者言之凿凿，人证超10人，却无一物证。对于许美人儿子尸体的埋藏地，大家都清楚，证人之一的籍武更是自称对其进行了亲手掩埋。为什么不掘尸骨为证呢？汉成帝再昏庸，也不会杀自己的骨肉吧？且汉成帝在位期间，朝政被以王政君（汉元帝的皇后，汉成帝的母亲）为首的王氏外戚集团把持着，这么大的事儿，怎么可能瞒过他们？

显然，“燕啄皇孙案”是冤案，只是后来史家多怀偏见，不愿为赵飞燕姐妹辩污。

王莽：竟是中医解剖的开创者

16年，乱党王孙庆落网，在《汉书》中，仅有30多字记载："莽使太医、尚方与巧屠者共刳剥之，量度五藏，以竹筳导其脉，知其终始，云可以治病。"这是史料记载的中医史上最早的人体解剖实验。

1851年，英国传教士合信（Benjamin Hobson）将《全体新论》译成中文，在序言中，他写道："每见中土医书所载骨肉脏腑经络，多不知其体用，辄为掩卷叹惜。夫医学一道，工夫甚巨，关系非轻。不知部位者，即不知病源；不知病源者，即不明治法。不明治法而用平常之药，犹属不致大害。若捕风捉影以药试病，将有不忍言者矣。"

近代以来，"中医不懂解剖"的观点几成公论，但王莽当年颇显前卫的举措也不可忽视。史学家钱穆先生说："此近世医术解剖之滥觞也，莽之精思敢为，不顾非议，率如此。"史学家吕思勉先生说："今人动言中医不知解剖之举，故不知人体生理，此说实误。"并且吕思勉推论："必前有所承，不然，不能创为也。"

日本学者山田庆儿认为，这次解剖获得的知识后来被混入《黄帝内经》，即黄帝与伯高[①]对话部分，并推论中医史上曾有一个重视解剖的"伯高派"。

"伯高派"真的存在吗？这还需要更多的证据来证明。王莽属儒家，又为何对科技这么感兴趣？他真是网友们所说的"穿越者"吗？

---

① 传说上古之经脉学医家，黄帝的臣子。以针灸理论、临床和熨法等外治见长。

史上“最成功的护工”

王莽，字巨君，《汉书》称他“为人侈口蹷頞（cù hàn），露眼赤睛，大声而嘶……所谓鸱目虎吻、豺狼之声者也”，意思是大嘴、短下巴，眼球突出且红，神色阴险，嗓门儿很大。

近视、甲亢、甲减都可能让眼球突出。王莽也可能是上颌骨发育畸形，眼眶小于常人，导致眼球突出。

王莽的曾祖父名王贺，曾在汉武帝手下任绣衣直指御史，负责钦案，曾监督地方官抓捕盗贼，因不杀临阵脱逃者而被冠以不称职之名，并因此被免职。王贺之子王禁有二女八子，次女王政君嫁给汉元帝，当了皇后，王家因此勃兴。到汉成帝时，王家9人封侯，5人先后任大司马[①]。

王禁的长子王凤曾辅政多年。王禁的次子王曼早逝，留下王莽。王家虽称巨族，少年王莽却生计艰难，他拜名儒陈参为师，习《礼经》。因奉母至孝，颇有美誉。叔父、大将军王凤患病时，王莽几个月亲奉汤药，未脱衣睡觉。

当时医学不似现在这样发达，人们对疾病极度恐惧。据湖北省云梦县出土的睡虎地秦简中的《日书》称：“一宅之中毋故而室人皆疫，或死或病。”《日书》相当于后来的皇历，已将全家患病视为大险。在汉代，一人得病，亲属尽散，病好后亲属才来探视，属常规操作。

在当时的人们的观念中，王莽侍奉王凤时，冒了生命危险，所以王凤去世前特意委托太后王政君提拔王莽当黄门侍郎。此职位为皇帝近侍，无下属，年薪600石。不久，王莽又升任射声校尉，可领兵700人，年薪“比两千石”，即1200石。

明知有问题，就是改不了

王莽当官后，“爵位益尊，节操愈谦，散舆马衣裘，振施宾客，家无所余”，但“收赡名士，交结将相、卿、大夫甚众”，升迁极速。

---

① 在西汉末期，属三公之一，入内朝参决军事、秉掌枢机。

王莽在私德上堪称典范，在当时，不少儒生期待王莽结束汉祚，建立新政。西汉末年，社会矛盾凸显，已到非改换不可的地步。

首先，人口增长过快。汉初人口仅1000多万，汉景帝时超3000万，五口之家尚有百亩土地[①]，到西汉末年，人口达5900万，人均土地仅13亩。

其次，土地兼并严重。“关东富人益众，多规良田，役使贫民”，失地农民当佃户，缴地租（总产量的50%）外，还要承担国家正税。

其三，大量贫民卖身为奴。汉昭帝时期，霍光组织召开盐铁会议后，国家退出酒类专卖，允许私人铸钱，导致贫富差距拉大，卖身为奴的平民渐多。

西汉统治者对此早有了解。

秦代已有严格的私人财产调查制度。从秦简来看，每年征徭役（无偿劳动）前，平民要交“三尺券”，写明财产。乡啬夫（乡官）做出如下安排：农忙时，富人、贤人先赴徭役；农闲时，再征穷人。“三尺券”上须写明奴婢、马牛羊以及其他财产。战国末期，秦国据此征“訾税”，即财产税。汉武帝时，私产已按估值统计。

制度如此完密，汉皇本应早抑兼并，可皇亲国戚多兼并，西汉王侯受封户口占全国1/4，每次采取措施，必遭强烈反对，只好不了了之。

秀节俭助王莽上位

制度经济学认为，兼并可提高生产效率、促进产业升级，不全是坏事。关键是政府要为“被挤出”的劳动力提供保障，并引导资本创造更多就业机会。

可西汉政府什么也没做。

一方面，秦国首都咸阳本在渭河北，地势高，取水不便，完全依靠井水。到秦始皇时，咸阳城已跨渭河。以秦代选址失误为鉴，刘邦将首都长安设在渭河南岸，此处地势低洼，易遭水患。汉武帝通过一系列工程，彻底治理了黄河关中段，及其支流。此后六七十年，因灌溉体系完善，关中“人众不过什三；然量其

① 汉代分大小亩，大亩相当于今天的0.69亩，小亩相当于今天的0.29亩，西汉一般用小亩。

富，什居其六”。

然而，水利工程减缓了黄河水流的流速，导致其冲沙能力下降。西汉末期，黄河中下游两岸不断加高，黄河成了地上“悬河”，水灾不断，仅入关中就食[①]的流民，便达200多万人。

关中地少人多，需从中原漕运粮食，最多时一年舶入600万石。随着漕运沿线几乎全被淤死，政府已无力给饥民提供保障。

另一方面，从汉武帝时期起，世风渐奢，“一车千石，一衣十钟……富者空减，贫者称贷。是以民年急而岁促”。汉朝开国皇帝刘邦个人素质不高，不足以垂范，在治理过程中，过多依赖行政手段，导致世风浮夸、好奢鄙俭。到西汉末年，贫富差距拉大，财富集中到少数人手中，他们却将这些财富用来消费，而不是投入再生产。

相比之下，王莽任汉平帝辅政后，仍“恶衣恶食，陋车驽马”，每年献田献钱、救济贫民，自然声名鹊起。

谶纬术反而成了“内学”

从某个角度来说，在历史上，完成儒家“修身，齐家，治国，平天下”理想的，仅王莽一人。

王莽能成功，秘诀在“以术补儒”。

儒家本是道德哲学，不重功利。在战国时，儒家被公认为“无益于人之国”。刘邦厌恶儒生，后叔孙通劝告他说：“夫儒者，难与进取，可与守成。”叔孙通近方士，以礼乐之能，面谀[②]刘邦，因此被重用。此后汉儒主动向方士靠拢，以异能求仕进[③]。比如董仲舒，精通谶（chèn）纬术，通过神化统治者、分析吉凶，参与政策制定。

用方士之术，补儒学短板，该策略确有积极效果。一时间，谶纬术成了“内

---

① 指出外谋生。

② 当面恭维。

③ 意思是入仕，做官。

学”，儒学经典反而成了“外学”。在一代代大儒的努力下，到王莽时，人们普遍认为，儒学不只是道德哲学，还是完整的治国之道。

儒生坚信，儒学能解决西汉末年遭遇的种种问题。

王莽充分利用了这种盲信，并编造出一些异象，证明自己是上天派来取代刘家的。这对当时的儒生而言很有说服力。一方面，他们对西汉皇帝已丧失信心；另一方面，谶纬带给他们半宗教的体验，减少了他们内心的痛苦。

王莽篡位时，汉室中只有徐乡侯刘快起兵反抗，军队到即墨时，他的哥哥刘殷却下令关城门，自己进了监狱，听任手下人抵挡，致刘快速败。

正是基于“以术补儒”的观念，王莽登基后，立刻对原来的地名、官名、族群名称等进行一番大改。这看似荒谬，但儒生们普遍沉迷于谶纬术，此举可讨他们的欢心。

中医最早提出血液循环

“以术补儒”也有积极的一面，即王莽不视技术为“奇技淫巧”，对它充满好奇心。

王莽最早推动进行全国性人口统计，首次进行国土资源调查，促进圆周率的计算，进行了最早的人造乳酪实验……历史学家翦伯赞先生曾说：“离开‘祖刘’的立场，则王莽不失为中国历史上最有胆识的一位政治家。”

至于王孙庆，本是东郡（今河南濮阳附近）太守翟义的军师，二人在居摄二年（7年，王莽在这一年正式篡位）9月起兵，3个月后失败。翟家三族被灭，王孙庆9年后落网、被解剖。

日本学者山田庆儿注意到，《黄帝内经》中观点相互冲突，至少可分岐伯、伯高、少俞、少师、黄帝五个派系。伯高与黄帝对话，有《骨度》《肠胃》《筋骨》《脉度》等篇，不实测，很难成篇。他认为，这些数据来自王孙庆。

不过，《脉度》中称人的脉总长16丈2尺，似是臆测，且提到五脏时，描述也很模糊。《黄帝内经》认为人的手足有三阴三阳脉，这是解剖动物获得的知识，为何王孙庆的实测数据没推翻这一观点呢?

有两种可能：其一，可能不存在“伯高派”；其二，解剖者有偏见。古希腊也曾解剖罪犯的尸体，却认为人最重要的器官是肌肉。人很容易用实验来印证自己的偏见，王莽的医生们可能也是如此。

不过，《黄帝内经》准确描述了心脏与脉管的关系，最早提出血液循环理论，完全符合“以竹梃（就是占卜用的小竹签）导其脉，知其终始”的描述。

“以术补儒”玩坏了王莽

王莽夺权后，突然“性躁扰，不能无为”。针对西汉末年的问题，王莽给出针对性的解决方案：首先，禁止土地买卖，个人只有使用权，多占土地须分给他人；其次，严禁奴婢买卖；其三，施行“五均”“六筦”，全面接管市场经济；其四，取缔私人铸币权；其五，严打腐败。

从结果来看，这些政策却给民众带来了灾难：禁止土地买卖后，大地主的田没有被分，反而是农民的私田被分；奴婢买卖被禁后，富人仍可拥有奴婢，无法转卖奴婢，他们便虐待奴婢；农民靠出卖手工产品、特产等，本可得一点儿收入，取缔市场经济后，他们更难养活自己；取消私人铸币权后，王莽铸钱无度，引发通胀；官吏收入下降，反而更贪……

这些政策的初衷可能不坏，但“术”非万能，想用工程的方法解决系统的问题，只会越折腾问题越多。

王莽篡位前后，今秘鲁、冰岛、美国、日本、危地马拉、俄罗斯、新西兰等国所在地区都有火山爆发，连长白山也有火山爆发，大量火山灰进入大气层，遮蔽阳光，致气温骤降。气温降低对南方农业生产影响不大，对北方则不同——平均气温每降1℃，粮食产量便下降10%，而当时北方人口占全国的81%。

王莽承认：“惟即位以来，阴阳未和，谷稼鲜耗……”

事实证明，“术”会严重消耗资源，在超复杂的系统中，很容易引发整体崩溃。最终，王莽创立的新朝只维持了15年。

王莽之后，儒学只讲“正人心”，不再承认自己也是治国之术，“以术补儒”遂成绝响。

汉章帝：开启东汉皇帝的“短命模式”

“壬辰，帝崩于章德前殿，年三十一。”在《资治通鉴》中，对汉章帝刘炟（dá）的死，只有寥寥几字的描述。

汉章帝是东汉第三位皇帝，与其父汉明帝共创“明章之治”，这是东汉最兴盛的时期。蹊跷的是，父子二人均为猝死。汉明帝寿48岁，还说得过去；汉章帝向来健康，寿仅31岁，史料亦未载其所患为何病。

汉章帝开启了东汉皇朝的“短命模式”。接下来的汉和帝刘肇只活了27岁，汉殇帝刘隆未活满周岁，汉安帝刘祜活到32岁，汉顺帝刘保活到30岁，汉冲帝刘炳活到3岁，汉质帝刘缵活到9岁，汉桓帝刘志活到36岁，汉灵帝刘宏活到33岁……

战国时，人们视百岁为寿命极限，中寿为60岁；西汉时，《淮南子》认为“凡人中寿七十岁”，多了10岁；到东汉的《太平经》，则提出“人寿八十岁为度，霸寿以六十岁为度，仵寿五十岁为度”，又降了10岁。从健康水准来看，东汉明显低于西汉。

皇帝早逝，继位者年幼，只好依靠外戚，而外戚专权；皇帝长大后欲夺权，就得依靠宦官。皇权不稳，东汉陷入怪圈。

值得注意的是，东汉以洛阳为都，皇宫分南宫和北宫，汉章帝一直住在北宫，去世前几年（史料未记具体时间），突然搬到南宫，这很可能是导致他猝死的关键原因。

刘家子弟心机深

57年3月，汉光武帝病逝，太子刘庄[①]继位，即汉明帝。

《后汉书》称刘庄“十岁能通《春秋》，光武奇之”。但他之所以能上位，最主要的原因是，他的母亲阴丽华挤掉郭皇后，自己当上了皇后。

汉光武帝大力推进“度田制”[②]，见刘庄上奏称“颍川、弘农可问，河南、南阳不可问”，大怒。此时刘庄才12岁，指出“河南帝城，多近臣，南阳帝乡，多近亲”，体现出超越年龄的老辣。

虽然光武帝是汉景帝远亲，但少年时身份低微，靠大族支持才夺取天下，所以他“理天下，亦欲以柔道行之”。在他的言传身教下，刘庄颇通帝王术，善于平衡各种力量。在对待名将马援的态度上，可见端倪。

马援先祖是名将赵奢，赵奢本为嬴姓，因是赵国人，故以赵为氏，称赵奢。阏与之战后，赵惠文王赐奢号为马服君[③]，后代以马服为姓，后改单姓马。

汉武帝为抑豪强，迁地方大户入关，马家从邯郸迁到了扶风（今属陕西省宝鸡市），因家族成员参与陷害戾太子[④]案，差点儿被灭族，直到王莽时才翻身，从刑余[⑤]到3人官至两千石。马援则在王莽弟弟王林手下任官。

王莽败亡后，马援投奔隗嚣（wěi xiāo）。当时公孙述占有西蜀，隗嚣占有陇西，刘秀占有中原。马援主张倒向刘秀，隗嚣不同意，马援便投奔刘秀。初期刘秀不信任马援，只给他安排了个闲职。隗嚣倒向公孙述后，刘秀率军征讨，马援熟悉西北地形，深知隗嚣作战方略，光武帝不得不重用他。

马家靠女儿再得宠

马援本是文臣，从建武十一年（35年）独自领兵后，14年间降伏诸羌，平

---

① 本名刘阳，因阳字太常见，难避龙讳，遂改名。

② 核查天下户口，重新丈量土地，确保税收，抑制兼并。

③ 战国时赵地地名，在今河北省邯郸市西北。

④ 刘据，汉武帝刘彻嫡长子。

⑤ 指受过肉刑。

定陇西，南征交趾，北御乌桓。他表示“男儿要当死于边野，以马革裹尸还葬耳”，听上去很豪迈，却让光武帝刘秀极为不爽。

刘秀登基后，致力于“退功臣而进文吏”，邓禹、耿弇（yǎn）、耿纯、吴汉等刻意远离军事，马援却在62岁时依然请求出战。光武帝勉强答应，却派马武、耿舒给他当副将。马援与马武、耿舒不和，人所共知，光武帝此举用意甚明。

马援病死在前线，在马武、耿舒的谗言下，光武帝大怒，立刻取消了马援的新息侯爵位。

马家是关中大族，为缓和与马家的关系，光武帝收马援的小女儿给太子刘庄当贵人，其时年仅13岁。马贵人极聪慧，入宫后全力侍奉刘庄的母亲阴丽华。阴家作为外戚，势力有限，也愿以马家为奥援。

光武帝去世后，在阴丽华的坚决要求下，汉明帝立马贵人为皇后。汉明帝可能并不喜欢马皇后，马皇后入宫28年，未有子嗣。汉代姐妹、亲戚同时入宫的情况很常见，马皇后与外甥女贾贵人可能也是同时入宫的，贾贵人生下了刘炟，刘炟被马皇后收为养子，子因母贵，刘炟最终继承了皇位，成为后来的汉章帝。

一直到继位，刘炟都不知道自己并非马皇后的亲生儿子，对她感情极深，一直视马家为亲族。马皇后为人谦和，有文采，上位后，对马家亲戚约束较多。按惯例，后族可封侯，但马皇后屡屡推辞，世人皆赞马皇后之贤。

马皇后颇为谦退，其中可能有忌惮汉明帝的因素。

皇帝亲手打大臣

《后汉书》称汉明帝“性褊察[1]，好以耳目隐发为明”。

汉明帝上朝听政，公卿“皆长跪言”，他还创造了“扑罚”制度，当堂殴打官员，“九卿皆鞭杖”。有一次汉明帝对郎官药崧发火，竟亲自执杖，药崧吓得躲到床下，汉明帝喝令他出来，药崧说：“天子穆穆，诸侯煌煌，未闻人君自起撞郎。”

光武帝死后，封王就藩的皇子们回洛阳，在葬礼上与汉明帝同坐，言语失

① 褊狭苛察。

礼，这让汉明帝深受刺激。后楚王刘英谋反，汉明帝大肆株连，“坐死徙者以千数”。

永平十七年（74年），汉明帝把班固、贾逵等人找来，给他们看《史记·秦始皇本纪》，问司马迁的赞语是否正确。班固立刻意识到，司马迁对秦朝略有肯定，让汉明帝不满，马上表态，认为不妥。汉明帝为此下诏：“（司马迁）微文刺讥，贬损当世，非谊士也。司马相如……颂述功德，言封禅事，忠臣效也。”意思是，司马相如比司马迁好。

不久，班固仿司马相如的《封禅文》，写了《典引》，以“光扬大汉，轶声前代”。并且班固在《汉书·叙传》中写道：“故虽尧舜之盛，必有典谟之篇，然后扬名于后世，冠德于百王。”意思是，写《汉书》是为颂扬汉朝，与《史记》不同。在《汉书·秦纪论》中，班固全盘否定秦朝，还讥讽司马迁、贾谊的议论“不通时变”。

汉明帝接纳马皇后，因当时政坛上南阳派、窦家、马家三足鼎立，窦家、马家出自西北，水火不容。汉明帝想提拔马家，让马家对付窦家，但是马皇后偏不入局。

东汉为何瘟疫多?

75年9月，汉明帝猝死，年仅48岁。考虑到他父亲光武帝患有高血压，他本人又比较好色，再加上秋季温差大，他会猝死似乎也是可以理解的。

时人“视明帝若胡亥之惨”，但光武帝时，人口仅2100.8万，汉明帝去世时，人口已达3412.5万，所以说汉明帝还是有一定的业绩的。

汉明帝的“严切之政”彻底压制了外戚，但也留下两大颇具争议的话题。

一是“禁民二业”，不允许人们从事与农耕无关的事。西汉商品经济持续发展，东汉却出现持续通胀的现象，许多地区甚至不再使用货币，退回到“以货易货”的原始状态。

二是支持佛教。汉明帝称夜梦金人，浑身放光，在宫殿上空飞行。大臣说，这个金人就是佛，明帝便派使者西行求法。黑龙江大学文学院学者韩伟提出，

《史记·秦始皇本纪》中有“禁不得祠”的记载，“不得”应是佛陀（Buddha）的音译，可见佛教至迟在秦朝已传入中原，汉明帝不禁佛，可能是为宣扬自身权力的合法性。

东汉皇室成员寿命短，在整个中国历史中都比较突出。汉明帝的9个儿子大多短寿，除第六子刘衍（寿54岁）外，其他人可能都没活到40岁。

一方面，东汉中期气候突然变冷。东汉初，洛阳还能种柑橘，到曹操所处的时期时，柑橘已不结果实。气温下降造成瘟疫流行，当时中医的应对办法不多。

另一方面，洛阳人口数量超过百万，城市管理能力却没跟上。许多贫民死后，无人收尸，引发疫病传播，此外当时处死犯人常“弃市”，不许收尸，也是一个传染源。

还有一点不容忽略，那就是东汉时洛阳地震频发，大震后常有大疫。

皇帝竟然吃老鼠

西汉御医由两部分组成：太常太医主治百官之病，少府太医主治宫廷之病。到了东汉，二者合并，统一归少府管。

机构合并后，专业度却没提升。东汉少府太医的最高负责人是太医令，年薪600石，下设官医、中宫药长、尝药监等职位，后二者都由宦官担任。在东汉宫廷医生中，有一部分人是巫医，由此可见当时医疗水平不高。

汉朝皇室成员还有一个不卫生的坏习惯，即喜食老鼠肉。

老鼠携带多种寄生虫，有可能给食用者带来巨大伤害。如果将老鼠肉制成腊肉之后再食用，可能会相对安全，但周代人更喜欢吃鲜鼠肉，甚至称它为鼠璞（未腊制的老鼠）。

在汉景帝墓中代表御厨的藏坑中，专家发现了鼠骨。此外，在越王墓、湖南沅陵虎溪山汉墓、长沙马王堆等汉墓中，专家都发现了鼠骨。特别是在河北满城中山靖王刘胜的墓中，专家发现，耳室[1]陶瓮中有岩松鼠、社鼠、黄鼬之骨，他

---

① 耳室一般位于正屋两侧，恰如两耳在人脸的两侧，因而得名。一般作为仓库使用。

的妻子窦绾墓的陶壶中，也有鼠骨。

南京师范大学文学院学者董志翘发现，在出土的《五十二病方》帛书中，有这样的一个“令金伤毋痛方”：“取鼢鼠，干而冶；取彘（zhì）鱼，燔而冶；□□薪（辛）夷、甘草各与（鼢）鼠等，皆合挠，取三指最（撮）一，入温酒一音（pǒu）（杯）中而饮之。”老鼠甚至还入了药。

这种奇特的饮食风俗，加上剧变的气候、较低的医疗水平，东汉皇室成员早夭并不令人感到意外。老鼠的生活环境非常肮脏，是否有毒，需具体情况具体分析，不能一概而论，但将鼠肉放入菜单，确实给别有用心之人下毒创造了机会。

皇帝搬家有讲究

西汉初期，皇宫保卫体系承袭秦制，分三层：外围由负责京师安全的中尉统领，中间由保护皇城的卫尉统领，最里层由郎中令统领。

汉武帝时期，他认为这种防护体系外重内轻，遂将外围的中尉改名为执金吾，下设8个校尉，以分权；将郎卫合并，将郎中令改名为光禄勋，护卫人数增加到千人；内禁则交给少府，增设黄门、中黄门、佽飞[①]等职，这些职位均由宦官担任。

到东汉时，皇宫内“悉用宦者”，士人非诏不得入内，皇宫成了独立王国。

汉光武帝住在南宫，并在那里去世，汉明帝则迁到北宫。南宫、北宫只隔一条街，但皇太后、皇后都住在南宫。迁到北宫后，汉明帝对外戚大开杀戒，窦氏家族、阴氏家族等均遭重创。

马皇后虽不同意马家亲戚封侯，但允许他们掌握禁军。汉明帝去世后，汉章帝意识到“严猛之政”激化了各级矛盾，而且自他登基之后，旱灾、牛疫、地震、蝗灾不断，他不得不“每事务于宽厚”，对汉明帝重点打击的外戚也给予优待，给马防等三人封侯，还主动搬回南宫。

汉章帝的皇后即窦氏，窦氏家族自西汉时起便不断出皇后。汉章帝回南宫

---

① 佽，cì。佽飞即佽非，人名，相传为春秋时楚国勇士。后泛指勇士。

后，加上马皇后去世，窦、马之争结果分明。自此，马家成员纷纷因罪罢侯：一支远迁西凉，到东汉末期，马腾、马超以军功立足；一支则成文学世家，以经学家马融为代表。

汉章帝居南宫后，基本被窦氏掌控，外界难知详情。他英年早逝后，窦氏获利最大，窦氏家族后来还暗杀过几位东汉皇帝。汉章帝是不是被暗杀，史料无载。考虑到东汉疫情甚于历代，病死也有可能。

汉灵帝：一本医书乱了天下

“亲小人，远贤臣，此后汉所以倾颓也。先帝在时，每与臣论此事，未尝不叹息痛恨于桓、灵也。”这是诸葛亮《前出师表》中的名句，让汉灵帝“成了名”。

汉灵帝时名将盖勋说：“吾仍见上（指汉灵帝），上甚聪明，但拥蔽于左右耳。若共并力诛嬖幸（宠臣，此外指宦官），然后征拔英俊，以兴汉室，功遂身退，岂不快乎！”但盖勋并未成功，汉灵帝还是更信宦官。

汉灵帝曾登宫中高台远眺，宦官们怕皇帝发现他们的奢华私宅，便借谶纬书《春秋潜潭巴》中有“天子勿高台榭”的说法，吓唬他说：“皇帝喜登高，则天下百姓虚散。”汉灵帝从此不再登高。

《后汉书》记此，是为证明汉灵帝“亲小人”，但清代学者王夫之指出：汉灵帝忌登高，足证心中有百姓。汉灵帝在位22年（一说21年），大赦天下20次，格外频繁。

其实，汉灵帝作为不少：开侍中寺，设鸿都门学，严“三互法”，改刺史为新置牧，仅用9个月便平定黄巾起义……只是这些举措反而加速了东汉的灭亡，且天不假年，汉灵帝仅活到32岁（一说33岁）。

假如汉灵帝像他的二儿子汉献帝（寿53岁）那么长寿，东汉能否免于崩溃？其实，汉灵帝的一系列政策失误，与他的短寿，可能出自同一原因——误信《太平经》。

汉灵帝的位子不好坐

168年，36岁的汉桓帝刘志驾崩，无后，外戚窦氏从旁支中选12岁的刘宏继位，是为汉灵帝。

刘宏虽出自汉章帝一脉，但到他祖父时，已递降为亭侯。汉制“列侯……功大者食县，小者食乡、亭”，亭侯属低级爵位。窦氏选他，因他威信不高、少不更事，只能任窦氏专权。

汉灵帝登基仅9个月，宦官集团与外戚集团便矛盾激化，宦官曹节、王甫矫诏诛杀窦武、陈蕃。第二年，宦官集团发动第二次“党锢之祸”，外戚集团死难者百余人，重罪者六七百人。汉灵帝完全站在宦官集团一边，5年后仍下诏，命各州郡彻查，凡党人门生、亲戚，一律免官，予以监禁。

汉灵帝拉偏架，因东汉政局已摇摇欲坠。

学者李晓苏统计，东汉中期以后，战乱频繁。汉顺帝在位19年，异族入侵23次，农民起义9次；汉冲帝、汉质帝在位不到2年，异族入侵2次，农民起义5次；汉桓帝在位21年，异族入侵29次，农民起义16次。

西汉边患主要来自北方匈奴，到东汉中期以后，东北有鲜卑，北部、西部有诸羌，西南有蛮族。频繁兴兵，中央财政已难支撑。

从汉顺帝到汉桓帝，几十年间，史料记录水灾11次，蝗灾6次，旱灾6次，地震山崩29次，大疫3次。到汉桓帝时，已有“三空之厄”，即田野空、朝廷空、仓库空。

接手这么一个“烂摊子”，汉灵帝必须立刻有所作为。可一到具体操作层面，汉灵帝便觉得力不从心，因为整个官僚体系出了大问题。

儒法合流使政出私门

根据台湾大学历史系学者韩复智的研究，我们知道，汉人仕进有三途，即乡举里选、辟召和任子。

乡举里选，就是举孝廉和茂才。茂才由州刺史以上官员察举，名额少，任务重。孝廉由郡太守察举，20万人口以上郡国每年荐1人，20万人口以下郡国两年荐1人，东汉约110个郡国，每年中选者仅几十人。被举孝廉后，先任郎（候补官），不授实职。通过皇帝主持的考试后，再由三公或尚书任官，以尚书为多。

辟召，指公府州郡衙门中有诸“曹”（相当于今天的科），可自招科长、科员。汉代2000石以上高官可开府办公，自行辟召。被辟召者职位不高，职掌却重，易因功提拔，“或期月而长州郡，或数年而至公卿”。

任子，即恩荫，2000石以上俸禄的高官干满3年，可任一子为郎。

这三种途径都有严重的制度缺陷。

东汉中期后，地方豪门崛起，渐渐垄断了“举孝廉”之权。至于辟召，则为高官安插门生、故吏提供方便，为保证退休后的利益，高官多辟召少年。任子亦强化了高官的家族利益。

晋人葛洪说：“汉之末年……举士也，必附己者为前；取人也必多党者为决……”

文法吏与儒生本是相互对抗的群体，然而自东汉中期开始，文法吏与儒生逐渐合流，变成士大夫阶层。以张安世家族为例，张安世的父亲张汤是酷吏，受汉武帝重用，而张安世本人则官至侯位，“富于大将军（霍）光”。此后的张延寿、张勃、张临都是文法吏。王莽篡位后，张家后人张放被儒生集团打压。可到东汉时，张纯、张奋突然转为儒生。

西汉皇帝多次否定奇书

为对抗板结、儒化的官僚体系，汉灵帝只能依靠宦官集团。熹平六年（177年），汉灵帝成立了侍中寺（后来的门下省）。侍中本是服侍皇帝的宦官，在东汉，侍中的主要工作是给皇帝讲经、校经，编制仅8人。汉灵帝令侍中们参与政事，监督尚书。

尚书本属内廷，负责文书，汉武帝时，该职位改由宦官担任，以牵制外朝。汉成帝时，该职位改由士人担任，尚书是联结君主与外朝的枢纽。汉灵帝时，侍中寺负责监督尚书，尚书分解了三公之权。

此外，汉灵帝加强了“三互法”，即官员回避制度。根据“三互法”的规定，官员不仅不能在本乡任官，若在妻子家乡任官，则妻族不得在该官员家乡任官。东汉共13州，甲州人在乙州任官，乙州人不得同时在甲州任官。“三互法”造成了一些州的长官职位长期空缺。司马光在《资治通鉴》中批评道：“叔向有言：国将亡，必多制……以今视之，岂不适足为笑而深可为戒哉！”

有了监控，还需自己的团队，可儒生与文法吏合流后，经学教育已被豪门垄断，再靠经学选拔人才，难破私党窠臼。

于是，汉灵帝把目光投向《太平经》。

根据史书记载，汉代的《太平经》共有三种，其中一种成于西汉晚期汉成帝时，作者是齐人甘忠可，他称“汉家逢天地之大终，当更受命于天。天帝使真人赤精子，下教我此道”。赤精子即汉高祖刘邦。甘忠可的意思是，刘邦派他来传达天意，汉家延续江山，须用新人当皇帝。

甘忠可因“妖言惑众”被下狱，死在狱中。汉哀帝时，甘忠可的学生夏贺良再献《太平经》，劝无嗣的汉哀帝改年号。汉哀帝听从，1个月后，又以“不应验”为名，杀了夏贺良。

为何力推《太平经》

东汉顺帝时，琅琊人宫崇再献《太平经》，汉顺帝未予理睬。汉桓帝时，襄楷又献《太平经》，并两次上奏推荐《太平经》，亦未受重视。

一本屡遭拒绝的书，汉灵帝为何要捡起来？因为它在民间有影响力。根据学者徐波的研究，我们得知，《太平经》不仅是道教典籍，还融入了儒家思想。

一方面，《太平经》对当时的社会问题提出了严厉批评，反对图谶、祭祀等迷信思想及迷信活动，明确提出“吃饭、婚姻、穿衣”是社会三大根本问题，认为“圣人守三实，治致太平”。

另一方面，《太平经》强调道德，即财务共有、人人劳动、男女平等、和谐相处。黄巾军、太平道信奉《太平经》，均未称王称帝，黄巾军发难时，“不将尺兵”（不拿长兵器），因为《太平经》倡和平，要求“断金兵”。

汉灵帝很可能看中了《太平经》中的承负思想，即善有善报、恶有恶报，

“天地睹人有道德为善，则大喜；见人为恶，则大怒忿忿”。凡人犯罪，只需守一、斋戒、祭祀、行善、敬奉《太平经》等，天帝使者、神师、道人就会帮他解除承负。

把社会问题说成是个人问题，让百姓自行解决，这契合了汉灵帝的需要，所以汉灵帝让朝廷百官都来学习《太平经》，民间也兴起了“《太平经》热”。

光和元年（178年），汉灵帝开鸿都门学。以往太学只教谶纬术和儒家经典，鸿都门学则教尺牍、小说、辞赋、书法、音乐等。汉灵帝擅音乐、书法，但开鸿都门学，是想绕过经学选拔系统，打造一支全新的官僚团队，该团队以《太平经》为核心思想，有才艺，是扭转颓势的重要力量。

汉灵帝一错再错

鸿都门生大多出身寒门，除了依附汉灵帝，别无选择。汉灵帝将他们安插到州郡、三公府中辟召，“或出为刺史、太守，入为尚书、侍中，乃有封侯赐爵者”。这引起了士大夫群体的不满，士大夫称“未闻竖子小人，诈作文颂，而可妄窃天官，垂象图素者也”。

鸿都门学直启“建安风骨”。曹操的父亲曹嵩是大宦官曹腾的养子，曹操擅诗，或出自鸿都门学。东汉末年局面糜烂，汉灵帝却在慢悠悠地养团队，未免离题万里。从结果来看，《太平经》未能统一认识，反而加剧了各阶层之间的冲突。

汉灵帝继位的前12年，发生了10多次地震、大疫、蝗灾等，汉灵帝只好“开西邸卖官”。此前的汉朝皇帝也卖官，但只卖虚爵卑职，汉灵帝却将公卿明码标价（公千万，卿五百万）地拿来售卖。曹操的父亲曹嵩当上太尉，就是花1亿钱买的。汉灵帝少年家贫，登上帝位后，聚敛无度，他的母亲董太后亦不遑多让。

《后汉书》有这样的记载：“时帝多蓄私藏，收天下之珍，每郡国贡献，先输中署，名为‘导行费’。”连宦官吕强都觉得难以理解，上书说：“天下之财，莫不生之阴阳，归之陛下。归之陛下，岂有公私？”

私德不严之外，在公事上，汉灵帝先后两次出现重大决策失误。

首先，放弃凉州，边患从此不可收拾。

其次，为平定黄巾之乱，改刺史为新置牧。刺史位卑权重，难组织有效兵力，不得不在一些州恢复了州牧制度，以统管全局，而这相当于国中之国。为防尾大不掉，汉灵帝多任用皇族为州牧，但这些皇族后来却成为割据主力。

乱读书搞死了自己

189年5月，汉灵帝猝死。黄巾之乱时，汉灵帝亲自阅兵，自号“无上将军”，应不算羸弱，他的短寿可能与《太平经》有关。

《太平经》也是医书，记录了许多道教的养生法，比如“一食为适，再食为增，三食为下，四食为肠张，五食饥大起，六食大凶恶，百疾从此而生”，此处反映了《太平经》推崇少食、禁酒，保持身心清净的养生法。同时《太平经》也推崇“兴国广嗣术”和“合阴阳法”，作者将多生孩子视为造福国家、弘扬上天好生之德的行为，即“阴阳者，传天地统，使无穷极也”，称生育是养本性、法天地的根本。

《太平经》特别提出，要让臣民担起神圣的生育义务，国君必须做好表率。

学者朱越利提出，这种天人感应式的巫术在汉代早有流行。更始元年（23年），王莽见大势已去，采取的应急措施竟然是立皇后，率120名妃嫔与皇后成“同牢之礼”[①]，成礼时妃嫔皆执弓衣[②]。此后，“莽日与方士涿郡昭君等于后宫考验方术”，想靠荒淫的巫术感应天地、平息兵乱。

《太平经》中也有不少类似的糟粕。汉灵帝生前贬抑士大夫集团，而他们恰恰是书写历史的人，在笔记小说中，不乏过甚记载，不可尽信。但沉溺于后宫之乐，易致自主神经功能失调，引起一系列临床症状，如血压升高、免疫力下降等，而这些疾病都可能使汉灵帝早亡。

汉灵帝一死，外戚集团与宦官集团失去约束，再度爆发激烈冲突，东汉灭亡的命运已无法挽回。

---

① 古代结婚仪式中，新郎、新娘同吃一份肉食，表示开始共同生活。

② 放弓的袋子，求男子吉祥之意。

华佗："外科圣手"真是印度人吗？

"夫华佗之为历史上真实人物，自不容不信。然断肠破腹，数日即差（通瘥，意为病愈），揆以学术进化之史迹，当时恐难臻此。其有神话色彩，似无可疑。"1930年，史学大家陈寅恪先生在《三国志曹冲华佗传与佛教故事》中，首次对名医华佗提出质疑。

陈寅恪认为，三国时不具备开腹手术的条件，可在佛经中，有与"华佗破腹"和"曹冲称象"高度近似的记载，这些佛经的写作时间早于《三国志》，是不是有点儿太"凑巧"？

陈寅恪未否定华佗的存在，但认为"华佗破腹"是外来神话附会本国史实，启发了"华佗是印度人"及"华佗医学来自印度医学"等假说。

后来，日本弘前大学学者松木明知提出华佗是波斯人，华佗乃"法待"（wadag，师傅、长者之意）的音译，而麻沸散即大麻。中国有原生种大麻，但有毒变异种可能原产自中亚或印度。汉代时，大量波斯"幻人"（即魔术师）进入中原，带来服用方法。①

华佗被怀疑，是因为直到今天，口服麻醉剂都难保病人的安全，故而很少在手术中应用，为何麻沸散能做得这么好？此外，华佗的医术与传统中医有较大区别，他是怎么学会的？种种疑点，引人关注。

---

① 在帕米尔高原，发现距今2500年的、焚烧有毒的大麻的遗迹，早于汉代，但尚未找到其他证据，"有毒大麻外传入说"仍较多见。

谁抄袭了谁，还说不定

华佗，一名旉（fū），字元化，沛国谯县（今属安徽省亳州市）人。

陈寅恪认为，中国人很少名“佗”，二名的情况更少。一般来说，字应解名，可“元化”与“佗”无关。也许，华旉才是真名（旉有伸展意，能与“元化”对应），“佗”只是尊称。

在梵文中，“药”的音如Agada，音译为“阿伽陀”或“阿羯陀”，“阿”发轻音，常被忽略，比如阿罗汉在汉语中，只称罗汉。所以，当时印度人称“药”应为“伽陀”或“羯陀”，音近“华佗”。称华佗，犹如称药神。

陈寅恪进一步指出，“断肠破腹”见《佛说奈女耆域因缘经》，耆域是印度名医，《三国志》中的华佗事迹，可能抄袭了耆域的故事。

此说有几点值得商榷：

首先，汉代一人两名的情况并不罕见。比如陆逊本名议，徐庶本名福等。

其次，佗本意是“美”，可以用来起名。比如秦朝将领赵佗。

其三，“伽”和“羯”的音不可能拼成华。

其四，《三国志》中明确写了华佗的出生地，和史料完全对得上。华姓出自春秋时宋国，是宋国贵族的后裔。宋国故地就在谯县，当地至今仍有小华庄，村民都姓华。

最让人怀疑的是，《佛说奈女耆域因缘经》中有“天下所有，无非是药”“离邪离疑，更无尊天不复信他”等中医常用语，似是东汉人伪造的经书。《三国志》未必抄袭过它，倒是它很可能抄袭了中医的典籍。

华佗为何不读《伤寒论》

华佗出身士族，《三国志》称他年轻时“游学徐土（即徐州地区），兼通数经”。名臣陈珪推举华佗当孝廉，后来太尉黄琬也曾征召华佗，都被他推辞。

汉末隐士流行从医，名士韩康便“常采药名山，卖于长安市，口不二价”。可在史书中，华佗不太像医生。据说他的眼睛能透视人体，发现病灶（犹如今天的X光机）；还能预言人的生死，每说必中；喜欢使用毒药。

华佗的病人也奇怪：某路人患病，经华佗治疗，“立吐蛇一枚”；河内太守刘勋之女患脚疮，吃了华佗的药，“有若蛇者从疮中而出”。正史较少提到华佗，可在志怪小说中，华佗的名字却常出现。比如敦煌本的《搜神记》称：华佗给人开膛，洗五脏；还劈开患者脑袋，捉里面的虫子……

华佗总是和蛇、虫较劲，与《黄帝内经》《伤寒论》这样的正路不同。有学者认为，华佗医学来自印度医学。

其实，当时中医专业化程度不高，方仙道也算医。方仙道出自春秋时的燕国，以成仙为目的，扁鹊、徐福、卢生等都属方仙道一派。秦始皇、汉武帝曾派人去海外求不死药，就是被方仙道忽悠了。方仙道分三大流派：导引行气、服食炼养和房中术。华佗主攻前两项。

古人深知华佗练的是“野路子”，所以称他是扁鹊传人。二人都善用针灸，有“内扁外华”之说。

《后汉书》说：“（华佗）晓养性之术，年且百岁而犹有壮容，时人以为仙。”其实，华佗只活了50多岁，“年且百岁”是客气话。

幸运地蹭上关羽的热度

华佗学医，本为修仙，《三国志》说他“以医见业，意常自悔”，他却意外地被评为“汉末三大神医”（张仲景、华佗、董奉）之一。究其原因，都怪元代的一本讲史话本——《三国志平话》，其中称：华佗曾给关羽刮骨疗毒。该情节又被《三国演义》抄走。

根据《三国志》的记载，关羽曾中流矢，愈合后，每到阴雨时，便觉骨头疼。医生认为，箭毒入骨，需刮骨疗毒，操刀者是蜀军的军医。

手术在“赤壁之战”后，而“赤壁之战”爆发当年（208年），曹操最喜爱的儿子曹冲病逝，曹操说：“吾悔杀华佗，令此儿强死也。”显然，关羽刮骨疗毒时，华佗已去世多年。

那么，为什么要说华佗曾给关羽刮骨疗毒呢？因为华佗被曹操所杀，而南宋时，人们对曹操、关羽的评价发生了戏剧性变化。

南宋前，魏国曾据有中原，被视为正统。宋室南渡后，朝廷为强调自身的正统性，转视蜀国为正统，称曹操是篡位者。宋廷翻检史籍，将从南打北的名将，都算成武神，让他们享受国家正祀。关羽“水淹七军”时，是从南方的荆州攻击中原，因此侥幸列入30多人的大名单中。

元代时，岳飞等人因曾与游牧民族作战，被先后从武神名单中剔除。明清时，晋商崛起，山西人关羽备受尊崇，被皇家封为武圣人，曹操则被视为大坏蛋。

华佗死在曹操手中，根据“坏人杀的，必是好人”原则，让华佗救更大的好人——关羽，自然是顺理成章之事。

曹操为什么非要杀华佗？

华佗被曹操所杀，并不是因为他是好人，曹操是坏蛋。

曹操“苦头风，每发，心乱目眩”。头风即偏头痛，不少人受其困扰，主要来自遗传，此外，工作压力大的人也易患此病。在造成人类寿命变短的疾病清单上，偏头痛排在前20位。

曹操召华佗在身边，一旦犯病，便请华佗用针灸术止痛。可医生社会地位低，华佗不想从医，便借口妻子患病，返乡不归。

曹操派人进行探查，并提出如下命令：如华佗妻子真病，便赐小豆40斛（三国时，每斛约62.5千克），准其留家；否则，立刻将其逮捕。

经过探查，下属发现，华佗果然在撒谎。《汉律考》规定：“诈称病不朝，于古法当诛。”荀彧（yù）认为华佗医术厉害，不如留他一条命。可曹操认为，华佗想以医术作为要挟，逼自己提拔他，可华佗的三大弟子吴普、樊阿、李当之都在曹营服务，自己根本不怕他的要挟。最终，曹操说：“不忧，天下当无此鼠辈耶？”

南北朝范晔在写《后汉书》时，仍认为曹操占理，他写道：“（华佗）为人性恶，难得意。”至于说华佗想为曹操做开颅手术，导致被杀一事，只是小说家的言论。

随着《三国演义》的普及，清代名医王宏翰提出："佗乃良医，性秉忠诚……见操奸不端，实有谋操之心，故为操所先杀之也。"这很快变成主流观点，在许多华佗庙上，都有这样的对联：

未劈曹颅千古恨
曾医关臂一军惊

写得很豪迈，但没一句是真的。

把修仙转化成健身

华佗学方仙道，但他创造出五禽戏，将方仙道转化成养生术。

五禽戏出自道教的导引术，导引术发端于先秦，至汉代已比较成熟。在长沙马王堆汉墓出土的帛画《导引图》上，有44个动作，这些动作多是在模仿动物的造型，这是借助象形的神秘力量修仙。《淮南子》早已提出："凫浴猿躩（jué），熊经鸟伸，鸱视虎顾，是养形之人也。"说明养形是修仙的一个环节。

华佗创造性地发现，剥去神秘主义成分，可将修仙术改造成健身方法，即"体有不快，起作禽之戏，怡而汗出……身体轻便而欲食"。

五禽戏简单，动作强度小，但效果惊人。

史料记载，华佗的弟子吴普练习后，"年将九十，耳不聋，目不冥，牙齿完坚，饮食无损"。安徽中医学院曾组织学生练习16个月的五禽戏，每周4次，每次1小时，结果发现，学生们的腰椎、左股骨颈、大转子等处的骨密度明显高于对照组，且实验前后区别明显。

唐代时，五禽戏开始流行。柳宗元在诗中写道："闻道偏为五禽戏，出门鸥鸟更相亲。"李商隐也写道："海上呼三鸟，斋中戏五禽。"

唐人推崇五禽戏，甚至视华佗为神，称："佗行之，年过万岁。"

古代印度、波斯等国虽然有体操和气功，但都没有象形术。象形术体现了道教的天人合一思想，是中国独有的，这也许能证明，华佗绝非外国人。

麻沸散失传，或因太猛

怀疑华佗是外国人的学者常提出两个论据：首先，三国时做不了剖腹手术；其次，麻沸散的主要成分（怀疑是大麻）来自海外。

2001年，在山东大汶口遗址，专家发现一例做开颅手术的证据，这个证据距今已5000余年。在世界各地，类似证据多达30多例，古人连复杂的开颅手术都能做，怎么会做不了剖腹手术？

医学史家李经纬先生提出，魏晋南北朝时期，中医以外科为主，因为当时战乱频繁，人们对外科有客观需求。其实，缝合术、消毒术、金创愈合术等，兽医一直在操作，华佗完全有可能把相关技术应用到人身上。

唐代孙思邈记录了麻沸散配方：羊踯躅三钱，茉莉花根一钱，当归一两，菖蒲三分，水煎服一碗。

羊踯躅可麻醉人畜，但有剧毒，安全性差，与酒配合尤其凶险。此方未必是麻沸散原方，但它确实体现了华佗好用猛药的特点。方仙道强调扶助阳气，喜用大毒、大热之品，比如此派最爱用丹药，可丹药多由水银、硫化汞（朱砂）、雄黄等制成，重金属含量超标。传说《中藏经》是华佗遗著，清代医学家赵学敏批评其中药方“取其速验，不计万全也”。

用药激进，不被正统医家认可，可能是麻沸散失传的原因。

有学者提出，按中医起名原则，麻沸散应含大麻，而有毒大麻属胡药。其实，《伤寒论》中有麻沸汤，只是“汤沸时泛沫之多，其乱如麻也”，并不是含有大麻。古人将沸分成很多种，比如麋沸、星沸、豪杰沸、云沸、蟹目沸等，麻沸也是其中之一。

可见，麻沸散很可能不含胡药，完全是本土制造的，只是太猛，后来被放弃了。

张仲景："医圣"是怎么炼成的

"惟张仲景方一部，最为众方之祖……参古今之法，不越毫末，实乃大圣之所作也。"这是金代著名医家成无己在《伤寒明理论》中，对张仲景的赞美。

张仲景，名机，以字行①，被后代尊为"医圣"。

奇怪的是，在《三国志》中，作者竟未提及这位"医圣"。魏晋时，太医令王叔和（本名熙，以字行）与张仲景的弟子卫汎交好，遂重新整理《伤寒杂病论》，使它得以流传，但存世仅《伤寒论》，无《杂病论》②。

后来世人论张仲景，信息多从王叔和处来。可到了宋代，张仲景的履历突然变厚，他成了"孝廉"，还当过"长沙太守"，并首次被确认为"医圣"。从宋代到清初，人们还算客气，同时称伊尹为"元圣"，唐代韦讯为"医中之圣"，战国时期的秦越人为"亚圣"。此外，宋代的钱乙、金代的李杲、明代的薛己和王肯堂、清初的萧京……也都曾被称为"医圣"。③

虽然皇家从未承认，但"医圣"的称号渐成张仲景的专属称号。南开大学历史学院学者余新忠指出，这是宋代、明清和1930年后三次"造神"的结果。令人好奇的是，为何人们偏偏选中张仲景？

---

① "以字行于世"的简称。即仅称呼此人的"字"，代替其名。

② 后来唐人发现一本旧医书，文风酷似张仲景，遂删伤寒部分，仅留杂病，即《金匮要略》。

③ 本文多处引用余新忠先生的《医圣的层累造成》一文，后面不再标出。

“建安大疫”改写了“医圣”的人生

张仲景是东汉南阳涅阳县（今属河南省邓州市）人。在《伤寒杂病论》开篇中，他写道：“余宗族素多，向余二百，建安纪年以来，犹未十稔，其死亡者，三分有二，伤寒十居其七。”

有学者认为，此非原文，是王叔和添入的内容。假如这确是张仲景所写，则透露了两个信息。

首先，张仲景出身巨族，依东汉察举制，确有可能当过孝廉。《抱朴子》中有如下记载：“汉之末年……举士也，必附己者为前；取人也，必多党者为决。”张仲景符合这一条件。

其次，受“建安大疫”影响，张仲景开始学医。中国历史上有三次疫病高峰，分别在汉末魏晋、金元之交、明清之交，“建安大疫”是首次高峰的顶点。根据《中国人口史》的记载，157年，汉朝人口为5648万，到217年（建安二十二年），只剩1500万。

每逢战乱，大量民众脱离政府控制，不再交税，人口数量陡然下降，死者未必都是病死的，但建安七子中的徐幹、王粲、应玚、刘桢、陈琳均死于“建安大疫”。曹植在《说疫气》中写道：“建安二十二年，疠气流行，家家有僵尸之痛，室室有号泣之哀。或阖门而殪，或覆族而丧。”

那么，明明是瘟疫，为何张仲景却说是“伤寒”呢？一方面，东汉末年中原气温骤降，被认为是引发瘟疫的原因。另一方面，伤寒别名瘟疫，此说据东晋陈延之在《经方小品》。其中载：“云伤寒，是雅士之辞；云天行、瘟疫，是田舍间号耳。”

由此可以理解，为何汉末三国时期，道团（道教前身）和佛教开始流行，黄巾军领袖张角亦自称“大医”。

西方人自古就搞“污名化”

“建安大疫”究竟指的是什么病？争论颇多，主要有两种说法。

其一，流感。该病流传广、传染快，符合流感特征，但死亡率过高，非普通流感。

其二，鼠疫。据《金匮要略》记载，死者呈阴毒、阳毒症状。阴毒即浑身淤青，阳毒即有红疹，很像鼠疫。

其实，直到明代，中国才有比较确切的鼠疫记载。只因“黑死病”（鼠疫）曾重创欧洲，西方人便称它来自中国（此外有印度说、中亚说等，均证据不足）。意大利皮亚琴察律师希里埃尔·德穆西（Gabriel de Mussi）在《疾病的历史》中称，1346年，蒙古大军为攻破黑海附近的城市卡法，用投石机将因鼠疫而死的士兵尸体抛入城中，空气被污染了，水被毒化了，瘟疫蔓延起来。千人之中仅有一人能够幸免。

德米西写得绘声绘色，但卡法被围时，他远在意大利的皮亚琴察。20年后，他才据传说编出这段“历史”。德米西从来没有回答过这样的疑问：为什么鼠疫给欧洲带来灭顶之灾，却对蒙古大军影响不大？难道东亚人抵抗力超强？

据测定，14%的欧洲人有Delta 32基因突变，可抵抗鼠疫，该突变发生在700年前，只有2%的东亚人有这种基因。[①]这说明：

其一，东亚人抵抗鼠疫的能力更差。

其二，东亚历史上未出现超大范围的鼠疫疫情。

传播鼠疫能力最强的是黑鼠，主要分布在热带和亚热带，中国家鼠以褐家鼠、黄胸鼠、小家鼠为主。北方少有黄胸鼠，而褐家鼠对疾病的传播力差，至于小家鼠，活动范围仅在30—50米之内。如果鼠疫来自中国，在传统交通条件的限制下，鼠疫很难传到欧洲。

可见，“建安大疫”并非鼠疫。

血吸虫病决定了赤壁之战的胜负吗？

东汉末年瘟疫频发，可能与胡人大量进入中原有关。

汉代政策是，游牧民族只要不掠夺，即可入汉地定居，这为地方势力扩张提供了机遇。到东汉末年，几乎所有边镇太守都拥有胡人军队，这是割据的基础。

---

① （美）约书亚·S.卢米斯：《传染病与人类历史》，社会科学文献出版社，2021年5月。

袁绍“抚有三郡乌丸，宠其名王，而收其精骑”；董卓则有西部羌胡兵；张绣、韩遂有氐羌兵；马超有“氐王千万叛应超，屯兴国”；曹操征服乌桓后，“悉徙其族居中国”；公孙瓒的部队中也有胡骑，刘备在他手下当别部司马时，统率过乌丸杂胡骑；诸葛亮六出祁山，多与鲜卑轲比能联手。

游牧民族善畜牧，家畜可能将炭疽病、结核病、麻疹、血吸虫病、肝吸虫病、流感等传染给人，而且当时战乱频繁，这些因素均为瘟疫的流行创造了条件。值得注意的是，东汉末年的瘟疫多发生在北方，其中最离奇的是赤壁之战。

西晋人虞溥所著的《江表传》中有这样的记载：“瑜之破魏军也，曹公曰：‘孤不羞走。’后书与权曰：‘赤壁之役，值有疾病，孤烧船自退，横使周瑜虚获此名。’”

《三国志·郭嘉传》称：“太祖（曹操）征荆州还，于巴丘遇疾疫，烧船，叹曰：‘郭奉孝在，不使孤至此。’”

后来史家多认为，这是曹操为掩饰惨败而设的托词。但赤壁之战失败后，曹军中仍有瘟疫。这令当时的人感到非常好奇：为什么曹军闹瘟疫，孙刘联军却没事？

很多学者提出，曹军遭遇的所谓瘟疫，应为血吸虫病。孙刘联军多为南方人，抵抗力较强，应对方法多；曹军多北方人，受害更深。

张仲景打败了曹操

在长沙马王堆一号汉墓中的女尸体内，专家发现了大量血吸虫卵。一般认为，血吸虫病致曹军士兵大量死亡，而曹操仍采取当时北方流行的处理方法——火葬，而非土葬。南方空气潮湿，木柴不易燃，大量尸体未及时处理，加重了疫情。

然而，濮阳市中医院学者孙维旭指出，血吸虫病潜伏期为2周到3个月，多出现在夏秋季，而赤壁之战发生在冬季。且曹操南下后，曾接收大量荆州兵，他们也是南方人，为何没表现出更强的抵抗力？

孙维旭认为，这可能恰好表明，历史上争议最大的“张仲景曾任长沙太守说”是成立的。

张仲景曾任长沙太守，这一记录最早出自唐代甘伯宗的《名医传》，此书已佚，经宋代范行准转抄，被视为信史。甘伯宗晚张仲景至少400年，此前王叔和、皇甫谧都没说张仲景当过官，宋代《太平御览》中也没提及此事，可谓“孤证不立”。

长沙太守是要职，史籍记录8人曾任此职，即孙坚、苏代、张羡、张怿（张羡之子）、韩玄、廖立、濮阳逸、马俊。清代学者孙鼎宜称张羡即张机，但张羡死于建安六年（201年）前，与张仲景的卒年不符。

湖南中医药大学学者马星雨认为，汉代有“遥领制”，即不实际到任，仅享受相关待遇。

孙维旭则提出，身为南阳人，张仲景很可能在“火烧新野”后，随军南下。此时他已攻克了伤寒症，而冬季正是伤寒盛行时节，曹军损失惨重，而孙刘联军平安过关。因此大功，他被刘备任为长沙太守，后来刘备丢了荆州，张仲景自然也就离职了。

张仲景的传说

张仲景曾任长沙太守，又是名医，《三国志》为什么忽略张仲景呢？

原因也不复杂，作者陈寿曾说：“又国不置史，注记无官，是以行事多遗，灾异靡书。”这是说蜀国没史官，留下的史料少。《三国志》对蜀国人物的记录都很简略，《关羽传》仅1200字，连张飞、赵云、黄忠、魏延等开国功臣的出生时间都没记载。

正史无载，但民间关于张仲景的传说却很多，只是不太可靠。

比如说张仲景发明了饺子，是为预防冬天冻耳朵，又称“娇耳”。事实上，直到宋代，“饺”仍读如“决”，一般写作角子，这是根据形状来命名的，与“娇耳”无关。将面和副食包裹在一起吃，是游牧民族的食俗，该食俗于汉末三国时传入中原。

再比如说名医华佗曾赞《伤寒杂病论》是“可以活人”之书，此说见于《三国志·华佗传》：“佗临死，出一卷书与狱吏，曰：‘此可以活人。’吏畏法不受，佗亦不强，索火烧之。”其实，华佗是说自己的书“可以活人”，但宋代孙奇认为：“每观华佗凡所疗病，多尚奇怪，不合圣人之经。臣奇谓活人者，必仲景之书也。”华佗、张仲景平生无交集，却被孙奇硬扯在一起。

在张仲景的时代，医仍被视为方术，《伤寒杂病论》中也有巫术内容，比如“烧裈散”，即把妇人内裤近隐处烧成灰，据说服下可以治伤寒。对此奇方，后人颇难理解，只好硬解道：“裈裆味咸而腐秽，故能入少阴……药物虽陋，而用意至微，不因其陋而忽之，则升仲景之阶矣！”

现实需要推张仲景成“圣”

虽然《伤寒杂病论》曾受巫术影响，但与《黄帝内经》偏重理论不同，它更重实证。张仲景提出11个对抗伤寒的方剂：桂枝、麻黄、葛根、柴胡、栀子、承气、泻心、白虎、五苓、四逆、理中。这些皆是临床经验的总结。北宋著名医家刘完素评价《伤寒杂病论》：“使后之学者，有可依靠。”

张仲景开辟了中医史上全新的道路：不拘泥于理论推演，不纠缠于文献考证，一切以实证为准绳。这被称为中医的“实证派”，与坚守《黄帝内经》的“理念派”不同。

在实际诊病中，张仲景亦有创新。比如《黄帝内经》中，诊脉是诊全身各处，而张仲景重视少阳脉，这个脉在脚腕上，这启迪了后来的医家，他们专按病人腕部诊脉。

张仲景能成为宋代医家眼中的“神话”，与宋代商品经济发达，大量人口进入城市密切相关。为应对陡然增长的医疗需求，只好推行“局方”，即不考虑患者具体情况，因病设方，只有《伤寒杂病论》能满足这一要求。

张仲景能成为明清医家眼中的“神话”，则与明清之交气候骤冷、战争频仍，又一个疫病高峰期的来临有关。《伤寒杂病论》契合实用，故清代名医叶天士等对《黄帝内经》极为轻视，视张仲景为正道。

张仲景能成为20世纪30年代医家眼中的“神话”，则与西医的冲击有关。中医意识到，西医重实证，而张仲景也重实证，这正是中西医结合的契机。

历史是公正的，虽《三国志》不载，但在现实的持续需要下，张仲景还是一步步走上了“医圣”的宝座。

周瑜：多大的仇，罗贯中这么黑他？

> 却说周瑜怒气填胸，坠于马下，左右急救归船。军士传说："玄德、孔明在前山顶上饮酒取乐。"……（周瑜）长叹一声，唤左右取纸笔作书上吴侯。乃聚众将曰："吾非不欲尽忠报国，奈天命已绝矣。汝等善事吴侯，共成大业。"言讫，昏绝。徐徐又醒，仰天长叹曰："既生瑜，何生亮！"连叫数声而亡。寿三十六岁。

在《三国演义》第三十六回《柴桑口卧龙吊丧，耒阳县凤雏理事》中，这段描写栩栩如生。只论文学性，周瑜是小说中一个相当出彩的人物，他狭隘、嫉妒、自负，最终被诸葛亮和刘备活活气死。

其实，正史中的周瑜"性度恢廓，大率为得人"。周瑜曾与老将程普不睦，"普颇以年长，数陵侮瑜"，周瑜却反复避让，最终程普都服气了，说："与周公瑾交，如饮醇醪，不觉自醉。"

周瑜是武将，在赤壁之战中曾率兵冲锋，却突然患病身亡，只活了35岁（《三国演义》称36岁，可能是虚岁）。历来人们对此说法不一：

其一，被孙权暗杀；

其二，周瑜患有心血管病；

其三，死于结核病或流感；

其四，死于血吸虫病；

其五，周瑜患有家族遗传病。

在《三国志》中，周瑜是病死的，可在《三国演义》中，周瑜是被气死的。把周瑜黑到这种地步，还真不能怪罗贯中。

周家当了百年高官

周瑜生于175年，庐江舒县（今安徽省庐江县西南）人。

周家是官宦世家，周瑜的高祖父周荣在汉章帝时入仕，曾任尚书令。东汉自汉成帝（前51—前7年）起，政务均归尚书台，尚书令总揽事权，直接对皇帝负责。汉代朝会，各官均接席而坐，只有尚书令、司隶校尉、御史中丞独坐一席，以示皇帝优宠，被称为“三独坐”。但在行政序列上，尚书令属少府（负责管理皇室财务、生活的机构），年薪只有千石。后宦海沉浮，周荣几度被贬。去世时，汉和帝赐20万钱，荫其子周兴为郎中（尚书令的属官）。

周荣的孙子周景、曾孙周忠曾任太尉。太尉是秦汉时最高武职，属三公之一，只负责监察，不能直接指挥军队。

周家出任高官，前后长达百年。

不过，周景、周忠均出自周瑜伯曾祖父一脉，而周瑜曾祖父一脉属弱支，史籍甚至未记周瑜的祖父和曾祖父的名字。周瑜的父亲周异当过洛阳令，去世亦早，周瑜“十余岁”便成一家之主。其实，周瑜还有一个哥哥，可能是庶出，史籍也没留下他的名字。

周瑜与孙策同年，少年时便与之交好。15岁时，周瑜“推道南大宅以舍策，升堂拜母，有无共通”，就是把自己家的宅院给孙策住，与他结成通家之好。可见，此时周瑜已主家事。

刘备与孙权结盟时，刘备曾给周瑜“上眼药”，对孙权说：“公瑾文武筹略，万人之英，顾其器量广大，恐不久为人臣耳！”显然，刘备不知道周家与孙家的关系有多铁。

小乔只是周瑜的妾

周瑜结交孙策，或为他坚信当时的一条谶语：“承运代刘氏者，必兴于东南。”秦代也有类似的谶语，《史记》有如下记载：“秦始皇帝常曰‘东南有天子气’，于是因东游以厌[①]之。”

谶纬是秦汉时主流的观念，尤其是东汉末年，谶纬学大盛。

孙策后来投靠袁术，袁术派他征江东，当时周瑜的叔叔周尚在丹杨（今属安徽省宣城市）当太守，周瑜率丹杨军来投，孙策收下粮草、兵马，却让周瑜暂回。《三国志》称“丹杨山险，民多果劲”，民众“好武习战，高尚力气”，是当时的“精兵之地”。

不久，袁术派表弟袁胤接任丹杨太守，周瑜和叔叔被袁术延揽至寿春（今属安徽省淮南市寿县）。袁术非常欣赏周瑜的才干，周瑜却不看好袁术，自请去偏僻的居巢（一般认为是今巢湖市，今由安徽省合肥市代管）工作，以便逃归。

建安二年（197年），孙策自立门户。第二年，23岁的周瑜投靠孙策，孙策“亲自迎瑜，授建卫中郎将”，高于老将程普，致二人产生矛盾。

此后，周瑜攻皖城（今属安徽省潜山市）、伐寻阳县（今江西省九江市一带）和江夏郡（今湖北省中部）、平豫章郡（治所在今江西省南昌市）和庐陵郡（核心区大致在今江西省吉安市），稳定了江东局势。

攻皖城时，“得乔公两女，皆国色也。（孙）策自纳大乔，（周）瑜纳小乔”（《三国志·吴书·周瑜鲁肃吕蒙传》）。但《三国志·吴书·妃嫔传》中根本没提大乔，可见大乔非孙策正妻。时周瑜应已婚，小乔也只能是妾。

被大儒看成“小人”

孙策死后，周瑜与张昭共掌大权，辅佐孙权。孙权当时“位为将军，诸将宾客为礼尚简，而瑜独先尽敬，便执臣节”。

曹操大军南下时，张昭主降，因张昭是江北人，曾被汉朝举为孝廉，坚辞不就，后因战乱逃到江东。在孙吴政权初期，诸葛瑾、步骘（zhì）、张纮、薛综、

① 厌，yā，指压胜。意即压而胜之，古代中国民间一种避邪祈吉习俗。据《说文解字》解释：厌，笮也，今人作压。

严峻等都来自江北，倾向中原政权。随着江东集团崛起，特别是鲁肃、蒋钦、周泰、陈武、丁奉等都是武将，且都是庐江附近人，他们更倾向于孙家。

晋代大儒习凿齿在《汉晋春秋》中说："客问曰：周瑜、鲁肃何人也？主人曰：小人也。"这是史上首次称周瑜、鲁肃为小人。二人兜售"秦始皇说五百年后金陵有天子气"，并且在他们的帮助下，孙权后来果然称帝。但孙权称帝时离秦始皇说才430年，不到500年。

鲁肃曾劝孙权："肃窃料之，汉室不可复兴，曹操不可卒除，为将军计，惟有鼎足江东，以观天下之衅。"孙权非常信任周瑜、鲁肃，而张昭终生未能任相。

后代有学者怀疑，曹操实力最强，刘备是汉室宗亲，孙吴没有称帝的借口，才拿秦始皇说事。

在称帝告天文中，孙权称："权生于东南，遭值期运……历数在躬，不得不受。权畏天命，不敢不从。"孙权称帝后，曾说："孤非周公瑾，不帝矣。"

可见，周瑜最大的功劳在扶正孙权。

赤壁之战后，周瑜进攻益州，如取胜，孙吴可对曹魏形成夹击之势，但不幸周瑜猝死。

杜牧只夸他运气好

直到唐代，主流对周瑜仍持赞赏态度，李白在《赤壁歌送别》中写道：

> 二龙争战决雌雄，赤壁楼船扫地空。
> 烈火张天照云海，周瑜于此破曹公。
> 君去沧江望澄碧，鲸鲵唐突留余迹。
> 一一书来报故人，我欲因之壮心魄。

不过，在唐人的赞美中，渐多功利因素，即只赞功绩，不关注道德。随着唐朝科举制度的发展，平民阶层崛起，世风转向"物态浇漓，稔于世禄"。

读书人渴望建功立业，可在现实中屡遭挫折，所以杜牧在诗中不服气地写道："东风不与周郎便，铜雀春深锁二乔。"意思是，若不是东风帮了周瑜，大乔、小乔就被曹操抢走了。

其实，赤壁之战并非只有火攻，曹操的部队在多处驻扎，与孙刘联军反复激战，只是从杜牧起，人们便开始倾向于认为，周瑜只是运气好，不算真正的名将。

北宋初年，吴起、孙膑、廉颇、韩信等都被贬出武成庙正殿，改到庑[①]下，关羽、张飞也在其中。周瑜仍在正殿内。

北宋初期，出现了正闰[②]之争，欧阳修在《正统论》中提出："自古王者之兴，必有盛德以受天命，或其功泽被于生民，或累世积渐而成王业，岂偏名于一德哉？"主张曹魏是正统，孙吴、蜀汉不算国。司马光写《资治通鉴》时，亦奉曹魏为正朔。到朱熹时，"帝蜀寇魏"影响渐大。

南宋偏安后，为强调天命仍在，立蜀汉为正统。此后，诸葛亮的地位渐渐超越了周瑜的地位。

罗贯中其实没黑周瑜

元代时，《三国志平话》开始流行。作者称，曹军压境，周瑜却"每日与小乔作乐"，孙权送他"一船金珠缎疋"，周瑜收下后，却按兵不动。诸葛亮、鲁肃反复请求，周瑜始终不动，诸葛亮只好说"曹操征东吴，是为了大乔小乔"，周瑜这才大怒出山。

在赤壁之战中，周瑜不断排挤诸葛亮，战后又和张飞起冲突，屡战屡败。最终周瑜向刘备借道伐益州，却遭诸葛亮偷袭，气病而死。

这些情节可能是宋代"说三分"[③]的评书艺人编造的。宋代，城市化水平提升，平民文化与贵族文化开始分途。在精英文化中，魏、蜀较受关注，是唐诗、

① 古代正房对面和两侧的屋子。

② 正统和非正统。

③ 宋代都市中说书题材之一，专说三国故事。

宋词中的常见题材，写孙吴的唐诗、宋词明显较少，给平民文化留下空间。

罗贯中在写《三国演义》时，依据史料，修改了一些泼污处，将周瑜杀诸葛亮的动机变成“久必为江东之患，不如杀之”，从嫉妒的私心，转为护主的公心，但保留了诸葛亮屡次戏要周瑜的情节。

明嘉靖本《三国演义》中，周瑜形象较正面。清代毛宗岗点评本《三国演义》中，情况大变，关羽被拔高，周瑜则成了诸葛亮的正衬（写周瑜是为衬托诸葛亮）。根据渤海大学学者韩放的《周瑜形象生成史》统计资料，我们得知：嘉靖本以周瑜命名的回目有12个，周瑜作为正面人物的有5个；毛宗岗点评本以周瑜命名的回目仅5个，周瑜作为正面人物的仅1个。毛宗岗点评本还刻意隐去“凤雏”庞统曾在周瑜手下任职的经历。

平民读书人、文学批评家毛宗岗点评本即后来的通行本，文学性更强，至此，周瑜的公众形象无法挽回。

颇有佳作，可惜后人不知

周瑜病逝于210年，在遗嘱中，他说：“道遇暴疾，昨自医疗，日加无损。”周瑜一向健康，头天患病，第二天便知必死，未免太快，这种病很像心血管疾病。

周瑜10多岁时，父亲周异就去世了，应属早逝。周瑜的大儿子周循有儒将风范，孙权把嫡长女嫁给了他，可至迟到229年，周循便病死了。周瑜的二儿子周胤因罪被免官，239年被赦免，未等到诏书发布便病死了，寿仅30多岁。

周瑜还有一个女儿，嫁给孙权的长子孙登。孙登只活到33岁，周瑜女儿寿命如何，未见记载。

东汉末、三国初疾疫流行，时间之长、范围之广、死亡率之高，前所未有。郭嘉寿仅38岁，吕蒙寿仅42岁，诸葛乔（诸葛瑾的次子，过继给诸葛亮）寿仅25岁，陆延（陆逊的长子）寿不足20岁……在当时，周瑜可能不算短寿。

认为周瑜死于血吸虫病，也有一定道理，从出土的吴简来看，“腹心病”患者多达上千例，长江流域发现的汉代尸体中，大多有血吸虫病。但血吸虫病引发暴亡的病例，却不多见。至于说周瑜患了结核病、感冒等，皆非暴亡之症。

在《三国志》中，有周瑜的两篇《时局论》，其中的见识近于《隆中对》。

周瑜在临终时留下分析天下局势的遗言：“人生有死，修短命矣，诚不足惜，但恨微志未展，不复奉教命耳……天下之事未知终始，此朝士旰食之秋，至尊垂虑之日也……人之将死，其言也善，傥或可采，瑜死不朽矣。”慷慨激昂。

左慈：敢耍曹操的一代名医

飞步凌云遍九州，独凭遁甲自遨游。

等闲施设神仙术，点悟曹瞒不转头。

这是《三国演义》中，作者写给左慈的赞诗。在罗贯中笔下，左慈是一位世外高人，精通隔空取物、辟谷、隐身、幻化、奇门遁甲等术，他劝曹操急流勇退，把权位让给刘备，“不然，贫道当飞剑取汝之头也”。

曹操大怒，将左慈下狱，却怎么也杀不了他，反而屡遭戏弄。最终，曹操将抓住的三四百名貌似左慈的人“尽皆斩之”，却见“人人颈腔内各起一道青气，到上天聚成一处，化成一个左慈，向空招白鹤一只骑坐，拍手大笑曰‘土鼠随金虎，奸雄一旦休’”。曹操令士兵用箭射，却狂风大作，“所斩之尸，皆跳起来，手提其头，奔上演武厅来打曹操。文官武将，掩面惊倒，各不相顾”。曹操也惊倒于地，落下病根。

所谓“土鼠随金虎”，虎即庚，鼠即子，意思是曹操将死于庚子年（曹操逝于4年后的220年，即庚子年）。

这段描写颇为诡异，但历史上确有左慈其人，只是罗贯中隐瞒了左慈曾在曹营任官10余年的履历。左慈是葛洪从祖葛玄的师傅，对道教灵宝派有重要贡献，中医从该派受益极多。直到今天，仍有中药方以左慈冠名（如耳聋左慈丸），可惜后人常忽略左慈还是一位名医。

曹操真不信天命吗？

左慈，字元放，庐江（今属安徽省合肥市）人。《三国志》中未记其事，但曹丕在《典论·论方术》中却提到了他："庐江左慈，知补导之术，并为军吏……至寺人严峻，往从问受，阉竖真无事于斯术也，人之逐声，乃至于是……。"

补导即采补和导引，采补是房中术，导引是原始气功。曹丕讽刺说："左慈知名度太高，连太监都跟他学，可太监学房中术有什么用？"

曹操父子对神秘主义持批判态度，曹操曾说："性不信天命之事。""痛哉世人，见欺神仙。"既然如此，为何招纳左慈？

曹植在《辩道论》中解释说："世有方士，吾王悉所招致。甘陵有甘始，庐江有左慈，阳城有郄俭。（甘）始能行气导引，（左）慈晓房中之术，（郄）俭善辟谷，悉号数百岁。本所以集之于魏国者，诚恐斯人之徒，接奸诡以欺众，行妖恶以惑民，故聚而禁之也……自家王与太子及余兄弟，咸以为调笑，不信之矣。"

东汉末年，异说纷起，特别是黄巾军利用迷信，对旧秩序造成巨大冲击，这被当时许多政治人物引为教训。在《三国演义》第二十九回中，道士于吉仅因信众太多，便被小霸王孙策处死。于吉自辩："普救万人，未曾取人毫厘之物，安得煽惑人心？"孙策却说："汝即黄巾张角之流，今若不诛，必为后患。"

曹植认为，曹操招纳天下方士，是为防止他们在地方作乱，是"聚而禁之"，可惜并非事实。

曹操吃断肠草练功

学者张士聪在《是求仙还是求贤》中钩沉，曹操中年后对方术颇为沉迷。在《与皇甫隆令》中，曹操写道："闻卿年出百岁，而体力不衰，耳目聪明，颜色和悦，此盛事也。所服食施行导引，可得闻乎？若有可传，想可密示封内。"从这里可看出，曹操想讨点秘籍。

皇甫隆曾任敦煌太守（也有学者认为有两个皇甫隆，一任官，一修道，同名而已），拜青牛道士封君达为师，封君达主张“乐人不寿”和“食不欲过饱”，既不能太快乐，也不能太劳累。皇甫隆亦拜刘京（汉文帝时人，距三国初已300多年，或讹传）为师，得叩齿法①和房中术。皇甫隆推荐曹操练习食玉泉法②和叩齿法。

曹操还曾和封君达学“养性法”，和甘始等人学习“容成御妇人法”，还“习啖野葛至一尺，亦得少多饮鸩酒”。此野葛非葛根，而是钩吻，即断肠草，被古人称为九大毒草之首，含葫蔓藤碱，传说神农氏便是被它毒死，人体摄入3克生钩吻根，即可丧命。曹操能吃一尺，可能此野葛已经熟制。

在《气出唱》中，曹操坦然地写道：“愿得神之人，乘驾云车，骖驾白鹿，上到天之门，来赐神之药。跪受之，敬神齐。当如此，道自来。”

张鲁对此看得很清楚，他说：“宁为曹作奴，不为刘备上客。”张鲁降曹操后，拜镇南将军、阆中侯，邑万户。张鲁的5个儿子和谋士阎圃均封侯，曹操还让儿子曹宇（魏元帝曹奂的父亲）娶了张鲁的女儿。张鲁全家和众弟子迁往邺城，继续传道。

张仲景都说自己会方术

曹操是明白人，为何也会落入迷信的陷阱？这与道家发展有关。

古代中原哲学以人为本，无宇宙观，老子的《道德经》几乎是唯一关注宇宙生成论的文献。近年来，《太一生水》《恒先》《十大经》《道原经》等先后出土。根据日本学者浅野裕一的研究，这些文献有两大特点：

其一，皆出自楚国一带。

其二，都对宇宙本体进行了探讨。

楚本蛮夷，楚文化与中原文化相异。随着文化互动的加强，在齐国等中间国家，逐渐形成阴阳家，他们将楚地宇宙论与中原人本论有机地结合起来。一方面，提供了宇宙构造的基本模型；另一方面，又认为通过道德，人类可干预宇宙。

---

① 一种养生保健的方法，具体做法为：每天清晨睡醒时，把牙齿上下叩合，先叩臼齿30次，再叩前齿30次。有助于牙齿坚固。

② 晨起时先咽食口中唾液。

阴阳家外，战国时盛行的方仙道也在发展，二者相结合，形成道家。秦汉两代，道家占据主流地位。秦国有《吕氏春秋》，道家色彩浓烈；汉代有《淮南子》，是道家著作。

秦始皇一度相信方士，屡次受骗后，态度转向严厉。在“坑儒”中，不少方士被杀。余下的方士流落民间，反而扩大了道家的社会影响力，在普通大众看来，方士便代表了道家。

西汉初期推崇黄老之学，主张与民休息。汉武帝时“罢黜百家，独尊儒术”，但道家未受太大冲击。东汉开国皇帝刘秀平定天下后，认为“务用安静，解王莽之繁密，还汉世之轻法”，特意征道士入京当官。

在东汉，道士不仅干预朝政，还能担任将军，许曼、赵彦、樊志张等都有军功。张仲景在《伤寒论》自序中说：“余宿尚方术，请事斯语。”可见道家影响已渗透到社会各层面。

罗贯中不愿提左慈的专长

东汉末年，信奉儒学的党人崛起，与阉党冲突激烈，曹操出自阉党，更偏向道家。恰逢道家转向道教的关键期，道家偏重形而上，道教则强调现实功能，方士地位空前提高。

在曹操帐下，聚集了许多方士，根据张华《博物志》的记载，较著名的便有16人：王真、封君达、甘始、鲁女生、华佗、东郭延年、唐雹、冷寿光、卜式、张貂、蓟子训、费长房、鲜奴辜、赵圣卿、郄俭、左慈。

《后汉书》记了左慈约500字，共5个故事，其中3个被写进《三国演义》，分别是：

一次宴会上，曹操说可惜没有松江鲈鱼，左慈要来一个装满水的铜盆，用竹竿挂上鱼饵，很快便“钓”出了鱼。

曹操想杀左慈，左慈穿墙而走。

为躲避曹操的追杀，左慈变成羊，混在羊群中。曹操骗左慈说：

“我不想杀你，只是想看你的法术多厉害。”一只山羊立刻像人那样站了起来，士兵们正准备抓羊，突然所有羊都站了起来，士兵们又不知道谁是左慈了。

第一个故事与最后一个故事相隔近10年，可见左慈一直在曹操身边，罗贯中刻意忽略这段历史，一是有“拥刘反曹”的情结，二是曹操用左慈，只因左慈会房中术，太不上台面。

房中术本属方仙道，初期强调养生，以涓子和彭祖为正脉。到曹魏时，因上层偏好，形成容成御女派，被曹植斥为“辞繁寡实，颇切怪言”。罗贯中是大儒赵宝峰的弟子，自然不愿提左慈的专长。

左慈后半生干啥去了？

不提专长，只好移花接木。在《三国演义》中，有这样一段：“连监禁（左慈）七日，不与饮食。及看时，慈端坐于地上，面皮转红。狱卒报知曹操，操取出问之。慈曰：‘我数十年不食，亦不妨；日食千羊，亦能尽。’操无可奈何。”

成都武侯祠博物馆学者赵彬在《〈三国演义〉中左慈艺术形象的塑造》中钩沉，在曹操手下的方士中，擅长辟谷的并非左慈，而是郄俭。曹植曾将他关在室内100天，郄俭却毫发无损。

在小说中，罗贯中误解了辟谷的含义。辟谷是“服气辟谷”的简称，从文献来看，辟谷并非单独功法，必须与“导引”“服气”“饵”等合用。“辟谷”一词在古代文献中较少出现，特别是明清时期的文献中，不易找到。宋代之后，练“服气辟谷”的人渐少，致罗贯中望文生义。

离开曹操后，左慈后半生去哪儿了？葛洪在《抱朴子·内篇》中记载道：“（左慈）避地来渡江东，志欲投名山以修斯道。”可这个“名山”是什么山呢？《神仙传》记载道：“慈告葛仙公（葛玄）言：‘当入霍山中合九转丹。’丹成遂仙去矣。”

《神仙传》是小说，不可尽信。霍山有两处，一是安徽霍山县的天柱山，一是福建闽侯（今属宁德长溪）的霍童山，宋朝张君房编辑的《云笈七签》将后者称为“三十六小洞天第一”。

左慈晚年埋头炼丹，留下《左慈秘诀》。宋朝唐慎微的《证类本草》称，“杏金丹，本出浑皇子，亦名草金丹方，服之寿二千二百年不死”，即出自《左慈秘诀》。这段对杏仁的论述被多部典籍转载。

没有左慈，就没有葛洪

李时珍在《本草纲目》中，记录了“左慈荒年法”，即“用大豆粗细调匀者，生熟挼（ruó，揉搓）令光，暖彻豆内。先日不食，以冷水顿服讫。一切鱼肉菜果，不得复经口。渴即饮冷水。初小困，十数日后，体力壮健，不复思食也”。

左慈传道葛玄，葛玄又传郑隐和兄长葛孝爰，葛孝爰再传子葛悌（葛洪之父），葛悌与郑隐并传葛洪。葛洪写出《肘后备急方》，该著作是我国第一部临床急救手册，其中“率多易得之药，其不获已，须买之者，亦皆贱价”。

左慈专注丹法，却为医学做出了贡献，也有点儿歪打正着的意思。

古人认为，炼丹炉内的状况，与宇宙初始状况相同，把物质放到宇宙初始状况，可重塑物性。古人初期直接服用黄金等，此外口服天然丹砂（硫化汞），因其色红质坚，所以被认为是更珍贵的药材。但直接服用黄金、丹砂可能导致人体中毒，所以通过炼制，减少其毒性，此即金丹术。

在炼制过程中，古人发现烧水银会生成类似于天然丹砂的物质（其实是氧化汞），以为水银被还原成了丹砂，故称为“还丹”。此外，通过药剂，可以将铜、铅、锡等也变成金色的“药金”（铜锌合金，即黄铜）和银白色的“药银”（种类很多，如掺锡白银等），它们都被称为“还丹”。这又被称为黄白术。

“还丹”是炼丹史上的一次革命，从天然矿物转向人工合成，人们尝试用各种药物去生产“还丹”，关注点从矿物转向植物。丹没炼成，却摸索出了许多新药。

从金丹到“还丹”，左慈的贡献突出。没有左慈，就没有葛洪，他们都是一代名医。

第二章 三国两晋南北朝

马超：短寿或与“无情无义”的骂名相关

“老臣先知西番国王轲比能，引兵犯西平关；臣料马超积祖西川人氏，素得羌人之心，羌人以超为神威天将军。臣已先遣一人，星夜驰檄，令马超紧守西平关，伏四路奇兵，每日交换，以兵拒之：此一路不必忧矣。”读过《三国演义》的人，对诸葛亮的这番话应不陌生。在第八十五回“刘先主遗诏托孤儿，诸葛亮安居平五路”中，魏国曹丕得知刘备去世的消息，分五路攻击蜀国（孙权一路未实际出动），幸亏诸葛亮早有谋划，魏军遇挫而去。

这显然是小说家言。马超病逝于蜀汉章武二年（222年），早于刘备的去世时间（刘备去世于223年6月10日），马超怎么可能在刘备死后“伏四路奇兵”？《三国演义》刻意搅乱时间线，让马超似乎逝于诸葛亮“七擒孟获”后。

在所谓的“五虎将”中，马超去世时年龄最小。（以下年龄均为推算，因材料不同，可能增减1—2岁）

关羽可能生于160年，逝于220年，寿至60岁。

张飞可能生于166年，逝于221年，寿至55岁。

赵云逝于229年，生年不详。他的同事邓芝曾说：“将军寿已七旬，英雄如昨。”2年后，赵云才去世，因此他至少生在158年，比关羽、刘备都大。

黄忠生于147年，死于220年，寿至73岁。

马超则生于176年，死于222年，仅活到46岁（一称47岁）。

马超短寿，与他一生背负“无情无义”的骂名，颇有关系。

马腾本是董卓的同盟

马超是汉代名将马援的后裔，他的父亲马腾是凉州地方军阀。

汉恒帝时，马腾的父亲马平曾任天水郡兰干县尉，后来丢了官，“因留陇西，与羌错居，家贫无妻，遂娶羌女，生腾”。

马腾身材高大、相貌威武，但性格宽厚。其子马超以勇著称，曹操的谋士杨阜曾说：“超有信、布之勇，甚得羌胡心，西州畏之。”

马腾本是董卓同盟。《资治通鉴》记载道：“初，董卓入关，说韩遂、马腾与共图山东，遂、腾率众诣长安。会卓死，李傕等以遂为镇西将军，遣还金城；腾为征西将军，遣屯郿。”马腾不曾讨伐董卓，也未参与刘备、董承等诛杀曹操的密谋。

后“马腾私有求于李傕，不获而怒，欲举兵相攻”，汉献帝居间斡旋，未成功。双方在兴平元年（194年）开战，韩遂、马腾联军被击败，退回西凉。李傕等人知西凉军实力强劲，便让朝廷下诏，赦马腾、韩遂之罪。不久，又封马腾为安狄将军，韩遂为安降将军。

曹操独揽大权后，令马腾、韩遂各派一子入侍，其实就是当人质，二人也答应了。马腾、韩遂一度结为“异性兄弟，始甚相亲”，后因手下人闹矛盾，双方兵戎相见，韩遂率军杀了马腾的妻子。

马腾走投无路，竟向曹操“求还京畿”，曹操求之不得，马腾只留马超在西凉，率全族前往邺城[①]。

全族因马超而死

建安十六年（211年），曹操派钟繇、夏侯渊率军出河东，经凉州地界，去讨伐割据汉中的张鲁。仓曹属高柔劝谏说：“大兵西出，韩遂、马超疑为袭己，必相扇动。宜先招集三辅（今陕西中部地区），三辅苟平，汉中可传檄而定也。”

---

① 主体在今河北省临漳县境内，一部分在今河南安阳市北。曹魏、后赵、冉魏、前燕、东魏、北齐六朝以此为都。

汉代仓曹掾（yuàn）是管粮库的主官，仓曹属是副官。后来称丞相为仓曹，仓曹属相当于丞相府高参。

曹操没接纳高柔的意见，果然使韩遂、马超反叛，二人率军一度攻占长安。潼关一战，曹操差点儿死在战场上，经割须弃袍，侥幸逃脱。曹操曾说："马儿不死，吾无葬地也。"

曹操很快抓住马超多疑的性格特点，用贾诩之谋，不断向马超暗示韩遂正私通他，致马超、韩遂内讧，最终马超败归西凉。马家一族二百余口，包括马超的父亲马腾、弟弟马铁和马休，都被曹操杀掉。

显然，马超的盲动害了全族。汉以孝治天下，士族将孝道视为第一原则。徐庶本是刘备的军师，因母亲被曹操劫持，只好转投曹营。鲁肃本想辅佐郑宝①，因母亲被周瑜迁至吴国，成了孙权的谋臣。陈寿在《三国志》中感慨道："马超阻戎负勇，以覆其族，惜哉！"

唐宋时，称赞关羽、张飞、黄忠、赵云的诗作颇多，几乎找不到称赞马超的诗。古人不指责屠杀马超家人的曹操，反而指责马超。从元代《三国志平话》起，时间线便被篡改成曹操杀马腾全家在前，马超率军谋反在后。

这也留下一个巨大的问题：曹操干吗要杀马腾全家呢？

心态失衡，办了糊涂事

于是，《三国演义》只好让马腾既反董卓又反曹操，成了大忠臣，最终不屈而死，还特意加进后人的一首赞诗：

> 父子齐芳烈，忠贞著一门。
> 捐生图国难，誓死答君恩。
> 嚼血盟言在，诛奸义状存。
> 西凉推世胄，不愧伏波孙。

---

① 扬州大姓强豪，财力过人，为一方所惮。

前四句一般用来称赞宋代杨家将，不知怎么就嫁接到了马腾的头上。

马超回西凉后，在羌人的帮助下，恢复了地盘，但心态大变。攻打冀城（今属甘肃甘谷县）时，刺史韦康坚持甚久，见救兵不至，只好投降。马超对他说："汝今事急请降，非真心耳！"然后便将韦康全家40余口全部斩首。

杨阜是韦康的助手，曾力主不降。众人请求杀掉他，马超却说："此人守义，不可斩也。"之后马超仍然重用杨阜。杨阜暗中借兵，与姜叙等绞杀马超。马超在几路大军的围剿下，退回冀城，杨阜的手下将其拒之门外，并将马超的妻子和三个幼儿及至亲10余口带到城上，一个个斩首，然后将尸体扔到城墙下。马超看到后几乎坠下马来。

马超侥幸攻占了姜叙的老窝历城，"尽洗城中百姓"，姜叙的母亲是杨阜的姑姑，年已82岁。姜叙当初忌惮马超，不敢起兵，姜母却说，马超"有勇无谋，易与耳"。见姜叙仍犹豫，姜母便发怒说："……韦使君遇难，岂一州之耻？亦汝之负，岂独义山（杨阜字义山）哉？……人谁不死？死国，忠义之大者。"

被马超掳获后，姜母大骂道："你是个背叛父亲的逆子，你是杀害君长的叛贼，天地不容，还不早死，还有什么脸见人？"马超大怒，杀了姜母。

曾是刘备手下第一大官

失去西凉，马超只好投奔张鲁。张鲁曾想把女儿嫁给马超，手下人劝道："有人若此不爱其家，焉能爱人？"。

后来张鲁手下将领杨白等人因为嫉妒，想暗害马超。建安十九年（214年），马超转投刘备。在《三国演义》中，作者加入张飞大战马超、诸葛亮用计收服马超等情节，是为遮蔽马超屡换主家、不够忠诚之短。《三国志》和《资治通鉴》均记载马超是"密书请降"。

听说马超来投，刘备高兴地说："我得益州矣。"此前刘璋坚守成都3年，"城中有精兵三万人，谷支一年，吏民咸欲拒战"，一见马超旗号，"城中震怖，璋即稽首"。《三国志》记载道："超到，令引军屯城北，超至未一旬而成都溃。"

马超本有吞并天下之志。赤壁之战时，周瑜曾提议联合马超。马超称霸西凉时，曾写信给刘璋，想和他结盟，刘璋的手下认为："若引而近之，则犹养虎，将自遗患矣。"刘璋遂拒绝和马超结盟。

刘备给了马超极高的待遇。正史中，马超是骠骑将军、斄（tái）乡侯。关羽只是前将军、汉寿亭侯，张飞是车骑将军、西乡侯，黄忠是后将军、关内侯，赵云是征南将军、永昌亭侯。

按汉朝官序，大将军最高，后面依次是骠骑将军、车骑将军、卫将军等，再其次还有"四征"将军、"四镇"将军。

百官劝刘备自立为王时，马超排在第一位，高于诸葛亮，为诸臣之首。

诸葛亮称他可将不可帅

刘备将马超"供于神位"，实际上却不给他实权。

《三国志》引了一条史料：刘备厚待马超，马超也常呼刘备的字。在古代，字只能平辈之间相呼，不能用来呼尊长。关羽大怒，请求杀之。刘备说："人穷来归我，卿等怒，以呼我字故而杀之，何以示于天下也？"张飞说："如是，当示之以礼。"

第二天刘备开会，请马超参加，马超刚坐下，却见关羽、张飞不坐，而是持刀侍立，大惊失色，从此不敢再呼刘备的字。回来后，马超叹道："我今乃知其所以败。为呼人主字，几为关羽、张飞所杀。"

为《三国志》作注的裴松之认为这段记载是编造的，但陈寿将其记入《三国志》，至少说明时人公认马超地位在关羽、张飞之下。《三国演义》中说评五虎将时，关羽不服气，诸葛亮写信劝说道："以亮度之，孟起虽雄烈过人，亦乃黥布、彭越之徒耳；当与翼德并驱争先，犹未及美髯公之绝伦超群也。"为安抚关羽，诸葛亮竟将马超比作强盗。

马超的部队中多是羌人，历史上他们与益州土著冲突较多。马超曾督临沮，据学者张嵩考证，临沮有两处，一在荆州临沮，另一可能是沮县，今属陕西省勉县辖界，古属武都郡。都不在益州界。

对于全族被杀，马超在步入中年之后颇有悔恨。建安二十年（215年）元旦，当时马超还在张鲁手下效力，马超小妾的弟弟董种前来祝贺，马超说：“阖门百口，一旦同命，今二人相贺邪？”并且马超当场吐血。从史料来看，马超患病以此为始。

胃病使马超改变了性格

很多人因“吐血”二字，判断马超患了肺病，马超7年后去世，符合肺结核发展的一般情况，但肺病是“咳血”，不是吐血。

引发吐血，最常见的疾病是胃溃疡、十二指肠溃疡、急性胃炎、食管炎、白血病等。马超军务繁忙、奔波操劳，可能患有胃病。即使在今天，胃病也是军人的常见病，据2005年一次钡餐检查、胃镜复查的小型调查，发现2721名军人的胃病发生率为68.4%，其中炎症占78.6%，溃疡占22.8%。[①]

败给曹操后，马超背上“无情无义”的恶名，致张鲁、刘备都不太信任他。胃病又称“压力病”，患者应保持心理健康，因胃受自主神经系统支配，精神压力过大，会使自主神经系统失去平衡，并过量分泌胃酸。

胃病反过来也会改变人的性格，在病痛的长期折磨下，人可能会变得胆小、多疑、自私。

马超与彭羕交好，彭羕本是蜀国的无名小卒。刘备占据益州后，在庞统、法正的推荐下，彭羕担任治中从事，是州刺史的高级佐官之一。诸葛亮见彭羕“形色嚣然，自矜得遇滋甚”，私下“屡密言先主”。刘备果然疏远彭羕，让他去当江阳太守。

彭羕愤然，马超为表同情，请他喝酒，彭羕说：“卿为其外，我为其内，天下不足定也。”意思是我管内部，你管外部，足以统一天下。马超默然不答，第二天便将彭羕的言论写成文字上奏，彭羕因此下狱，去世时年仅37岁。

马超卖友求安，既符合他一贯的行事准则，也是他病情加重的表征。只是他从此没了朋友，更不利于养病。彭羕去世仅2年，马超就病逝了。

---

① 王延福、朱修友、刘生江、武骞、陈晓虎：《某地驻军官兵胃病发病情况调查》，《海军医学杂志》第26卷第2期（2005年6月），第150页。

魏文帝：争了15年，上位才6年

“七年春正月，将幸许昌，许昌城南门无故自崩，帝心恶之，遂不入。壬子，行还洛阳宫……遣后宫淑媛、昭仪已下归其家。丁巳，帝崩于嘉福殿，时年四十。”这是《三国志》中关于魏文帝曹丕去世的记载。

曹丕逝于226年6月（出生于187年冬），去世时尚不足39岁。《三国志》记为40岁，可能指虚岁。

曹丕的父亲曹操寿65岁，母亲卞氏寿71岁。曹操与卞氏共有4个孩子：曹彰寿34岁，曹植寿40岁，曹熊亦早逝。更离奇的是，曹丕共10个儿子（实际上可能是9个），均未活到40岁。继承曹丕皇位的魏明帝曹叡仅活了35岁（《三国志》记为36岁），不过，曹叡可能是袁熙（袁绍的次子）的儿子，著名文史学家金性尧先生就在其著作《三国谈心录》中提出此质疑。

如此惊人的短命，暗示着曹家可能有遗传病。但曹植的儿子曹志应活到了60岁以上（曹志生年不详，但曹植逝于232年，曹志逝于288年，即使曹志是在曹植去世当年出生的，他寿亦55岁）。

曹操后人的健康记录甚少，只有关于曹丕的三两句，可以管中窥豹。

曹丕本无上位机会

在《三国演义》中，曹丕是一个嫉贤妒能、好色贪婪、能力平庸的君主，但这只是小说家言，并非事实。

曹丕生于军旅，张绣叛乱时，他的哥哥曹昂把战马让给曹操，自己死在乱军中，

10岁的曹丕却骑马逃脱。曹丕后来说："余时年五岁，上以四方扰乱，教余学射，六岁而知射。又教余骑马，八岁而知骑射矣……生于中平之季，长于戎旅之间，是以少好弓马，于今不衰；逐禽辄十里，驰射常百步，日多体健，心每不厌。"

将军邓展能空手入白刃，曹丕与邓展以甘蔗为剑对练，曹丕两度击中对方。

根据《旧唐书》的记载，曹丕写过《兵法要略》十卷，已佚。《三国志》称，曹丕得知刘备攻东吴，连营七百里，笑着说："备不晓兵，岂有七百里营可以拒敌者乎！"可见曹丕通晓军事。

曹操共有25个儿子，长子曹昂至少比曹丕大10岁，生母早逝，由曹操正室丁夫人养大，曹昂遇难后，丁夫人抱怨曹操道："将我儿杀之，都不复念！"于是二人交恶，曹操将丁夫人"遣归家"，后来曹操想挽回，但丁夫人已绝情。

曹操晚年曾说："如死后有灵，我在地下遇见曹昂，他问我母亲在哪儿，我该怎么回答啊？"

曹操本想传位给曹昂。曹昂战死后，曹操看重曹冲。曹冲相貌姣好，在当时，这被视为得到了上天的眷顾。曹冲有神童之名，年仅13岁便病死。曹冲去世时，曹操分外悲伤，曹丕前来劝慰，曹操话里有话地说："此乃吾之不幸，而乃尔曹之幸也。"

曹丕当上皇帝后，说："仓舒（曹冲字仓舒）若在，我亦无天下。"

曹植本是曹操的文胆

是否传位曹丕，曹操似有犹豫，征询过不少重臣的意见。贾诩、毛玠、崔琰等倾向于立长，并指出袁绍、刘表之败，皆因废长立幼。

曹操出身阉党，与袁绍、袁术等代表的士人阶层为敌。曹操掌权后，士族出身者无一人掌兵权。吉林大学文学博士于国华提出，打压儒生集团时，曹植堪称文胆：曹操禁酒，曹植作《酒赋》；曹操延揽人才，曹植作《七启》；曹操征吴，曹植作《东征赋》……曹植有文采，足以压服儒生。

曹操打压士人，却又不得不依靠颍川士族（魏国起家根本在许昌，许昌属颍川）。荀彧、郭嘉、钟繇、陈群、刘晔等都是颍川人。曹丕礼敬"颍川帮"，赢得士族支持。

曹操偏向曹丕，从两点可见。

首先，属员安排上：辅佐曹丕的，凉茂、邴原当过长史，郭淮、卢毓当过门下贼曹（掌盗贼警卫事），常林当过功曹，程昱当过参军，均有实际工作经验；辅佐曹植的，除邢颙（yóng）当过家丞，其他都是文人、庶子（负责文教方面的佐官）。

其次，外派上：曹丕18岁时，被外派到邺城长驻。自建安九年（204年）取邺城后，曹操以此为魏国都城，并建宗庙。袁绍当年为立储而犹豫，让3个儿子各守一州，引发内战。曹操此举，等于默认曹丕继位。

不知为何，直到曹操去世，他都没直言曹丕继位，只是默认而已。曹操不太信任曹丕的能力。当时有个叫周不疑的神童，与曹冲不相上下。曹操想把女儿嫁给他，被拒绝了，曹冲死后，曹操派刺客杀了周不疑。曹丕不以为然，曹操说：“此人非汝所能驾御也。”

曹植自己害了自己

曹丕继位本是定局，可丁仪、丁廙（yì）兄弟差点儿翻了盘。

“二丁”的父亲是曹操的老友丁冲，丁家与曹家世代通婚。毛玠、荀彧向曹操建议“奉天子以令不臣”时，天子在洛阳，由杨奉的“白波军”、董承和张杨联军护卫，时任侍中的丁冲暗中联系曹操，劫走汉献帝，曹操从此崛起。

曹操想把女儿嫁给丁仪，曹丕劝道：“丁仪瞎了一只眼，上不了台面。”

后来曹操见到了丁仪，后悔地说：“我被曹丕骗了，就算丁仪是全盲，我也该把女儿嫁给他。”

曹操让丁仪、丁廙辅佐曹植。丁仪趁机陷害曹丕派，致崔琰被杀，毛玠、徐奕被废，只是曹植太不争气。

先是“司马门事件”。司马门是宫殿外门，就连太子经过都必须下车。宫中有驰道，乃曹操专用，可曹植竟“行驰道中，开司马门出”。曹操大怒，处死门卫官，但未直接惩罚曹植。

后是“醉误军机”。建安二十四年（219年），关羽“水淹七军”，包围了曹仁，曹操命曹植为南中郎将，前往救援，曹植却喝得大醉，“不能受命”。曹操对曹植彻底失望。

曹植的妻子曾“衣绣”，即穿着的衣服上有五色丝线绣出的图案，在当时，只有皇后才可如此。曹操看到后，立即令曹植赐死其妻。

曹植还有两大问题：

一是为人傲慢。邢颙、司马孚等本是他的幕僚，后来转投曹丕门下。曹操征询立储意见时，邢颙坚决支持曹丕。

二是将自己的“内线”（主簿杨修）完全暴露。杨修处境尴尬，曾赠剑给曹丕，该剑是当时名师王髦所铸，曹丕很喜欢，“常服之”。曹丕也有“内线”，至今不知是谁。

曹氏失政，始于曹丕

建安二十五年（220年）正月，曹操在洛阳突然病逝，曹丕一时慌乱，和幕僚大哭起来。曾给曹植当幕僚的司马孚大声呵斥道：“天下震动，当早拜嗣君，以镇万国，而但哭邪？”

众人忙拥戴曹丕继丞相位和魏王爵位。

出乎意料的是，刘备竟派使节韩冉来洛阳吊丧。曹丕毫不犹豫，下令立斩韩冉。因关羽被杀，刘备想对吴开战，但曹操在世时，他不敢轻举妄动。曹操去世，刘备认为此时是对吴开战的千载难逢的良机。

刘备的预测很准。

一方面，曹魏境内青州兵（192年12月，黄巾军一支主动投靠曹操，换取相对独立地位，共计30万士兵，家属百余万）又发生骚乱。此外，军队是否拥戴曹丕，也是未知数。曹丕斩来使，只是展示一下决心。

有大臣建议，应趁此机会消灭吴国，被曹丕拒绝。然而，陆逊“火烧连营”、东吴大败刘备后，曹丕又感到后悔，下令攻打吴国。

度支中郎将霍性劝说：“兵者凶器，必有凶扰。”曹丕大怒，杀了霍性，亲率大军向吴国进发，可未与吴军作战，便退回了。

曹丕没更早出兵，说明他在大战略上不如曹操。按儒家礼制，父亲去世，子女需要守孝，不得饮酒、歌舞、盛装，但曹丕不以为然，依旧我行我素，引起士人阶层议论，而曹丕杀霍性，是为了立威。至于伐吴，则是借机整理军队，并不是真想和孙权开战。

曹操用人不问出身，曹丕则亲近颍川士人集团和汝南士人集团，河内高族司马氏因此崛起，最终篡夺了曹魏的江山。

有高血压还吃错药

曹丕18岁驻邺城，33岁才独揽大权，历经15年起伏动荡，在位却只有6年。

少年时，曹丕的身体很好，但33岁写《短歌行》时，称："嗟我白发，生一何早。"这时，他已有早衰迹象。2年前，因"建安大疫"，曹丕的幕僚徐幹、应玚、刘桢等病死，曹丕在《与吴质书》中说："已成老翁，但未白头耳。"可见此时还没有白发，但自觉身体状态不好了。

2年后，曹丕"表首阳山东为寿陵，作终制"。所谓终制，是丧葬礼制的嘱咐，此时曹丕才35岁，难道已知自己来日无多？

曹操有头风病，最早记录在他40岁时。有学者怀疑是癫痫，但癫痫患者发作时口吐白沫、意识丧失、浑身抽搐，症状很明显，史料却未记。也有学者怀疑是脑瘤，但脑瘤患者很难生存20多年。还有学者怀疑是血吸虫病，但血吸虫病引发的头痛发作时，用针灸无法缓解。

比较合理的推断是，曹操患有高血压性偏头痛。高血压可遗传，如父母都有高血压，遗传概率在50%左右，如父母一方有，则概率在30%左右。一般在40岁左右发病。[①]

---

① 曾昭华：《高血压有遗传性吗》，发表于康联媒体公众号，原文为："经过大量的普查发现，有60%的高血压病人都有高血压的家族史。"作者标注为广州医科大学附属第一医院心血管内科主任医师。

刘睿方：《高血压遗传方式》，发表于有来医生公众号，原文为："高血压的遗传方式是基因遗传，父母均患高血压，其子女发病率接近一半，父母一方患高血压，子女发病率约1\/4，父母血压正常，子女发病率在3%左右。"作者标注为首都医科大学附属北京安贞医院心脏内科中心副主任医师。不同调查的结果略不同，但整体数据集有明显规律性。

高血压与不良生活方式关系更直接。为争储位，曹丕常年精神高度紧张，更麻烦的是，他可能有服食“紫食寒食散”的习惯。

晋代葛洪说“紫食寒食散”是张仲景发明的，后与“侯氏黑散”结合，成为“五石散”。巢元方《诸病源候论》引晋皇甫谧说，何晏沉迷声色，服五石散后，明显感觉精神状态好转，体力增强。经他之后，五石散广为流传。

《黄帝内经》早已指出“石药发癫”，石药中含微量元素，能短时期增高血压、加快血流，让人精神一振，产生治好病的错觉。但石药中含礜石，是一种砷化物，有剧毒。当时人们服用时又不加淬炼，对高血压患者尤其有害。孙思邈也劝世人远离五石散，说“遇此方，即须焚之，勿久留也”。

曹丕为什么“招黑”？

《三国志》评价曹丕道：“文帝天资文藻，下笔成章，博闻强识，才艺兼该；若加之旷大之度，励以公平之诚，迈志存道，克广德心，则古之贤主，何远之有哉！”意思是，曹丕心胸略狭窄、欠公平，此外可称明君。可从裴松之的《三国志》注，到南朝的《世说新语》，再到《三国演义》，曹丕的形象越来越差。

首先，曹丕上台几个月，便逼汉献帝禅让。其实，曹丕对汉献帝很优待，不仅赠万户，且“奏事不称臣，受诏不拜”，让其享受天子车服、制度，有祭天地之权。

其次，迫害亲兄弟。曹丕虽杀丁仪、丁廙，但给曹植的待遇比其他诸侯都好，只是魏国对诸侯苛刻，封地小，还有专人监国。曹植志在建功立业，多次与监国者发生冲突，才一再被贬。

其三，东晋奉蜀汉为正统。东晋“衣冠南渡”，不得不推重也曾在南方的蜀汉政权，视曹魏为贼寇。

《世说新语》的作者刘义庆是南朝宋皇室子弟，以文学见长，后遭政治打压，经历与曹植接近。但大家都不正面攻击曹丕，专拿生活作风问题开刀。刘义庆说曹操死后，曹丕收了曹操宠妾，还说曹操曾倾心甄宓，曹丕却横刀夺爱。

其实，甄氏是巨族，史书只称甄氏贤惠，未说她貌美。可到裴松之笔下，甄氏突然成了“姿貌绝伦”，到刘义庆笔下，又成“惠而有色”，到罗贯中时，则成了“玉肌花貌，有倾国之色”。大家这么努力夸甄氏，其实是想说：曹丕是好色之徒。

甄氏先嫁给袁熙，邺城被攻破时，被曹丕收为内室。按时间算，甄氏已怀曹叡。曹丕去世前，赐死甄氏，可能是为灭口。

赵云：长寿基因是罗贯中笔下的乌龙

血染征袍透甲红，当阳谁敢与争锋。
古来冲阵扶危主，只有常山赵子龙。

这是《三国演义》中，罗贯中对赵云的赞美。湖北三国学会学者王前程统计发现，在毛宗岗版《三国演义》中，关羽的名字在回目中出现了14次，张飞出现了7次，赵云出现了5次。赵云从第7回出场，到第97回去世，跨度达91回，比关羽（77回）、张飞（81回）更长。赵云共在49回中出场，7次是主角，可见作者对赵云的重视。

西北民族大学语言文化传播学院学者索绍武说："罗贯中将赵云加工成了我国长篇文学作品中第一个高大完美的英雄形象。"赵云是书中唯一能将孙武所提倡的为将者应具备的"仁、信、智、勇、严"这五种品质集于一身的完美武将。更让人称奇的是，赵云70岁尚率军出征，且连斩敌方五将。

在首都医科大学宣武医院内分泌主任医师张人玲发表的文章《40岁发胖的原因是什么》中，男性在40岁后，每年肌肉会以0.5%—2.0%的速度减少。最好的情况下，到60岁，只能保持壮年时力量的75%左右（在最坏的情况下，仅能保持53%），赵云的表现异乎寻常。①

一般认为，赵云寿至76岁，在蜀汉"五虎将"中最长寿。三国时，国人平均

① 张洪军：《人到中年，强健肌肉益处多》《药物与人》，2014年第11期。

寿命仅34岁左右（如忽略婴儿死亡率，男子平均寿命为39岁，女子平均寿命为46岁。因材料来源不同，不同研究得出的结论不尽相同，最少的说法是平均寿命仅26岁[①]），那为什么赵云能如此长寿？他真有所谓的“长寿基因”吗？

《三国志》只记他400多字

赵云是常山真定（今石家庄正定）人，生年不详。蜀汉“国不置史，注记无官”，诸葛亮、法正、马超等人外，关羽、张飞、黄忠、费祎（yī）等均不记生年。

常山即恒山郡，避汉文帝刘恒讳，改称常山郡。附近有古恒山（今称大茂山），传说被舜帝封为北岳。明代改封山西省浑源玄武峰为北岳，清顺治十七年（1660年），正式“移祀”。

《三国志》记赵云仅400多字，收在《关张马黄赵传》中。赵云生前官位低于魏延、吴懿等，陈寿只称赵云似汉代开国名将夏侯婴。

夏侯婴本是车夫，刘邦兵败被追时，将子女踹下车，夏侯婴捡回，刘邦再踹，又被夏侯婴捡回来……“如是者三”。逃跑途中，刘邦很生气，有十多次想杀夏侯婴。

赵云两次救刘禅，所以陈寿有此说。

赵云在蜀亦非高官，不能多记。130多年后，裴松之奉旨注《三国志》，从《云别传》补入大量内容。

魏晋是中国“杂传”创作水平最高的时代。“杂传”始于西汉阮仓的《列仙图》（已佚），后来刘向作《列女传》等，影响渐大，皆“率尔而作，不在正史”，刻画人物细致入微，如《曹瞒别传》《献帝传》《诸葛恪别传》等，为后来的演义提供了素材。

《云别传》亦属“杂传”，原书无存，裴松之所引，涵盖了赵云故事的主干。

---

① 殷磊：《魏晋南北朝上层社会人口平均死亡年龄考》，曲阜师范大学2011年魏晋南北朝人口史硕士毕业论文，导师：王洪军，第5—6页。

“战功”多靠罗贯中帮忙

在《云别传》中，赵云堪称全才。

论言辞。赵云投靠公孙瓒时，公孙瓒讽刺道：“你们冀州（常山郡属冀州）人都投靠袁绍，你是不是跑错了？”赵云说：“天下大乱，百姓痛苦，我只投靠有仁政的地方，不考虑是谁。”辩才不输文士。

论勇敢。争汉中时，曹军包围了赵云的营盘，赵云却大开营门，曹操怕中埋伏，选择撤退。赵云令军士一起击鼓，用劲弩射向曹军。曹军惊骇，转身狂奔，自相践踏而死者无数。刘备惊叹说：“子龙一身都是胆。”

论忠诚。赵云两次救刘禅，一次在长坂坡，一次是刘备的孙夫人回东吴，差点儿将刘禅带走，被赵云拦截。

论品德。赵云不为美色所动，不蓄私产。刘备入成都后，受将士怂恿，准备分民田、民房赏功臣，赵云批评道：“霍去病以匈奴未灭，无用家为。今国贼非但匈奴，未可求安也。”

论远见。刘备伐东吴时，赵云认为“国贼是曹操，非孙权也”，明确表示反对。

长坂坡后，刘备任赵云为牙门将军，虽属杂号将军，但能在主公身边参赞军机，并代领主公的亲兵，足见刘备对赵云的信任。可刘备始终不让赵云独当一面，“无重大战功”成了赵云的短板。今人所知赵云的“战功”，多是罗贯中在《三国演义》中创造的。

赵云封侯比关羽晚23年，甚至比黄忠还晚4年。从建安十九年（214年）到建兴元年（223年），赵云任翊军将军达10年之久，职位落在李严、刘琰等人后面。

从没当过最高级武将

有学者认为，蜀汉未慢待赵云。

首先，翊军将军虽是杂号将军，但蜀国仅两人曾任此职，一是赵云，一是霍弋。霍弋属荆州帮，他的父亲霍峻本在刘表手下，后率部曲（私兵）投靠刘备，征益州时立大功。霍峻去世时，刘备亲往吊祭并守夜。在蜀国诸将中，仅霍峻享此殊荣。霍弋早年侍奉刘禅，是刘禅的四友之一，刘禅登基后，霍弋长期在他身边当保镖。可见，翊军将军是心腹职位。

其次，诸葛亮首次北伐时，因马谡失街亭，蜀军全线崩溃。赵云、邓芝"敛众固守，不至大败"，战后赵云被贬为镇军将军。看似处理不公，但镇军将军也是要职。后来刘禅任陈祗为镇军将军，陈祗是刘禅的宠臣，权力超过姜维。陈祗支持北伐，是平衡姜维、黄皓关系的重要棋子。陈祗是文官兼武职，文官至尚书令，武职即镇军将军。

不过，赵云从没当过蜀汉最高级武将。在《三国演义》中，刘禅得知赵云去世，放声大哭。事实上，刘禅表现得很冷淡，在赵云死后32年才给其追谥。

清代学者杭世骏曾提出疑问："云之功，亚于壮缪（关羽）、桓侯（张飞），而过于马孟起（马超）、黄汉升（黄忠）矣。景耀三年（260年）追谥关张黄马，而不及云，迟一年而补谥，不知何说？"

蜀本无谥典，后诸葛亮、蒋琬、费祎陆续得谥，魏国降将夏侯霸亦得谥，则开国武将无谥，不成体统。可首批追谥名单中无赵云，第二年赵云才被追谥为顺平侯。

赵云一直是另类

终其一生，赵云只是"爪牙"。

有学者推测，这可能因赵云和诸葛亮走得太近，刘备后期器重法正，有防诸葛专权之意。诸葛亮也韬光养晦，刘备征东吴时，诸葛亮未谏，只在事败后哀叹："法孝直若在，则能制主上，令不东行；就复东行，必不倾危矣。"

赵云出身寒族，也让刘备不放心。

东汉末期，家族作用非常重要。曹操能成事，因堂弟夏侯惇、夏侯渊，从弟（同祖不同父）曹洪、曹仁，都是名将。孙权能成事，也离不开族人的帮助。孙坚起事时，他的弟弟孙静带私兵来投。后来孙策走投无路，他的舅舅吴景又帮他招募兵马。陈寿曾说："况此诸孙，或赞兴初基，或镇据边陲，克堪厥任，不忝其荣者乎！"

刘备就狼狈多了。自称"汉室宗亲"，但亲族乏援，前半生靠反复转换门庭积累政治资本。刘备重视人才，又没有留住人才的实力，只能与别人称兄道弟，依靠情感付出。一旦规范管理，便左支右绌。

赵云与刘备相识于公孙瓒处，赵云因兄死，奔丧而去，临别时二人执手，赵云承诺："终不背德也。"刘备投靠袁绍后，赵云来投，与刘备同床而眠，私招几百士兵，对外称是刘备的部曲，后与刘备一起逃到刘表处。

关羽、张飞、马超、黄忠等加入刘备集团，都是出于私谊，赵云则是另类，他的志向在解民倒悬，一开始便与关羽等人不同。

刘禅为何不重用赵云?

刘备打刘璋前，和将士约定："若事定，府库百物，孤无预焉。"用明抢鼓励斗志。取益州后，继续兜售私恩，"赐诸葛亮、法正、飞及关羽金各五百斤，银千斤，钱五千万，锦千匹，其余颁赐各有差"。

刘备只会用私心重的人，不会用赵云这样有公心的人。

关羽出兵中原时，刘备正忙着"起馆舍，筑亭障，从成都至白水关，四百余区"，如增兵荆州，东吴偷袭很难成功。

刘备不重用赵云，为何刘禅也不重用赵云?

刘禅生于207年，此时刘备已46岁。魏晋时史学家鱼豢（huàn）曾著《魏略》，称刘备在小沛时，被曹操击败，刘禅被拐卖去汉中，刘备又生了一个孩子。刘备平益州后，派姓简的将军认亲。

鱼豢显然记错了，刘备被打败在建安五年（200年），那时刘禅还没出生。那么，刘备很可能还有一个儿子，只是鱼豢错记成刘禅。刘备帐下恰有亲信简雍。在《三国志》中，简雍入益州不久便"失踪"了。

如刘备另有一子，那么他必然与荆州帮支持的刘禅有冲突。

刘备只立过一个皇后，即刘璋的嫂子吴氏。刘璋的哥哥刘瑁因疯病早逝，刘备夺得益州后，在法正的劝说下，娶吴氏，并重用吴氏的哥哥吴懿。吴懿是名将，可《三国志》竟“失其行事，故不立传”。

刘备去世前，刘禅未去白帝城，他的弟弟刘永、刘理赶了过去，他们中可能有一人是吴氏所生，得到益州帮的支持。可见，刘禅继位背后曾有激烈争夺，吴懿、简雍因此被抹去。

赵云属荆州帮，但平生磊落，应未与谋，自然受刘禅排斥。诸葛亮上位后，对赵云也不太信任。

大家一起犯了错

赵云在遭贬官后的第二年便病死了，他的高寿引人注目。

研究显示，遗传对长寿的影响为25%—30%，60岁后，遗传作用更显著。虽然人们对于是否存在长寿基因仍有争议，但研究显示，有的人衰老速度是常人的3倍，有的人则是负值。

赵云相貌堂堂。一般来说，“帅哥”都是沿人体中线左右高度对称的，这说明细胞分裂完整，不至于出现“一只眼大，一只眼小”等状况。对称性越好，表明基因越有优势，长寿的可能性越高，其相貌也越招人喜欢，可以说“颜控”是进化赐予人类挑选健康伴侣的工具。

据杭州师范大学教授鞠振宇团队关于《长寿基因维持造血干细胞功能》的研究，长寿基因可维持造血干细胞功能，避免骨髓衰竭性疾病[①]。此外，细胞分裂不完整易生癌细胞，有长寿基因者患癌概率较低[②]。

不过，赵云“长寿”可能与基因无关，而与罗贯中犯糊涂有关：如果赵云真是76岁去世，则长坂坡之战时，他已55岁。对曹操玩“空营计”时，他已66岁，

---

① 马爱平报道：《长寿基因可维持造血干细胞功能》，中国科学院官网2016年5月9日转引《科技日报》。

② 《特别长寿的人，得癌症的反而更少？居然是真的》，新浪网2022年5月11日转引自澎湃新闻。菠萝因子（本名李治中）是网红科普工作者，著有《癌症真相》，清华大学出版社2015年9月出版，书中也有类似表述。

那么58岁的刘备拍着赵云后背，赞他“一身是胆”的场面，未免滑稽。

《云别传》记载，赵云在汉献帝初平二年（191年）时“为本郡所举”，被举多在弱冠[①]之年，则赵云应生于171年前后，去世于229年，寿在58岁上下。

自宋代起，民间出现大量“说三分”“三国戏”故事，还有元代话本《三国志平话》，其中误写不少，比如赵云曾任骑兵军官，民间作者不知官称，竟将赵云写成马贩子出身。罗贯中创作《三国演义》时，改了许多错，却忽略了赵云的年龄问题。嘉靖本中的五虎将还是“关张马赵黄”，到毛宗岗点评本时，已成“关张赵马黄”，但毛宗岗也没看出赵云年龄有误。

① 古时汉族男子20岁称弱冠。这时行冠礼，即戴上表示已成人的帽子，以示成年，但体犹未壮，还比较年少，故称“弱”。冠，帽子，指代成年。

诸葛亮：懂医，却为何早逝

“鞠躬尽瘁，死而后已。”这是《后出师表》中的千古名句，一般认为写于建兴六年（228年），此时诸葛亮已47岁，6年后（234年10月8日），诸葛亮星陨五丈原，年仅53岁。（《三国志》记为54岁，可能是虚岁，因诸葛亮生于181年）

《后出师表》载于三国时吴国张俨的《默记》中，陈寿写《三国志》时未将之收入其中，后来东晋裴松之把它引入《三国志》的注中，故后人对《后出师表》的作者是谁，尚存争议。一般认为，前后《出师表》气质相近，应出自一人之手。特别是诸葛亮逝后葬在定军山，墓穴甚小，仅容棺木，身故后仅给子孙留下800棵桑树、15顷薄田，用生命践行了“鞠躬尽瘁”的诺言。

唐代杜甫在《蜀相》中，感慨道：

> 三顾频烦天下计，两朝开济老臣心。
>
> 出师未捷身先死，长使英雄泪满襟。

由此留下一个千古之谜：在诸葛亮三兄弟中，哥哥诸葛瑾活了67岁，弟弟诸葛均活到多少岁虽史无记录，但他们的父亲诸葛珪去世于189年，263年蜀汉灭亡时，诸葛均还活着，那么他的寿命应该在73岁以上。诸葛亮通医，曾发明“诸葛行军散”等，然而他为何如此短寿？

刘备原本想找个外交人才

三国时，诸葛家族可称望族。

诸葛瑾在东吴当高官，诸葛亮在蜀国独揽大权，他们的从弟（共曾祖不共父，称为从）诸葛诞在魏国当将军。《太平御览》称："诸葛瑾弟亮及从弟诞，并有盛名，各在一国。于时以为蜀得其龙，吴得其虎，魏得其狗。"诸葛诞后来因起兵反司马昭被杀。

复旦大学教授王德峰、梁汉珍考证得知，诸葛出自葛天氏。葛天氏本是远古部落，是乐舞的始祖，远祖伯益助大禹治水有功，大禹曾想禅位，伯益避走，其子受封在葛国，后代皆姓葛。

秦末时，陈胜起兵，葛婴为将。葛婴战功累累，因误会被杀。汉文帝悯其功，封他的孙子为诸县侯，封地在今天的山东省诸城市西南，在两汉时期属于琅邪郡，因地名赐姓诸葛。

史书上记录的首位诸葛家族成员是诸葛丰，此人曾任司隶校尉，负责监察近畿各郡。因弹劾权臣，被降为城门校尉，继而被免官。

诸葛亮的父亲诸葛珪官至泰山郡丞，郡丞是太守佐官，掌兵马之权，秩六百石。诸葛珪去世时，诸葛瑾可能才13岁，诸葛亮8岁，由叔父诸葛玄抚养。诸葛玄被袁术任命为豫章太守（治所在江西南昌），后来东汉朝廷任命朱皓为太守，诸葛玄便让诸葛亮等人投奔刘表。197年，因朱皓讨伐，诸葛玄被乱民所杀。

16岁的诸葛亮只好带着弟弟躬耕陇亩，10年后被刘备重用。后人称其"隐居"，但在《三国志》的相关记录中，未见"隐居"二字。

刘备请诸葛亮出山，可能是指望他发挥外交才能，为自己谋生存空间。

权力平衡为何没建立起来？

刘备在用人上颇有心计，一直注意保持平衡：重用诸葛亮后，同时重用"凤雏"庞统。

谋取益州时，刘备只带庞统"随从入蜀"，将诸葛亮留在荆州。

得到益州后，刘备重用法正，与诸葛亮抗衡。法正是“东州士”，东晋人常璩的《华阳国志》中有这样的记载：“时南阳、三辅民数万家避地入蜀，焉恣饶之，引为党与，号‘东州士’。”“东州士”与荆州集团、益州集团关系微妙，法正因未得刘璋重用，所以力助刘备。法正性桀骜，诸葛亮也得让他三分，可惜他在45岁时病逝，刘备“连哭数日”。

法正之后，刘备又重用刘巴，刘巴属荆州集团，曾投靠曹操。在赤壁之战之后，刘巴曾写信给诸葛亮说：“我刘巴乘危历险，本想应天顺民，让荆州诸郡归顺曹公，让天下重归一统。”后来刘巴投靠益州的刘璋，力谏刘璋不要接纳刘备。然而刘璋未听从刘巴的建议。后来，刘巴被刘备重用，然而仅两年刘巴就病逝了。

刘备去世前，托孤于二人，一是诸葛亮，一是李严。李严也是“东州士”，“东州士”喜欢搞“独立王国”，不接受上级号令，刘备去世后，诸葛亮与李严的矛盾迅速激化。

刘备不希望诸葛亮擅权，但庞统、法正、刘巴等人，都不是真正意义上的自己人。刘备始终没能建立起真正的平衡。所以，在白帝城托孤时，刘备对诸葛亮说：“君才十倍曹丕，必能安国，终定大事。若嗣子可辅，辅之；如其不才，君可自取。”

后代史家认为这是帝王之术，但刘备确实信任诸葛亮，只是在感情和政治理性之间，长期摇摆不定。

会演戏补不了管理短板

刘备在性格上是有缺陷的，他比较虚荣，喜虚张声势。

为给关羽报仇，刘备率军攻打吴国，曹丕怕蜀国趁机进兵魏国，招群臣问计，侍中刘晔说：“蜀虽狭弱，而备之谋欲以威武自强，势必用众以示其有余。且关羽与备，义为君臣，恩犹父子，羽死，不能为兴军报敌，于终始之分不足矣。”

刘晔可谓一语道破刘备的小心思：刘备之举，不过是为了向大臣们展示蜀国的“威武自强”，表示自己还有能力，足以化解危机。

战前，黄权表示愿当先锋，让刘备殿后，可刘备却把黄权调离前线。赵云提议说：“国贼是曹操，非孙权也。且先灭魏，吴则自服。”刘备听后未带赵云上前线。

史书未记诸葛亮对伐吴的态度，但是从刘备未带他出征这个结果来看，可能诸葛亮也不赞成。此时诸葛亮的军事才能未充分表现出来，刘备也有些轻视诸葛亮。此外，刘备可能也担心诸葛亮因战成名，将来不好控制。

其实，刘备并没有丧失理智。战败后，黄权降魏，属下建议刘备收斩其家属，刘备却说：“孤负黄权，权不负孤也。”可见从一开始，刘备便知道黄权是忠臣，他只是为表演“威武自强”，故意给黄权难堪。

刘备过分依赖表演才能，使蜀国呈现出治理上的短板。这从刘备去世前，任命诸葛亮为录尚书事，便能看出来。录尚书事初称“领尚书事”，是兼职。汉代君相共治天下，有“宫中”“府中”之分，“宫中”是皇权，“府中”是相权，二者互相牵制。

蜀国为何从强势走向衰落

“宫中”无官僚制度，君主往往依靠宦官、外戚，宦官、外戚和大臣冲突不断。为有效掌控行政权力，“宫中”出现尚书台，它本是皇帝的秘书机关，因政令皆由此下达，尚书台的地位日渐提高，尚书令成了最有实权的人，传统的“三公”反而成了荣衔。东汉时，权臣都是通过担任“领尚书事”一职而控制朝廷的。

吸取东汉灭亡的教训，魏、蜀、吴三国都对尚书台进行了改革。刘备生前一直将尚书台控制在手中，任命诸葛亮为录尚书事，等于把实权交给了诸葛亮，为“府中”控制“宫中”提供了方便。

诸葛亮在《前出师表》中说：“宫中府中，俱为一体。”其实就是为了夯实这一体制。诸葛亮任蒋琬为长史，把控“府中”；任董允为侍中，把控“宫中”。这大大提高了行政效率。蜀国领土小、人口少，却能不断北伐。而代价是，诸葛亮既要负责“府中”事务，又要兼顾“宫中”事务，事必躬亲，损害了

健康。（以上参考上海大学文学院把梦阳《录尚书事与蜀汉政局》）

诸葛亮的办法也带来一些问题。他去世后，蒋琬（和诸葛亮同属荆州派）和“东州士”董允、费祎等人，威信、能力远不如他，于是刘禅渐被太监黄皓和东宫旧臣掌控。南京大学史学博士张仲胤、郑州大学历史学院教授张旭华认为，诸葛亮主政的最后5年，蜀国甚至取消了尚书令这个职位。随着尚书令的恢复，“府中”渐被“宫中”掌控。吴国使臣薛莹道：“（蜀国）主暗而不知其过，臣下容身以求免罪。入其朝不闻正言，经其野民皆菜色。”

吃错药可能是早逝的一个原因

一般来说，过度劳累致病，致死的可能性很小。

在《三国演义》中，诸葛亮得知张苞去世，顿时呕血，这是他患病之始。据此分析，诸葛亮可能患有肺结核或肝硬化，这两种病都与过度劳累有关，但从发病到死亡，需较长时间，与诸葛亮的情况不符。且《三国志》中，并无诸葛亮“呕血”的记录。

《晋书·宣帝纪》记载：

> 亮使至，帝（指司马懿）问曰：“诸葛公起居何如，食可几米？”对曰：“三四升。”次问政事，曰：“二十罚已上皆自省览。”帝既而告人曰：“诸葛孔明其能久乎！”

意思是诸葛亮事必躬亲，20杖以上刑罚均亲自过问，每日饭量只有三四升（今天的八两到一斤），所以司马懿认为诸葛亮难长寿。

有学者推断，诸葛亮可能患了胃溃疡。胃病在人群中发病率极高。中国肠胃病患者有很多，慢性胃炎发病率较高。

东亚人易患胃溃疡，与食腌制品多、食水果少有关，此外，工作压力大、精神紧张也会明显提高患病率，有学者认为，胃溃疡也是一种“心病”。严重胃溃疡可能引发胃出血，造成死亡，但胃溃疡症状明显，患者长期痛苦，史书却无任何记载。

据清人江夏医家吴世昌抄辑、长白鄂奇善校的《奇方类编》载，流传至今的“诸葛行军散”来看，其中含硼砂3.1克、明雄黄24.8克、火硝0.3克，以及飞金（即金箔）20页。硼砂会引发胃衰竭，明雄黄能制取砒霜，火硝也有毒性。此药如剂量适当，对年轻士兵影响可能不大，而对于诸葛亮这样的老年胃溃疡患者而言，恐怕会吃不消。

诸葛亮不会摆七星灯

在《三国演义》中，作者称诸葛亮在军中燃七星灯，祈求续命。其实，这种法术始于宋初的《太上说中斗大魁保命妙经》，诸葛亮应该没学过。

诸葛亮的好友徐庶好佛，曾“听习经业，义理精熟”，诸葛亮可能也读过佛经和道家典籍，但难说是信徒。只是罗贯中写《三国演义》时，道教的社会影响大，正如许地山先生所说：“从我国人日常生活习惯和宗教信仰看来，道的成分比儒的多。我们简直可以说支配中国人一般的理想与生活的乃是道教的思想，儒不过是占伦理的一小部分而已。”于是，诸葛亮被小说家写成了半仙。

值得注意的是，不少人根据《三国志》中记载诸葛亮的“奇谋为短”一处，认为“诸葛亮是常败将军”“诸葛亮不会打仗”等，那么事实真是如此吗？

《三国志》的作者陈寿是蜀国人，亡国后在晋朝任“著作郎”，自然谨言慎行。“奇谋为短”化自司马懿的评价：“志大而不见机，多谋而少决，好兵而无权。”在司马懿看来，诸葛亮应早早投降，才算“见机”“多决”和“有权”。

在《三国志》中，陈寿对诸葛亮评价极高，不加两句批评，怕过不了关。至于魏延建议的“兵出斜谷”，纯属小儿科，四百年前就已经被韩信操作过一次，曹魏怎么可能不防？

其实，后代的主流意见是称诸葛亮为“名将”，只是康熙说“鞠躬尽瘁，死而后已。为人臣者，惟诸葛亮能如此耳”，只褒扬其忠诚，人们才不太好意思把诸葛亮和“兵者，诡道也”联系起来。

魏延：反骨长哪儿，诸葛亮你搞明白了吗？

孔明曰："食其禄而杀其主，是不忠也；居其土而献其地，是不义也。吾观魏延脑后有反骨，久后必反，故先斩之，以绝祸根。"玄德曰："若斩此人，恐降者人人自危。望军师恕之。"孔明指魏延曰："吾今饶汝性命。汝可尽忠报主，勿生异心，若生异心，我好歹取汝首级。"魏延喏喏连声而退。

读过《三国演义》的人，对这段描写不会感到陌生。魏延后来果然造反，印证了诸葛亮的先见之明。

可在蜀汉集团，论叛变，魏延排不上号，比如糜芳。作为刘备妻子糜夫人（甘夫人是妾，死后扶正，糜夫人很可能是正妻）的兄弟，糜芳投降吴国，致关羽被杀。再如孟达，三次叛主，反复无常。诸葛亮为何不吓唬他们，偏拿魏延说事？难道真是魏延的长有反骨？

其实，在相书中，反骨长在正面，不在"脑后"。宋朝陈抟（tuán）《神相全编》明确提出："头无恶骨，面无好痣。"意思是就算脑后有奇骨，也不是恶相。

在《三国演义》的前身《全相平话三国志》中，刘备见魏延的场面则完全不同："军师班军入荆州见皇叔。皇叔看三将，为首者是庞统，皇叔言：'贤人也。'又看魏延，贤德也，言：'不若吾弟关公。'"其中并没有提及反骨。

显然，这块反骨是罗贯中安上去的，又经毛宗岗添油加醋，坐成事实。

刘备为什么肯让魏延独掌一方？

在《三国志》中，魏延的传不足千字，未记其生年和相貌，只知他带部曲随刘备入蜀，屡立战功。

刘备自立为汉中王时（219年），治所迁往成都，准备在汉川留一名大将镇守，大家认为肯定是张飞，张飞自己也这么看。没想到，刘备竟任魏延为镇远将军（杂号将军）、汉中太守。魏延此前只是牙门将军，牙门将军属杂号将军，陪伴主公左右，参赞军谋，此前赵云在长坂坡立功，曾任此职。魏延跟随刘备才10年，资历较浅。2年后，刘备称帝，升魏延为镇北将军（重号将军），可见魏延在汉中干得不错。

刘备重用魏延，原因有三：

其一，魏延有军事才能，胆子大。

其二，善于带兵。《三国志》说他"善养士卒，勇猛过人"，他死后，手下士兵为他收尸并守墓。

其三，个性傲慢，不拉帮结派。"性矜高，当时皆避下之"，这一点很像关羽。

刘备用人，从不让全才独当一面。他在世时，诸葛亮几无兵权。刘备去世后，魏延在名义上一度成为蜀国第二号大臣，却长期受制于诸葛亮，再无独当一面的机会。

《三国志》记载道："延每随亮出，辄欲请兵万人，与亮异道会于潼关，如韩信故事，亮制而不许。延常谓亮为怯，叹恨己才用之不尽。"

在《三国演义》中，则称第一次北伐时，魏延建议诸葛亮兵出斜（yé）谷，直取长安。斜谷在今陕西终南山石头河，谷长"四百七十里，昔秦王取蜀之道也"，风险较大。但从《三国志》的意思来看，魏延要求的是分兵，并非行险，《三国演义》的作者刻意进行了篡改。

写魏延，是为衬托关羽

中国《三国演义》学会学者齐裕焜研究发现，在《三国志平话》和《三国志通俗演义》中，似乎存在两个书写系统。一个来自下层文人，他们比较了解历史；一个来自说书艺人，他们更关注故事的趣味性。这两个系统自说自话，给小说带来了难以弥合的裂缝。

魏延很可能是说书艺人们创造出来的，目的是和关羽对应。在明代各版中，魏延“身长九尺，面如重枣，目似朗星，如关云长模样，武艺独魁”。这是传统叙事常用技巧，即以附线衬主线、以配角衬主角。所以魏延不仅和关羽长得像，连使用的兵器也很像，都是大刀。

将一人分成两人，叙事空间扩大了，易形成戏剧效果——关羽、魏延都是性格傲慢、抗上护下的人，诸葛亮对关羽百般退让，对魏延则毫不客气，且屡下黑手。

守街亭时，诸葛亮宁派马谡，也不分兵给魏延，还哄魏延说“前锋破敌，乃偏裨之事耳”，让魏延去当侧应，称这才是“大都督之任也”。

在明代嘉靖本《三国演义》中，有这样的情节：诸葛亮派魏延将司马懿父子诱入山谷，纵火焚烧，且令马岱堵死全部通道，试图将魏延一起烧死。因天降大雨，火攻失败。面对魏延问责，诸葛亮怒斥马岱：“文长（魏延字文长）乃吾之大将……如何将文长也困于谷中？幸朝廷福大，天降骤雨，方才保全；倘有疏虞，又失吾右臂也。”

诸葛亮要立斩马岱，各方求情，最终诸葛亮打了马岱40军棍，当晚却派人对马岱说：“丞相素知将军忠义，故令行此密计。”

真正想过造反的是杨仪

魏延与诸葛亮的矛盾，可能也是下层文人创造出来的，有足够的史料依据。《江表传》中道：“孙权尝大醉，问祎（蜀汉使节费祎）曰：杨仪、魏延，牧竖小人也。虽尝有鸣吠之益于时务，然既已任之，势不得轻，若一朝无诸葛亮，必为祸乱矣。”诸葛亮知道后，“以为知言”。《三国志·杨仪传》中也写道：“亮深惜仪之才干，凭魏延之骁勇，常恨二人之不平，不任有所偏废也。”

魏延傲慢，杨仪心胸狭隘，但杨仪曾任丞相长史，更得诸葛亮信任。诸葛亮在五丈原去世后，杨仪遵其遗嘱，下令退兵。魏延终于等到独掌全局的机会，表示："吾自当率诸军击贼，云何以一人死废天下之事邪？"

《三国志》明确指出，魏延以为诸葛亮死了，大家就会听他的，他攻打杨仪不算背叛蜀汉。宋代司马光在《资治通鉴》中也称魏延"实无反意"。

倒是杨仪曾准备谋反。回成都后，杨仪感觉自己受排挤，便抱怨说："如果我当时率军降魏，你们还能这么对我吗？"杨仪被费祎告发后，被废为民，后来杨仪自杀。

在毛宗岗之前，《三国演义》中夹杂了许多不利于诸葛亮的内容，著名思想家李贽曾点评说："诸葛亮更可杀矣！更可剐矣！不杀不剐，亦无以泄我胸中愤也。"在诸葛亮安慰刘备悔杀刘封的一段话下，李贽竟评价道："放他娘屁！"

想当红脸汉子，没门

说书人贬低魏延，文人又在为魏延鸣冤，罗贯中看出了两个书写系统之间的矛盾处，为了让魏延之死变得合情合理，只好拿反骨说事。

在相书中，反骨通常存在于三个地方：一是耳后见腮，就是从身后能看见腮骨；二是眉骨太突出；三是反廓耳，就是耳廓高于耳轮。有反骨，只表示此人性格急躁，不等于就会反叛。罗贯中把反骨安到脑后，可能是因为误读了相枕骨术。枕骨在脑后，可以相，但均属好相。比如有"五岳枕"者可封侯，最差的"腰鼓枕"，也是"主小贵，多成败反覆"。这些均与造反无关。

虽然罗贯中违背了相术常识，但给魏延加上反骨后，逻辑上就顺畅多了，只是一些细节仍显生涩。到清代毛宗岗时，手段更加巧妙。

首先，删掉了火烧魏延的情节，遮蔽了诸葛亮不择手段的一面。

其次，删去孙权对杨仪的评价，只保留对魏延的评价。

其三，模糊了杨仪成功后对魏延的报复。《三国志》记载道："（马岱）致（魏延之）首于（杨）仪，仪起自踏之，曰：'庸奴！复能作恶不？'遂夷延三族。"冲淡了诸葛亮选人之误。

其四，不再提魏延"面如重枣"，剥夺了他当红脸汉的权利。

毛宗岗将罗贯中笔下所有不利于诸葛亮的地方全部删去，比如嘉靖本中，刘备携民渡江时，诸葛亮劝刘备抛弃百姓、自己逃命，毛宗岗改成众将劝。刘备杀养子刘封，本是诸葛亮建议的，杀了刘封，才能保证荆州集团拥戴的刘禅登基，却被毛宗岗改成刘备自行决定。

长得不顺眼，就是有反骨

经毛宗岗改写，《三国演义》变得更完整，几乎看不出它来自两大创作系统。可给魏延贴上反骨的标签，又引人好奇：这个反骨究竟是什么？

一种观点认为，反骨即颅骨上的骨瘤，结构如夹心饼干，内层和外层是坚硬的密质骨，中间夹着一层松质骨。骨瘤是骨膜过度增生后形成的良性肿瘤，不算少见，美国篮球明星乔丹的脑后就有这么一个骨瘤。骨瘤多发于青年，生长缓慢，一般无特殊症状。人体停止发育后，它就不再生长了，极少恶变。

另一种观点认为，魏延有舟状头，即骨缝过早闭合，导致颅骨变形，这是先天发育障碍造成的。舟状头患者脑后会生出多余骨骼，但舟状头会给婴儿大脑发育带来不良影响，需手术治疗，否则会影响智力。魏延虽情商略低，但没有证据表明他的智商有问题。

还有一种观点认为，“一些成年人头部骨缝之间有多余骨骼”，医学上称为缝间骨，它与遗传高度相关，比如俄国末代沙皇亲属“皆在脑后有一不寻常突出骨结构”。有此骨的人很少，魏延可能也是其一。

不过，更大的可能是，魏延发育完全正常，所谓“脑后反骨”并非实指，而是一种形容。

在历史上，刘濞、安禄山等都被认为有反骨，但都没说长在哪里。古人说反骨、反相，更多是指相貌怪异，所以常有以下说法：“貌有反相”，“目有反相”，“鼻折山根（塌鼻梁）颇有反相”，“额纹有反相”……总之，长得不顺眼，就是有反骨。

一场权力斗争，就这么被遮蔽了

长相是与生俱来的，怎能让个人负责？以貌取人，未免太不公平。可在古代，这还真是用人的一条硬指标。

荀子曾说：“相人，古之人无有也。”意思是，到荀子时，专门的相人术还没出现。其实，《左传》中记载了许多关于相面的故事，只是在那时，这不被承认为“术”而已。

相术直接源头有二：其一，挑选战马；其二，治病。后者有一定的科学依据，现代研究结果证明，700种以上的遗传病“写在脸上”，通过相面，可以诊病，所以在东西方，相术都较早诞生。

汉代时，在五行学说的推动下，加上马政发达，相术的影响力空前提升。比如汉初名臣张苍曾犯死罪，王陵见他“身长大，肥白如瓠”，便请求刘邦赦免他。东汉开国名臣任光也曾被判死刑，因相貌堂堂，最终得救。王莽时期，通过占卜选官，筛出10多人，其中两人相貌好，便被从布衣直接提拔为官员。

除当官、免死，古人嫁娶也需相面，刘邦能娶到吕后，正因吕后的父亲善相，这推动了民间对相术的关注。不仅皇帝、高官钻研相术，下层百姓也有精于此道者。在古代人物画上，也有相术文化的痕迹。比如唐朝冲和子《玉房秘诀》中认为佳女是“少年，未生乳，多肌肉，丝发小眼，眼睛黑白分明者”，所以古代仕女画多平胸、小嘴、小眼。

可见，相术观念深入古人心，所以罗贯中和毛宗岗都深知：只要加上反骨，就能把一场权力斗争，改写成平叛斗争。这样既能维护蜀汉的正统性，又能突出诸葛亮的英雄形象。至于魏延冤不冤，谁还管他呢！

司马懿：22岁便患痛风，为何能长寿

天地开辟，日月重光。

遭遇际会，毕力遐方。

将扫群秽，还过故乡。

肃清万里，总齐八荒。

告成归老，待罪舞阳。

这是三国时权臣司马懿留下的唯一诗篇《征辽东歌》，气魄雄伟，最后一句“告成归老，待罪舞阳”不易解。时（238年）司马懿因征辽东有功，受魏明帝曹叡赏赐，回老家河内郡温县（今河南温县）办乡饮酒礼，正在风光无限时，何言“待罪”？因为曹叡不信任司马懿。

早在青龙四年（236年），魏国都城邺城地震，大儒高堂隆便进言道：“地震者，臣下强盛，地故震动。”曹叡立刻想到司马懿，忙问名臣陈矫道：“司马懿算不算‘社稷之臣’？”，陈矫回答说：“朝廷之望，社稷未知也。”238年，高堂隆去世，临终前再进言：“宜防鹰扬之臣于萧墙之内。”

此前曹植曾上书道：“盖取齐者田族，非吕宗也；分晋者赵魏，非姬姓也，惟陛下察之。”意为齐国本是吕家封地，后被田家篡夺；晋是姬姓国，却被赵魏等外姓分裂，一定要警惕。

种种嫌疑，均指向司马懿。

舞阳（今属河南舞阳县）是司马懿的封地，他这么写，意思是彻底放权，回

封地养老。没想到，曹叡只活了34岁（生年有争议），司马懿却活了72岁。如果没有惊人的长寿，或许就没有后来高平陵政变、开霸府、政归司马氏等事。司马懿年轻时身体不佳，晚年时东征西讨，却越活越健壮。

司马家不是儒家大族

司马懿，字仲达，是司马防的第二个儿子。《三国志》中无传（司马懿后来被追封为“大晋高祖宣皇帝”，已在“三国”之外），仅在各篇散录了“司马宣王”（仍被视为魏国臣子）部分事迹。《晋书》始单独立传，称司马懿“少有奇节，聪明多大略，博学洽闻，伏膺儒教”。

著名学者陈寅恪先生认为，司马易曹，是儒家大族战胜了寒族曹家。复旦大学历史学系学者仇鹿鸣则在《乡里秩序中的地方大族》（本文多处引用该文内容，不再一一列出）中提出异议：司马家只是地方豪族，并非儒家大族。

汉代儒家大族，多是专治一经，世代相传，而司马家托名赵将司马卬（曾被项羽封为殷王，后降刘邦，在彭城之战中被楚军所杀）为祖，司马懿的高祖父司马钧以军事才能被重用，到司马防时，由武入文，但专注史学，而非经学。

司马防为人刻板，“诸子虽冠成人，不命曰进不敢进，不命曰坐不敢坐，不指有所问不敢言，父子之间肃如也”，所以司马懿年轻时更亲近黄老之术。

司马防曾荐20岁的曹操任洛阳北部尉，曹操因此崛起。42年后，已成魏王的曹操请司马防到邺城叙旧，席间开玩笑说：“今天你推举我，还是让我当尉官吗？”司马防说：“当年推举你时，你确实只配当尉官。”二人大笑。

有传闻称，当年有人推荐曹操任洛阳令，司马防不同意，称曹操出身差，只能当部尉。此说或为讹传，提拔曹操时，司马防自己正任洛阳令。

老师也叫孔明

司马防有八个儿子，表字中都有“达”字，人称“八达”。长子司马朗，字伯达，深得曹操信任，曾任丞相主簿、兖州刺史等，后随夏侯惇、臧霸征吴，因瘟疫而死，终年47岁。

司马朗历任成皋令、堂阳长、元城令、丞相主簿、兖州刺史等职，皆有政绩。曹操初期多用军屯，将士兵的家属扣在邺城，粮食全部上缴。名臣枣祗建议募民屯田，土地公有，允许士兵携家眷垦殖，年底分成。在司马朗的推动下，“分田制”成为定制。

建安六年（201年），曹操征辟司马懿为官，司马懿却“辞以风痹，不能起居”。曹操不信，让人连夜去刺探，司马懿果然卧床不起。

《晋书》有这样的记载：一天司马懿家正晒着书（古代房屋潮湿，纸张易发霉，需常晾晒），突遇暴雨，司马懿忙跳下床去收书，被婢女看到。怕走漏消息，司马懿的妻子张春华便杀了婢女，此后只好亲自下厨做饭。

对于“风痹”，古人说法颇多，明代名医张景岳说：“风痹一症，即今人所谓痛风也。”痛风无法根治，发作时患者非常疼痛，平时则与常人无异。

司马懿曾拜在胡昭门下，胡昭字孔明，是当时著名的隐士。袁绍、曹操都曾请胡昭出山，但他“养志不仕”。

几年后，曹操再度征召司马懿，并说：“若复盘桓，便收之。”司马懿害怕，于建安十三年（208年）出任丞相府的文学掾，此时已29岁。

为何12年未得重用？

在曹操的丞相府，司马懿干了12年，始终未得重用，原因有四。

首先，司马懿有“狼顾相”，即可头转身不转，狼在看后面时即如此。曹操听说后，故意在司马懿背后喊他，司马懿果然只转头，没转身体。相法称“狼顾”者“性狠，常怀杀人害物之心”。曹操与方士往来颇多，懂相术，从此提防司马懿。

其次，司马懿出身地方豪族，缺上层关系。司马懿的名声来自同乡杨俊的风评。司马懿十六七岁时，杨俊第一次见到他，便称“此非常之人也”。杨俊平生官职不大，后因交好曹植被曹丕所杀。在中枢层面，崔琰很赏识司马懿，称他“聪哲明允，刚断英跱（zhì）”。崔琰是大儒郑玄的弟子，又是曹操的谋士，但曹操不太信任崔琰。建安二十一年（216年），有人诬告崔琰讽喻朝政，曹操下令处死崔琰。

其三，与颍川集团走得太近。曹操出身阉党，靠亲戚、同乡起家，官渡之战前后得颍川士族认可，荀彧、郭嘉、陈群、荀攸、钟繇等纷纷加入他的麾下。颍川集团以荀彧为首，效忠汉室，曹操显露野心后，双方出现裂痕。征辟司马懿，本是曹洪最早主张，但司马懿嫌曹洪没文化，转投荀彧。曹操逼荀彧自杀后，司马懿成了颍川集团的中坚力量。

其四，三河子弟，向来受猜疑。司马懿是河内郡人，河内战略地位重要，汉代有宗室不典三河的惯例，东汉刘秀起家，即因抢占了河内郡。东汉以洛阳为都，河内郡成为羽翼，地位进一步上升。且河内商业发达，所谓“西贾上党，北贾赵、中山”，易成势力，因此见嫉。

靠上了曹丕这棵大树

曹操曾对曹丕说：“司马懿非人臣也，必预汝家事。”没想到，曹丕为与曹植争位，早就暗中联络司马懿，将其与陈群、吴质、朱铄视为“四友”。

曹丕登基后，41岁的司马懿受重用。43岁时，司马懿被封为乡侯。可奇怪的是，在争权过程中，吴质屡献妙计，司马懿几无表现。曹丕擅诗文，作品中也很少提到司马懿。也许，《晋书》夸大了二人的关系。虽然司马懿有了军权，可掌五千兵，却从未独当一面，无法发挥军事才能。

曹丕去世时，留下曹真、陈群、曹休、司马懿为顾命大臣，司马懿排在最后。

曹叡继位仅2年，曹休病逝（终年50岁左右），又过了3年，曹真病逝（生年不详）。名将凋零，司马懿意外掌兵，擒孟达、拒诸葛亮、平辽东，接连建功。平辽东后，曹叡为司马懿办乡饮酒礼，表面看是衣锦还乡，司马懿却“叹息，怅然有感”。当年为获取曹操的信任，司马家已举族搬到邺城，甘心为质。曹叡让司马懿回温县，目的是不让征辽东的军队回洛阳。

好在曹叡突然患病，任曹宇、夏侯献、曹爽、曹肇、秦朗为顾命大臣，司马懿被排斥在外。没想到，曹肇等人趁曹叡昏迷时，与其才人（皇帝之妾）调情，曹叡得知后大怒。在重臣刘放、孙资的建议下，曹叡一日三改诏，最终任曹爽和司马懿为顾命大臣，让他们共同辅佐8岁的曹芳。

刘放是汉室宗亲，孙资党附荀彧，他们都不是汝、颍（汉末三国以汝南郡、颍川郡为辐射中心的区域，人才辈出）人，却属颍川集团。

司马懿向来说话不算数

司马懿上位后，遭曹爽排挤。曹爽重用何晏、夏侯玄等“正始（魏蒂曹芳时的年号）名士”，他们多是建安名士的子弟，提出激进改制方案：扩大吏部职能，改州郡县三级为二级，严禁奢侈。

正始改制时朝廷大量裁员，侵害了颍川集团的利益，他们转而支持70岁的司马懿。

公元249年，司马懿发动高平陵政变，铲除了曹爽和“正始名士集团”。后人对此次冒险多有不解，南宋思想家、文学家叶适说：“曹氏造基立业，虽无两汉本根之固，然自操至此已五六十年，民志久定……懿号有智，而披猖妄作，自取族灭，然竟以胜……”

曹爽落败，因司马懿曾向他承诺道：“唯免官而已，以洛水为誓。”司马懿出身豪族，曹爽对他给出的承诺自然不疑，但司马懿向来不守信用。征辽东时，他下令将七千降卒全部杀死。司马懿晚年宠爱柏夫人，一次得病，原配张春华来探视他，他说：“老物可憎，何烦出也。”张春华愤而绝食，她的儿子们也跟着绝食，司马懿只好道歉，转头却对柏夫人说：“老物不足惜，虑困我好儿耳。”

在嘉靖本《三国演义》中，司马懿去世前对两个儿子说：“人皆以吾有异志，吾何敢焉。吾死之后，汝二人善事主人，勿生他意，负我清名。”这实在是令人感到肉麻，毛宗岗改成：“吾死之后，汝二人善理国政，慎之！慎之！”

痛风患者也能长寿

在史料中，有不少司马懿患病的记录，可他却比对手长寿。

在古代，痛风属于罕见病。1948年，全国仅有2例痛风病例报道。如今我国痛风患者超千万人。痛风与生活习惯相关，如熬夜多、缺乏锻炼、摄入高蛋白食物多。在古代，贵族易患此病。关羽、卢照邻、白居易、刘禹锡等可能都是痛风患者。

1/4痛风患者可能出现肾病变，5—10年后，或发展为尿毒症，慢性痛风患者可能减寿10—20年。但通过戒酒、避免劳累、少剧烈运动、饮食清淡等，可避免病情恶化。

司马懿年轻时便得了痛风，所以他很少参加宴饮，注意休息，不像诸葛亮那样事必躬亲。且努力保持性格平和，较少大怒、忧虑。这让司马懿因祸得福，反而长寿。

司马懿晚年掌军，古代军队医学水平较高。医字的繁体字为醫，和疾字的繁体（疾未简化），都从“矢”（箭），醫字下部位容器，或为伤者取所中之箭，置于容器意。可见其与军事活动息息相关。至少在春秋末期，已设战地医院，《墨子》中有这样的记载：“伤甚者令归治病，家善养，予医给药，赐酒日二升，肉二斤，令吏数行闾视病。”意思是要将重伤士兵安置在室内调养，给他们补充营养，由专门的官吏负责。

汉代《神农本草经》已标明治疗痛风的药物，如龙胆、独活、秦艽、牛膝、干地黄等。在《伤寒杂病论》中，出现了成方，即“桂枝芍药知母汤”。这些药物有毒副作用，经军医调配，司马懿的病情显然得到了较好控制。

孙皓：变成暴君可能因吃错药

虎旗龙舰顺长风，坐引全吴入掌中。

孙皓小儿何足取，便令千载笑争功。

这是唐代吕温的名诗《晋王龙骧墓》，记录了晋初名将王濬（曾任龙骧将军，故称王龙骧）率水军沿长江直下，消灭吴国的事迹。诗人称吴末帝孙皓为“小儿”，颇有不屑之意。

孙皓是亡国之君，在后人眼中，一直呈现为暴君的形象。陈寿在《三国志》中说：“况皓凶顽，肆行残暴，忠谏者诛，谗谀者进，虐用其民，穷淫极侈，宜腰首分离，以谢百姓。”

传说孙皓好剥人面、凿人眼，但吴国灭亡后，晋侍中庾峻等曾就此问孙皓的侍中李仁，李仁回答道：“以告者过也。”“传之者谬耳。”潜台词是：孙皓确实杀过许多大臣、宗室，但有不得已的因素，没有传说中那么不堪。

西晋虞溥所著的《江表传》记载道：“皓初立，发优诏，恤士民，开仓廪，振贫乏，科出宫女以配无妻，禽兽扰于苑者皆放之。当时翕然称为明主。”那么，孙皓是如何从“明主”变成“暴君”的呢？为《三国志》作注的裴松之认为，真孙皓已死，后来执政的是假孙皓，此说过于离奇。

更大的可能是，孙吴政权尚巫，孙皓的前后变化，或与误服丹药有关。

皇帝拿豪族也没办法

孙皓是吴大帝孙权之孙，父亲是太子孙和。

孙权共有7个儿子，长子孙登本是太子，早逝，年仅33岁。孙登与孙和交好，去世前力荐孙和当太子。次子孙虑亦早逝，年仅20岁。孙和是第三子，任太子后，受孙权第四子孙霸的挑战。

支持孙和的，有陆逊、吾粲、顾谭等重臣，支持孙霸的是孙权长女孙鲁班。这就是“南鲁党争”（孙和后被贬为南阳王，孙霸则是鲁王），吴国由盛转衰的拐点。

吴国起家，靠的是跟随孙策进入江东的江北势力，即“淮泗集团”，张昭、周瑜、鲁肃等重臣都是流寓江东的“北人”。建安二十四年（219年）起，孙权开始支持江东大族，陆逊、顾雍等崛起。《三国志》记载道：“公族子弟及吴四姓多出仕郡，郡吏常以千数。”陆家、顾家都在四姓家族之列。

江东大族虽奉吴国号令，但世代为官，呈半割据状态。以出镇西陵（夷陵，今属湖北宜昌市）为例，名将步骘和他的两个儿子步协、步阐竟持续掌控43年。

陆氏宗族中的陆凯曾涉嫌参与谋反，皇帝孙皓问他：“卿一宗在朝有几人？”陆凯说：“二相、五侯、将军十余人。”孙皓竟不敢处理陆凯，直到陆家掌握军权的陆抗死后，才将陆凯家人流放。

在“南鲁党争”中，江东大族均倾向孙和，寒族倾向孙霸，以致“中外官僚将军大臣举国中分”，引起孙权警惕。

孙权之后，吴国乱成一锅粥

孙权起于寒族，本以为支持江东大族，可以对抗儒家化的“淮泗集团”，没想到江东大族也笃信儒学，试图建立权臣政治。

孙权尚集权，最厌儒生集团“四五人把持刑柄”，多次打击朝中儒生。在“南鲁党争”中，孙权下令囚禁孙和、赐死孙霸，改立幼子孙亮为太子。孙和一党中陈正、朱象被满门抄斩，吾粲“下狱诛”，顾谭“徙交州”，名将陆逊忧愤而死。

不久，孙权封孙和为南阳王，对其解除囚禁，并让其居住在长沙。临终前，孙权曾想召回孙和，被孙鲁班所阻。为压制江东大族，孙权托孤于“北人”诸葛恪。

孙权突然去世，孙亮才9岁，诸葛恪得以专权。诸葛恪是名臣诸葛瑾的长子，为加强自身地位，征集20万大兵北伐魏国，却围攻合肥百余日而不胜，吴“士卒疲劳，因暑饮水，泄下流肿”，被迫退兵，最终吴军“病者大半，死伤涂地”。这场疾病改变了吴国历史。民怨沸腾之下，诸葛恪被宗室孙峻所杀。

北伐前，诸葛恪有意迁都武昌，传闻他与在长沙的孙和往来密切。以此为借口，孙峻流放了孙和，继而派使者赐他自尽。这一年，孙皓才10岁。

太平元年（256年），孙峻病死在军中，终年38岁，他的堂弟孙綝专权。孙亮暗中联合孙鲁班发动政变，事泄被废，年仅16岁，两年后去世。孙綝改立孙权的第六子孙休为帝。

孙休登基后，暗中联络张布、丁奉，杀了孙綝（chēn）。永安七年（264年），孙休病逝。

蜀国灭亡帮了孙皓

孙休原本已册立了太子，他去世这一年，太子年仅10岁。恰在此时，蜀国被晋国所灭，吴国震动，张布与丞相濮阳兴担心幼主不利于国家发展，左典军（吴国官名，掌握宿卫禁军）万彧曾与孙皓往来，建议说：“皓才识明断，长沙桓王（即孙策）之俦（chóu，辈）也；又加之好学，奉遵法度。”

孙皓当年23岁，年富力强，张布、濮阳兴遂决定拥立他。

孙皓接手的是一个“烂摊子”：

其一，晋国吞并蜀国后，可能从西陵攻击吴国，吴国面临两面作战的困境。

其二，皇位不稳，随时有被臣下篡位的可能。

其三，官员世袭化、贵族化严重，缺乏忠于自己的执行团队。吴国采取复客制，即国家允许高官拥有私人佃客，免除赋役，以致大族“势倾于邦内”“储积富于公室”，成了国中之国。

其四，高级军官世袭，尾大不掉，吴将贺齐手下“蒙冲（狭长的快船，用以冲击敌阵）、斗舰（大型战船）之属，望之若山”，连老皇帝孙休当年都觉得害怕。

孙皓登基后，先杀了权臣张布、濮阳兴，又杀了孙休年长的2个儿子（孙休共4个儿子）。甘露元年（265年），孙皓迁都武昌。

吴国沿长江设立两道防线：一是以建业（今江苏省南京市）为中心，江淮并守；另一是以武昌为中心，武昌在建业的上游，一旦失手，敌方水军可顺长江直攻建业，无险可守。

然而，魏国多次攻吴，都是沿淮河进攻，武昌数十年无战事，该防线长期由陆逊负责，陆逊去世后，该防线又被交给了步家。

还是没能吃下武昌鱼

孙皓迁都武昌，表面借口是“望气者云，荆州有王气”，必须对其进行镇压，但很可能他意识到西陵的战略地位十分重要。

当时军阀以北方为中心，不甚了解南方地理状况。西陵多山，不利于大兵团作战，长期被忽视。所以赤壁之战时，曹操选择从长江中游突破。后来刘备率军攻吴，孙权一度迁都武昌，双方在夷陵会战，吴国取胜，改夷陵为西陵。经此一战，人们突然发现，从西陵进兵，可先下武昌，再取建业，势如破竹。后来晋王濬灭吴，采取的正是这一路线。

此外，迁都武昌可远离建业诸多大族的制约，行动更自由。

然而，孙皓的迁都计划从一开始便遭到强烈反对，坊间出现了这样的“童谣”：

宁饮建业水，不食武昌鱼。

宁还建业死，不止武昌居。

这类童谣盛行于东汉，东汉人认为“上天儆戒人君，命荧惑星化为小儿，造作谣言”，其实是有人背后操纵。

出乎孙皓预料，第二年，建业附近的山贼施但扶植宗室孙谦，发动叛乱，虽然叛乱很快被平定，但是孙皓意识到，不守建业，基业难稳。当年孙权定都武昌，也只坚持了8年。一是从武昌管建业，距离太远，难保稳定；二是建业远比武昌富庶，东汉永和五年（140年）的统计（当时只统计纳税的壮劳力）数据显示，江夏郡（武昌属江夏郡）仅26.5万人，丹阳郡却达（建业属丹阳郡）63万人。

孙皓只好又回建业。为组建自己的执行团队，孙皓开始重用身份低贱的小吏，如何定、张俶、岑昏等，此外，孙皓还重用宦官，如高通、詹廉、羊度等。

落入了享乐的圈套

重用近臣之外，孙皓刻意打压豪族。

一是不断举办宫廷宴会。“每飨宴，无不竟日，坐席无能否率以七升为限，虽不悉入口，皆浇灌取尽。又于酒后使侍臣难折公卿，以嘲弄侵克（侵害打击）、发摘私短以为欢”。大臣王蕃因酒后行止自若，孙皓便下令杀了他。这一手，后来俄国彼得大帝也用过，在宫廷宴会肆意侮辱、杀戮贵族，营造出喜怒无常的形象，来震慑手下。

二是分权。凤凰元年（272年），镇守西陵的步阐降晋，陆抗及时发现，将其斩杀，晋国派兵来夺，却惨败在陆抗手下。陆抗去世前，上书反复提醒孙皓，应增兵西陵。可陆抗死后，孙皓将守军分成5部分，交由陆抗的5个儿子分别统领，反而减少了兵力。

孙皓青少年时代受挫折多，缺乏安全感，成年后自控力差，轻怒且耽于享乐。杀了权臣张布后，孙皓将他的小女儿纳入后宫，一次孙皓问：“你父亲在哪儿？”对方答：“被贼人所杀。”孙皓大怒，将她处死，后来又后悔，雕其像置于座旁。张布的大女儿已婚，孙皓将其夺入后宫，她去世后，孙皓十分悲伤，在家半年不出。

当时吴国人口仅230万，官吏就有3.2万人，士兵23万，后宫还有6000多人。每8人就要养一名不劳动者，孙皓自己也承认“令百姓久困涂炭……惭愧山积”。

280年，晋军南下，吴国贵族纷纷倒戈，孙皓被俘。晋武帝司马炎封他为归命侯，4年后，孙皓去世，终年仅42岁。

何都真背不了这锅

孙皓的爷爷孙权活了69岁（一说70岁），可孙权儿孙的寿命都不长。究其原因，与吴国统治者尚巫有关。

孙家起于寒门，孙坚少年时历尽艰难，只当上县吏，连正式官员都不算。他后来反复声称，他出生时祖坟上“数有光怪，云气五色，上属于天，曼延数里”。在南阳时，太守张咨“既不给军粮，又不肯见坚。坚欲进兵，恐有后患，乃诈得急疾，举军震惶，迎呼巫医，祷祀山川。遣所亲人说咨，言病困，欲以兵付咨”。张咨信以为真，结果被杀。由此可见，巫术对于孙坚的重要性。而孙策之所以能割据，也离不开巫术的作用。

孙权曾“事仙者葛玄，尝与游处，或止石头四望山所，或游于列洲”，练习过隐身、遁形等幻术。他命令将军卫温、诸葛直带兵去海上求仙药，曾到夷州（中国台湾的古称），结果什么也没找到，孙权大怒，将二人处死。

受祖上影响，孙皓也迷恋巫术。孙皓一朝年号极多，如甘露、宝鼎、凤凰、天册、天玺等，均与巫术相关。在宫廷中，还有巫师参与决策。

孙家出身不高，借巫术提高身份地位，此外巫术制造的丹药可刺激欲望，时人误以为有利于传宗接代。孙皓过度荒淫，可能与此有关。长期服用丹药，导致慢性中毒，所以孙皓后期行为乖张。

裴松之说，孙皓有个外甥叫何都，貌似孙皓。张布大女儿死后，孙皓半年不出，可能此时他已被暗杀，后面的孙皓是何都冒充的，所以后期孙皓性情大变。其实，孙皓在杀张布等人时，已经变得残暴至极，与刚登基时判若两人。

显然，这锅太大，何都真背不了。

葛洪："神仙"为何寿仅61

秋来相顾尚飘蓬，
未就丹砂愧葛洪。
痛饮狂歌空度日，
飞扬跋扈为谁雄？

这是诗圣杜甫的名作《赠李白》，既赞美了李白的狂放，亦以自叹。李白曾炼丹，未能成功；杜甫则登王屋山访道士华盖君，惜华盖君已死，怅然而归，写了古风《昔游·昔谒华盖君》以记之，中有"良觌违夙愿，含凄向寥廓"句。

李白和杜甫均求仙无成，所以"愧葛洪"，这体现了唐人对葛洪的认识——视其为道士，但葛洪自视为"文儒"。

葛洪任官多年，因战功封侯。晚年隐居，为写一本可与《论衡》（作者为东汉著名思想家王充）相提并论的巨著而努力。葛洪著作不少，如《抱朴子》《神仙传》《肘后备急方》等，却遭后代儒生鄙夷。

明代大儒宋濂说："（葛）洪亦奇士，使舍是（指医学著作等）而学六艺（指儒家著作），夫孰御之哉？惜也！"从唐代起，直到明清，历代儒生都不承认葛洪是"文儒"。

《晋书》记载，葛洪活了81岁。但其中的漏洞甚多，他真正的寿命可能只有61岁。一代名医，又被人们尊为"神仙"，为何寿仅61岁？

从公子哥儿沦为赤贫者

葛洪字稚川，自号抱朴子，丹阳郡句容（gōu róng，今江苏省句容县）人，生于283年。

葛家本大族，世居陈留宁陵（今河南商丘宁陵一带），葛洪十世葛曩祖曾任荆州刺史，王莽摄皇帝时，葛曩祖辞职，不久兴兵反抗，败后举家迁至山东琅琊。故葛洪与诸葛亮同出一脉。

葛曩祖的儿子葛浦庐（也写作葛庐）因起兵响应刘秀，获封下邳僮县侯，并任骠骑大将军。秦汉最高级的侯是彻侯（为避汉武帝讳，后改称通侯），其次是县侯（名将霍去病即县侯），食邑五千户。葛浦庐的弟弟葛文亦从军，属哥哥的私兵，非国家正卒，葛文的右眼因伤失明，“不得尺寸之报”，葛浦庐遂将封赏转给弟弟，举家迁到句容。

葛洪的爷爷葛系在吴国担任过礼部尚书、辅吴将军，被封为寿县侯。葛洪的父亲葛悌在吴国曾任中书郎（负责编修国史）等职，吴国灭亡后，葛悌被晋朝任命为邵陵（今属湖南省邵阳市）太守，病死在任上。

葛悌去世时，葛洪仅13岁，一度困窘到“饥寒困瘁，躬执耕穑”，家中藏书都毁于战火，只能四处求借，为习字，“伐薪卖之以给纸笔”，却“常乏纸，每所写，反复有字，人鲜能读也”。

16岁时，葛洪始读《孝经》《论语》《诗经》等，并受学于道士郑隐。郑隐是葛洪堂爷爷葛玄的弟子，葛玄将《太清丹经》《九鼎丹经》传给郑隐，葛洪“亲事之（指郑隐），洒扫积久”。17岁时，郑隐终于将两部经传给了葛洪。这一年，西晋爆发“八王之乱”，天下大乱，历时达16年。

21岁便成了名将

从早年经历看，葛洪既接受了儒家的经典教育，又得道家传承。出入儒道之间，是葛洪一生的思想底色。

晋太安二年（303年）五月，义阳蛮张昌发动江夏流民起义，葛洪被吴兴内史顾秘任命为将兵都督，去攻打张昌的别帅石冰。葛洪自称：“救诸军之大崩，

（葛）洪有力焉。后别战斩贼小帅，多获甲首，而献捷幕府。”因功被提拔为伏波将军，虽属杂号将军，但名将马援、夏侯惇、满宠等也曾获封此号。此时葛洪才21岁。

304年，平定乱局后，葛洪辞官准备去洛阳。恰在此时，“八王之乱”局面恶化，幽州刺史王浚引段氏鲜卑进攻中原，北方震动。恰好广州刺史王毅病逝，嵇含（嵇康的哥哥嵇喜之孙）代理此职，嵇含与葛洪曾一起交流学问，遂请葛洪去当参军（军事参谋）。

葛洪到广州后，第二年嵇含便遭暗杀。葛洪自觉处境危险，便退出仕途，在广东罗浮山隐居，专心修道，娶了老师鲍玄（鲍玄擅炼丹，亦精通医术）的女儿鲍姑为妻。隐居期间，葛洪曾去越南等地传道。

葛洪说：“乃计作细碎小文，妨弃功日，未若立一家之言，乃草创子书。会遇兵乱，流离播越，有所亡失，连在道路，不复投笔十余年。”由此推算，他可能隐居了13年。在此期间，葛洪做了许多开创性的化学实验，在医学上也有许多贡献。

西晋建兴三年（315年），33岁的葛洪再度出仕，此后20多年都在做官。

回了山林，却没待多久

出山后，葛洪曾给丞相司马睿当副官，西晋灭亡（316年）后，司马睿成东晋皇帝，赐葛洪为关中侯，“食句容之邑两百户口”。

咸康二年（336年），年已54岁的葛洪再度请辞。《晋书》记载：“（葛洪）以年老，欲炼丹以祈遐寿，闻交阯出丹，求为句漏令。帝以洪资高，不许。洪曰：‘非欲为荣，以有丹耳。’帝从之。洪遂将子侄俱行。至广州，刺史邓岳留，不听，去，洪乃止罗浮山炼丹。”

这是葛洪第二次隐居罗浮山，所谓“句漏”，是山名，今属广西省北流市，传为道家三十六小洞天之第二十二洞天。

葛洪选择此时退出，可能有两个原因。

首先，好友干宝（《搜神记》作者）去世，此前干宝推荐葛洪任大著作郎。

其次，权臣王导与庾亮矛盾激化。王导深得东晋皇帝司马睿信任，民间甚至有“王与马，共天下”的传闻。王导是琅琊人，所用皆是琅琊人，庾亮也是琅琊人，没想到二人发生了矛盾，这让祖籍琅琊且已经归入琅琊帮的葛洪深感为难。

葛洪隐居后，“优游闲养，著述不辍”，可没过多久，他就病逝了。《晋书》说他活到81岁，却又说葛洪去世前曾给邓岳写信。可建元元年（343年），司马岳登基，为避讳，邓岳已改名为邓岱，葛洪怎敢再称他为邓岳？且在这一年，邓岳不再任广州刺史，他的弟弟邓逸接任，葛洪何必再给他写信？

由此可见，葛洪最多活到 343 年，不过 61 岁，与《太平寰宇记》的记录吻合。

想成仙，你也配？

葛洪去世较早，人们推测，这可能与他误服丹药有关。

葛洪曾说：“金丹之为物，烧之愈久，变化愈妙。黄金入火，百炼不消，埋之，毕天不朽。服此二物，炼人身体，故能令人不老不死。”

道教延命分三派，即服饵、房中术、导引术（近似气功），后两者操作难度大，前者较方便，故最为流行。

在古代，炼丹与改制往往并行，前者保证皇帝长寿，后者保证基业长青，二者密不可分，并非个人迷信那么简单。炼丹、改制是天子独有的权利，只有天子才有权成仙，方士只是帮天子成仙的奴隶。可汉代末年时，皇权威信日衰，普通人也有了永生的权利，士族丹鼎派因此崛起。他们除了追求长寿，也想要享受侵占皇权的快感。

丹药走红，还与疫病横行有关。

东汉末年、魏晋以及南北朝时期，是中国历史上的寒冷期，导致疫病不断，当时人们的生活习惯不利于健康，比如每年寒食节需绝火一个月，导致“残损民命”。曹操曾下《明罚令》，称：“令到，人不得寒食。若犯者，家长半岁刑，主吏百日刑，令长夺一月俸。”

可五胡十六国时，石勒又下令禁寒食，说明此时曹操的《明罚令》已失效，而石勒的禁令，很快便取消了。

《古诗十九首》中有这样的名句：

浩浩阴阳移，年命如朝露。
人生忽如寄，寿无金石固。
万岁更相送，贤圣莫能度。
服食求神仙，多为药所误。
不如饮美酒，被服纨与素。

五石散比鸦片还可怕

除了丹药，葛洪还用五石散。

《史记》中记录了名医仓公的劝告：“中热不溲者，不可服五石。”意思是身体有内热，无法小便，千万不可用五石。此处五石应不是后来的五石散，而是石头制成的药。石药的优点是微量元素含量多，可增加人体抵抗力；缺点是剂量难控制，服用者易中毒。

历史学家余嘉锡先生称五石散“杀人之烈，较鸦片尤为过之”，据他估算，从魏正始年（240—249年），到唐代天宝年（742—756年），“五百年间以散发致死者，无虑数十百万人矣”。

五石散的配方各异，一般由紫石英、白石英、赤石脂、钟乳石、硫黄组成。钟乳石、白石英无毒；硫黄有毒，小剂量服用，一般无碍；赤石脂可能有毒，但要看产地。

单论成分，五石散的原料均无明显毒性。英国著名学者李约瑟（Joseph Needham）认为，五石散中有礜石，含剧毒元素砷，但礜石入药需加醋“淬煅”7次，毒性大降，且它不是主料。

山西大学科学技术哲学研究中心学者雷志华、高策提出，问题可能出在紫石英上，紫石英不是紫色的石英（石英无毒），陶弘景说：“今丸散家采择，惟太山最胜。”可见，它是萤石，氟含量高，毒性极强。

氟中毒后，人浑身疼痛，甚至不敢深呼吸、咳嗽。晋朝名医皇甫谧曾服五石散，因体内发热，冬天只能光着身子吃冰，夏天则浑身浮肿，放声哀叫。痛到极点时，皇甫谧多次想自杀。从症状看，确实像氟中毒。

经药物调理，皇甫谧寿至68岁。而葛洪号称“神仙”，为何才活了61岁？

身体不好也能当神仙

这其中有一个巨大的误会，那就是葛洪被称为“神仙”，不是说他医术高，而是因为他发明了“人间神仙”学说。

在葛洪之前，人们认为只有羽化飞升后，才能成仙。葛洪则提出“若夫仙人，以药物养生，以术数延命”的理论。意思是，只要方法对，活人也能成仙，关键看神仙的定义。

葛洪写出《神仙传》，介绍了92位神仙，都是黄帝、彭祖、墨子、淮南王、董奉等凡人，其中的很多人并未学道，但葛洪认为，只要为苍生做好事，自然就是神。葛洪提出，服食金丹能成仙，道德济世也能成仙，立志苦修同样能成仙，“不废民生之事”才是最好的修炼方法。不过，葛洪也在书中夹带了私货，把祖父辈的葛玄归为神仙之列。

葛洪提出：“我命在我不在天，还丹成金亿万年。”“人间神仙”学说将儒道有机结合起来，影响深远，所以后人将葛洪也算成仙人。

葛洪对医学发展贡献巨大，最早提出免疫法，最早记录天花（虏疮）、疟疾、恙虫病（丛林斑疹伤寒）等，并提出治疗方案，但他的身体一直不好。

中国道教协会会长李光富在《葛洪行实考略》中提出，葛洪先天瘦弱、后天多病，徒步出行艰难。葛洪自己写道：“洪禀性尪羸（wāng léi，意为瘦弱），兼之多疾，贫无车马，不堪徒行。”此外，“洪体钝性驽，寡所玩好……掷瓦手搏，不及儿童之群，未曾斗鸡鹜（wù）、走狗马。见人博戏，了不目眄（miǎn），或强牵引观之，殊不入神，有若昼睡”。连棋盘上有几道，他都不知道。

先天不足，又不爱运动，还乱吃药，影响了葛洪的寿命。

拓跋珪：一代雄主竟败在寒食散手中

“道武以来，战胜攻取，未尝少挫，几并天下。”这是宋代名儒吕祖谦对北魏道武帝拓跋珪的评价。明代张大龄则在《晋五胡指掌》中称：“太祖珪窜伏流离，濒死不死，是天之所兴也者。殄灭大燕，尽有中原，规模措置，何逊于两汉哉。”

拓跋珪崛起于乱世中，16岁复国，28岁称帝，堪称一代雄主，他开创的北魏长期统治北方，享祚148年。

据史籍载，因服用寒食散，拓跋珪后期性情大变，最终被儿子拓跋绍所弑，寿仅39岁，他的长子拓跋嗣后来也死于寒食散。寒食散即五石散，唐代孙思邈曾说：“五石散大猛毒。宁食野葛（断肠草，非今天所说的野葛，有剧毒），不服五石。”

那么，拓跋珪为何非要服寒食散呢？中山大学历史学系学者周文俊在《北魏道武帝晚年行事别解》（以下多处引用该文，不再一一标出）中指出：拓跋珪可能从20多岁起便服寒食散，似已产生药物依赖。

6岁就能捆爷爷请降

拓跋珪字涉珪，又名拓跋开，生于371年，爷爷是代王拓跋什翼犍（也有史料称什翼犍是拓跋珪的父亲）。

代国是鲜卑索头部拓跋猗卢建立的政权，拓跋猗卢在315年被晋愍帝封为王。338年，拓跋什翼犍继位。376年，代国遭前秦苻坚灭国。据华南师范大学历史系文化学院教授、中国魏晋南北朝史学会李凭会长考证，拓跋珪曾缚祖父请降，二人一起到了长安。

当时拓跋珪才6岁，缚祖父或与生母贺氏有关。贺氏出自贺兰部，该部原附匈奴，后与拓跋部世代联姻，足以左右政局。苻坚将拓跋什翼犍送入太学习礼（次年病死），以不孝的名义流放拓跋珪至蜀。拓跋珪在蜀地待了近8年，学了汉语和汉文化。

383年，苻坚在淝水之战中惨败，当初所灭各国纷纷复国。13岁的拓跋珪从蜀地跑到长安，投靠慕容垂。

慕容垂本是前燕文明帝慕容皝（huàng）第五子，因受到迫害而转投苻坚，为其效力15年。淝水之战战败后，慕容垂护送苻坚回洛阳，亦谋划恢复燕国（前燕被苻坚所灭，慕容垂是后燕开国者）。《魏书》称，慕容垂的姐姐是拓跋珪的奶奶，但《魏书》所列慕容垂姐姐的儿子名单中，无拓跋寔（拓跋珪的父亲）。

慕容家与拓跋家亦世代联姻，故慕容垂将拓跋珪带到中山。1年多后，15岁的拓跋珪返回代国。第二年，拓跋珪在拓跋部诸部大人的拥戴下复国，改称魏王，建立北魏。

早期北魏周边强敌林立，外有独孤部、贺兰部、后燕、铁弗、柔然、高车、西燕等，内有亲叔叔拓跋窟咄。窟咄当年也被苻坚掳到长安，前秦乱后，他投奔西燕，后被独孤部立为代王，致“诸部骚动，人心顾望”。

慕容垂派了个奇怪的主帅

面对乱局，拓跋珪采取了高明的手段，先利用母族贺兰部和慕容垂，灭掉独孤部、铁弗、高车、柔然、库莫奚等，继而联合慕容垂，又征服了贺兰部。

慕容垂对拓跋珪也有提防，他派使节携印绶去北魏，封拓跋珪为上谷王，却遭到拒绝。征服贺兰部后，慕容垂拒绝拓跋部将其吞并。慕容垂有“战神”之名，前秦名臣王猛（被称为“功盖诸葛第一人”）称他为“人之杰也，蛟龙猛兽，非可驯之物”。他的儿子慕容麟建议尽早处理拓跋珪，但慕容垂过于自负，未认真对待。

《资治通鉴》记载，拓跋珪曾派堂弟拓跋仪出使后燕，慕容垂责问：“魏王何以不自来？”

拓跋仪回答道：“先王与燕并事晋室，世为兄弟，臣今奉使，于理未失。”

慕容垂不高兴地说：“吾今威加四海，岂得以昔日为比！”

拓跋仪回答说：“燕若不修德礼，欲以兵威自强，此乃将帅之事，非使臣所知也。”

回到北魏后，拓跋仪表示：“燕主（指慕容垂）衰老，太子暗弱……燕主既殁，内难必作，于时乃可图也，今则未可。”

可见，北魏已在图谋后燕，慕容垂却未察觉。不久，拓跋珪派弟弟拓跋觚出使后燕，后燕要北魏献良马，拓跋珪拒绝了，后燕遂扣留拓跋觚，双方矛盾正式激化。5年后，后燕派出8万士兵伐北魏，拓跋珪只有2万士兵。

慕容农、慕容隆都是名将，可慕容垂却意外地任命太子慕容宝为帅。

一战彻底打垮后燕

慕容宝喜儒学，擅文章，为人优柔寡断。可能慕容垂也不太放心，便派儿子慕容麟相助。慕容麟娴于军旅，但他是庶出，受慕容垂轻视，暗中不服慕容宝。

北魏、后燕的军队在五原隔河相望，拓跋珪大肆释放消息，称慕容垂已死，慕容宝再不回都城，恐难继位。慕容宝果然上当，觉得有大河阻拦，拓跋珪的军队一时也追不过来，便率军返回。没想到气温突降，大河被冰封，北魏大军顺利过河。

回师途中，慕容宝怕慕容麟一起赶回都城，影响继位，便让他在后面布防。慕容麟猜到了慕容宝的目的，便带兵整日游猎，不做防备。随军僧人支昙猛说：“气温突然下降，且起大风，是后有追兵之象，应注意防范。”

慕容宝听了，只是傻笑。慕容麟对慕容宝说：“殿下如此英勇，拓跋珪哪里敢追？”

支昙猛大哭，说：“你们都忘了淝水之战吗？那场惨败就是轻敌和不信天道造成的啊。”

司马光在《资治通鉴》中好奇地写道：慕容麟这么说话，难道是心里盼着慕容宝失败吗？

后燕军队依然毫无防备，结果北魏军队在参合陂（今内蒙古凉城东北岱海，一说在今山西阳高）追上了后燕大军，“燕兵四五万人，一时放仗敛手就擒，其遗迸去者不过数千人，太子宝等皆单骑仅免”。拓跋珪下令将俘虏全部杀死。

经此一战，后燕国力大衰，此后虽然慕容垂一度占据北魏的重镇平城，但是仅3个月后他又丢掉了平城。397年，北魏发起灭燕战争，后燕杀了当年扣留的拓跋觚。398年，后燕被灭。拓跋珪正式称帝，建都于平城（今属山西省大同市）。

错杀大夫，自己倒霉

走上巅峰后，拓跋珪性情大变。

《魏书》记载道：“初，帝服寒食散，自太医令阴羌死后，药数动发，至此逾甚。而灾变屡见，忧懑不安，或数日不食，或不寝达旦……追思既往成败得失，终日竟夜独语不止，若旁有鬼物对扬者。朝臣至前，追其旧恶皆见杀害，其余或以颜色变动，或以喘息不调，或以行步乖节，或以言辞失措，帝皆以为怀恶在心，变见于外，乃手自殴击，死者皆陈天安殿前。”

太医令阴羌可能是阴光的误写，阴光出身于凉州大族。拓跋珪的堂孙、猛将拓跋题在攻打慕容麟时，中流矢而死，拓跋珪认为阴光治疗不力，将他处死。拓跋题死于397年，阴光应也死于这一年，此时拓跋珪才28岁。

寒食散含微量元素，人服用后会产生严重的副作用，需专业医生用药控制，一般用三黄汤，阴光死后，北魏找不到同样优秀的医生，致拓跋珪病情加重。

拓跋珪干了以下荒唐事：堂弟拓跋遵因酒后失礼，被赐死；司空庾岳因服饰艳丽、举止傲慢，被处死；左将军李栗因“简慢”，被诛杀；攻打后燕时，粮食缺乏，崔逞建议“桑葚可以佐粮”，计谋被采纳，他本人则因言语有侮慢意而被找碴儿处死；修宫室时，大臣莫题参与设计，“久侍稍怠”，被赐死；旧部大人[1]之一贺狄干喜读经史，举止如儒者，被误认为是效法前秦，“并其弟归杀之”……

拓跋珪不仅残杀大臣，还常坐在车辇上，突然拔剑刺向抬辇人后脑，一人死，另一人接替，有一次出行，他竟然杀死几十人。

吃上就戒不掉的寒食散

寒食散无成瘾性，既然出现了副作用，为何还要吃？

一方面，这是当时医学发展水平所决定的。

魏晋南北朝时气温骤降，医家诊病，多从风寒角度看问题，一些与风无关的病也归为受风。拓跋部世居代北，比中原冷，更重视祛风，而寒食散被认为是最好的祛风药。

拓跋珪一家有高血压病遗传史，他的儿子拓跋嗣少年时便“头眩”，被视为“苦风”，从小便吃寒食散，以致“频年动发，不堪万机”。拓跋珪出生时“体重倍于常儿”，被认为“肥人有风”。同时人们将他的性格急躁、精神恍惚视为“风疾”的体现，从20多岁起，拓跋珪便服用寒食散。

服用寒食散忌发怒，但拓跋珪特别爱生气。后来，长期服用寒食散的拓跋珪已出现中毒症状。

另一方面，这也是统治需要。

拓跋珪复国后，为谋求统治合法性，不得不借助谶纬术和道教。自西汉末，便有“代汉者，当涂高”之说，但“当涂高”是谁，一直没搞清楚。汉光武帝刘秀曾写信问东汉初割据蜀地的公孙述是不是“当涂高”，三国初袁术认为自己是“当涂高”，术的本意是当途立木，且袁术字公路。从结果来看，曹魏代汉成功。五胡十六国很多政权称魏。拓跋珪称帝后，追封28个祖先为帝，一直算到220年，此年恰好是曹丕代汉。

---

① 鲜卑部内的首领称为“大人”，邑落的首领称为“小帅”。据马长寿：《乌桓与鲜卑》，广西师范大学出版社出版，2006年。

为强调天命在身，人民应服从，拓跋珪甚至称拓跋出自黄帝的儿子昌意一脉。在生活中，拓跋珪“留心黄老，欲以纯风化俗，虽乘舆服御，皆去雕饰”，服寒食散成了每日“功课”。

该发作时没发作

如此殚精竭虑，因为拓跋家族进入中原最晚，原部落大人手握重权，行政不统一，但出于血缘关系，比较“齐心”。拓跋珪既想改，又不敢冒进。

前秦灭代后，曾解散部落，即把各部奴隶变成农民，引起部落大人们的不满，导致他们集体支持拓跋珪，但编户齐民便于政府组织生产、增加税收，是强国之路。

在草原传统和农耕文明间，拓跋珪只好不断寻求平衡。他开疆拓土，将新增土地编户，引导传统部落转型。拓跋珪每日与高官们宴饮，一会儿找借口杀汉官，一会儿找借口杀部落大人，行为异常飘忽。比如“将军、刺史、太守、尚书郎以下，悉用文人”，却又令朝野皆“缚发加帽”（草原民族的服饰）。此外，刻意用怪官名，称诸曹走使为凫鸭，称伺察官为白鹭。

在拓跋珪的“荒唐事”中，不少是刻意而为，目的是融合两种文化，为我所用，未必都是寒食散的影响。比如为防外戚干政，拓跋珪定下“子立母死”的陋规。他立拓跋嗣为太子，便杀了他的生母刘贵人，致拓跋嗣“日夜号泣”，逃离宫廷。

拓跋珪无奈，又想改立次子拓跋绍，将他的母亲贺夫人幽禁。贺夫人是拓跋珪母亲的妹妹，拓跋珪似有不忍，贺夫人到了晚上，看自己还活着，就派人找儿子来救自己。拓跋绍才16岁，持刀闯入后宫。常“不寝达旦”的拓跋珪竟意外昏睡，刚惊醒，便被砍死。可能当时拓跋珪服用的寒食散还没有发挥作用。

不该发作时乱发作，该发作时不发作，可见寒食散真不是好东西。

东海徐家：七代名医世家，为何消逝在历史长河中

踟蹰下山妇，
共申别离久。
为问织缣人，
何必长相守。

这首题为《下山逢故夫》的诗被收入《全唐诗》，署名徐之才，注为“世次爵里无考”之人。其实，徐之才是南北朝名医，在《北史》中有传，曾被北齐后主高纬封为西阳郡王，世称徐王。

徐家七代以医鸣世，徐王是集大成者。有学者认为，“十剂说”便是他提出来的。“十剂”是方剂分类法之一，即宣、通、补、泄、轻、重、滑、涩、燥、湿，是中医方剂史上的一座里程碑。

对于这样一位有巨大贡献的专才，后代学者竟“无考”，尤为可惜的是，徐王的医学著作全部亡佚，反而是他未必擅长的诗被保留了下来。到徐王的孙子一代，徐家不再以医鸣世，七代家学至此而绝，这体现出古代技术世家“以技以事上”的困境。

修道世家转为行医世家

山东中医药大学学者杨其霖在《东海徐氏医学世家研究》（本文以下多处

参考该论文，不再一一标出）中钩沉，徐家本是东莞郡姑幕县（今属山东省安丘市）人，后徙丹阳（今属安徽省马鞍山市），仍以原籍称，即“东海徐氏”（东海郡辖境在今山东省临沂市南与江苏省东北部一带，与姑幕县无关，东海或是东莞之误）。

徐氏第一代是徐熙，西晋时曾任濮阳太守，“好黄老，隐于秦望山（在今浙江省绍兴市），有道士过求饮，留一瓠芦与之，曰：君子孙宜以道术救世，当得二千石。熙开之，乃《扁鹊镜经》一卷，因精心学之，遂名震海内”。

此说近妄，但当时有“援道入医”之风，许多名医本是道士。陈寅恪指出，南北朝时道教世家有两大特点：其一，原籍滨海，姑幕县即如此；其二，取名不论行辈，多用之、道等字，恰好徐家后代中有徐道度、徐之才、徐之范等。

魏晋南北朝时期是中国气候突变期，整体气温下降2.5℃—3℃，比今天低1.5℃左右。黄初六年（225年）八月，曹丕率水军从淮河入长江，竟“水道冰，舟不得入江，乃引还”，这是史籍上首次出现淮河冰封的记载。相比于气温下降，干旱的影响更甚，北方草原生态系统崩溃，游牧者大量进入中原，人口大流动引发疫病，当时不仅有“援道入医”，佛家、儒家、玄学都纷纷入医。

魏晋贵族好服食，而常用的“五石散”有毒，需专业医生“发散”，这类医生一要医术精，二要有家世。徐家曾经当官，转去修道，再“援道入医”，最受贵族欢迎。

医术好，却得不到提拔

徐家第二代是徐熙的儿子徐秋夫，据说他“弥工其术，仕至射阳令”，擅针灸。

东汉时，医分为医经、经方、房中、神仙四家，黄帝学派与扁鹊学派相对应。司马迁说：“至今天下言脉者，由扁鹊也。”“扁鹊言医，为方者宗。”意思是，经脉理论、方剂出自扁鹊学派。可见徐秋夫所受家学，依然来自《扁鹊镜经》。

徐熙、徐秋夫两代均入仕，但都非大官，这与南北朝初期巫风重振有关。

早期中原文明亦尚巫。殷商时，贵族教育以“敬事鬼神”和“孝祖”为主，巫觋[①]地位极高；周代则重礼乐，巫被分为“巫、祝、卜、史”，走向专业分工；春秋战国时，大量官巫转向民间；汉武帝独尊儒术，国家祭奠多被儒生接管，官巫日渐减少，多转为民巫；东汉时，民巫搅动地方，特别是东汉末年黄巾起义影响巨大；从曹魏起，官方开始严禁民巫。

南北朝时，游牧政权开始统治中原北方，特别是北魏的鲜卑人，尚未将巫术信仰纳入理性管理的序列中，致巫觋对最高决策影响甚大。

404年，北魏开国皇帝拓跋珪误信萨满巫师“有暴祸，唯诛清河杀万民，乃可以免”，竟真的屠戮了清河一郡，甚至“常手自杀人，欲令其数满万”。409年，占卜者又说“有逆臣伏尸流血”，拓跋珪又大杀公卿。拓跋珪办祭天大典，也全用女巫，南朝政权则对此极为反感，刻意将巫师、术士、医人排斥在政治圈外。

从第三代起开始崛起

到徐家第三代徐道度、徐叔响时，徐家突然受刘宋皇室重视。

刘宋开国皇帝刘裕出身寒微，因军功上位，最终代东晋称帝。他的儿子、宋文帝刘义隆三度北伐，也长期在军中生活。军旅易生疫病，特别是南方军队，常遭疟疾、血吸虫病、钩体病等侵袭，所以特别重视医生。而北方军队缺乏相应的医学资源，视南下为畏途，比如450年，北魏太武帝拓跋焘亲自率军南伐，怕喝江南水染病，竟用骆驼从河北运水到军营，甚至连江南的盐都不敢吃，自带“盐各九种，并胡豉”。

徐道度有足疾，宋文帝让他“乘小舆入殿，为诸皇子疗疾，无不绝验”。宋文帝曾说“天下有五绝，皆出在钱塘”，“五绝”分别是杜道鞠弹棋、范悦诗、褚欣远模书、褚胤围棋和徐道度医术。

徐道度后官至兰陵太守，徐叔响则潜心钻研医学著作，但全部亡佚。

---

① 古代称女巫为巫，男巫为觋（xí），合称“巫觋”。

徐家第四代徐文伯（徐道度之子）和徐嗣伯（徐叔响之子），长期为皇家服务。刘宋皇室有遗传性精神病，刘义隆以下，每代皇帝都曾发作。后废帝刘昱（472—477年在位，前废帝是刘子业）凶狠残暴，性情怪僻，一次出门游玩时见到一位怀孕的妇人，便说："此腹中是女也。"徐文伯诊断为双胞胎。刘昱竟要剖腹证明，徐文伯用针灸催生，果然此妇人生下两个婴儿。

刘宋灭亡后，徐家兄弟改为南齐皇家服务，徐嗣伯被史书称为"事验甚多，过于（褚）澄也"，褚澄也是名医，在南齐任尚书。

徐文伯曾任东莞、太山、兰陵三郡太守，徐嗣伯则不明，二人写了好几部医学著作，这些著作都失传了。

徐家迎来了上位的机会

在第四代中，徐道度的儿子、徐文伯的弟弟徐謇（jiǎn）移居青州，北魏慕容白曜攻占青州时，徐謇作为战俘，被送到都城平城，得到献文帝重视。在平城住了27年后，北魏孝文帝在494年迁都，徐謇又到了洛阳。

徐謇受重视，因北魏从太武帝拓跋焘起，转向抑巫崇道，最重要的推动人物是寇谦之、崔浩，二人均出身秦雍大族，本是五斗米道信徒。寇谦之整肃天师道成新道教，崔浩精通阴阳哲学，提出顺应天道的最好办法是授民时、兴功业，"巫医卜祝之伍，下愚不齿之民也"。

444年，拓跋焘下诏禁巫，民间"私养沙门（佛教徒）、巫师及金银工巧之人"，限期必须报官，否则"师巫、沙门身死，主人门诛"。485年，孝文帝拓跋宏又下诏，提出"诸巫觋假称神鬼，妄说吉凶，及委巷诸卜非坟典所载者，严加禁断"。

北魏禁巫后，巫觋对政治的影响力下降，巫、医开始分工，医的地位反而提高。徐謇因给孝文帝拓跋宏治病有功，被封为大鸿胪卿、金乡县伯。大鸿胪卿相当于外交部高官，秩中两千石。秩中，说明于中央任职，又比普通两千石高一级，仅次于万户，伯是第三级爵位。

到徐家第五代，徐謇的儿子徐践继承了父亲的爵位，曾任建兴太守，但远离医学领域。留在南朝的徐文伯之子徐雄任员外散骑侍郎，这个职位是安置老年官员的闲散之职。徐雄喜清谈，得到贵族们的欢迎，史书上称他“亦传家业，尤工诊察”。

徐雄有4个儿子，长子徐之才让徐家走向了最高峰。

会治病也能当王

徐之才5岁便诵《孝经》，8岁通《论语》，13岁便进了太学，被称为“神童”，这表明徐家已由道入儒。

525年，梁朝皇室、豫章王萧综投降北魏时，徐之才作为他的主簿，被推荐给北魏孝明帝元诩，“敕居南馆，礼遇甚优”。到北方后，徐之才因“药石多效，又窥涉经史，发言辩捷”，以致“群贤竞相要引，为之延誉”，大将军高欢将他调到晋阳，收为心腹。

高欢的儿子高洋篡位前，遭亲信反对，徐之才说：“千人逐兔，一人得之，诸人咸息。须定大业，何容翻欲学人？”他是最早赞成高洋篡位的大臣。高洋登基后，徐之才发现执政转严，立刻辞去赵州刺史之职。

《北齐书》记载：“之才聪辩强识，有过人之敏。尤好剧谈体语（狎昵的表达，身体语言丰富、诙谐），公私言聚，多相嘲戏。”一次北齐武成帝高湛生智齿，问是怎么回事，尚药典御邓空文说，多长了颗牙而已。高湛大怒，下令鞭挞邓空文。高湛又问徐之才，徐之才祝贺说，这是智齿，聪明长寿的人才有。高湛大喜。

高湛有精神病，徐之才“针药所加，应时必效”。570年时，徐之才已官至尚书令，封西阳郡王。在历代中医名家中，他的官职应算最高。

徐之才的弟弟徐之范也曾任尚药典御，总知御药事。徐之才死后，他得袭西阳王爵。

徐家第七代人口甚多，但传承家学的似乎只有徐之范的儿子徐敏齐，他入仕北周，北周灭亡后，他又在隋朝任朝散大夫，官职在从五品之下。此后，作为南北朝医学第一世家的徐家，似已无人继承祖业。

一有机会，便脱离医家身份

为什么徐家后人不肯再当医生了？

首先，徐家能崛起，是因为赶上了空前的好时机。当时中原长期战乱，传统秩序被打破。此前想成为世家大族，只有三个途径，即以政治为途径（外戚及权臣）、以文化为途径（经学入仕）、以经济为途径（地方豪强），而失序则给技术人才带来机会。当时涌现出许多医学世家，如周澹和周驴驹父子、李修家族、王显父子、崔彧家族等。

其次，徐家华而不实。表面看，徐家七代行医，与皇家关系密切，但每代当官的仅一两人，算不上是真正的世家大族。

其三，徐家成功不全靠医术。除徐之才、徐謇外，徐家其他人均难称仕途成功。二人能上位，因为都跳过槽。作为高官，徐之才几无政绩，而作为皇帝近臣，他颇有建树。这给徐家留下负面经验：会开玩笑、会结交权臣，比钻研医术有效。所以徐家逐渐放弃本业，转向经学入仕。

其四，医家的社会地位太低。以王显为例，本是魏国名臣王朗（《三国演义》中被诸葛亮骂死的那位）之后，喜医术（当时很多儒生通医，比如颜之推），北魏宣武帝元恪病死时，因治疗无效而被处死。徐家早在第四代徐文伯时便“不乐以医自业”，一有机会，徐家便要摆脱医家身份。

从徐家浮沉，可见古代发展科技之难。徐之才写过很多著作，《逐月养胎方》思想直通现代胚胎学、围产学，此外《徐王方》《徐王小儿方》《徐王八代效验方》（徐家仅七代，不知为何写成八代）等，均称巨著，却全部亡佚。《本草纲目》辑录了164条。

第三章 隋唐

隋炀帝：雄心勃勃，竟毁于欧洲鼠疫

> 戊子（贞观二年六月，628年7月19日），上（指唐太宗）谓侍臣曰："朕观《隋炀帝集》，文辞奥博，亦知是尧舜而非桀纣，然行事何其反也。"魏徵对曰："人君虽圣哲，犹当虚己以受人，故智者献其谋，勇者竭其力。炀帝恃其俊才，骄矜自用，故口诵尧舜之言而身为桀纣之行，曾不自知以至覆亡也。"上曰："前事不远，吾属之师也。"

这段记录出自《资治通鉴》，历来被视为重要的历史教训。但魏徵其貌不扬，在隋只是下级官员，可能都没见过隋炀帝，他如何能知隋炀帝性格？从言辞看，用意显豁，场面亦戏剧化，让人很难信以为真。

在隋亡唐兴中，隋朝旧臣多叛（魏徵也是其一），形成了集体妖魔化隋炀帝的心理需求，前引文字或是"人造历史"中的一例。但初唐时，人们泼污隋炀帝，尚不提重用宦官、生活奢靡、沉迷淫乐等事，这些本是明代世风，后被小说家附会到隋炀帝身上。

法国历史学家格鲁塞（René Grousset）称："杨坚的儿子杨广是个了不起的君主，或者更准确地说，他的统治时期是一个了不起的时期。"

那么，该怎样评价隋炀帝呢？

隋炀帝可能确有性格缺陷，但隋朝灭亡作为重大历史事件，背后原因众多，归因于一人，未必准确。事实上，隋末大瘟疫也是重要因素之一，只是长期被史家忽略。

初唐这样减轻农民负担

“天下凡有郡一百九十，县一千二百五十五，户八百九十万有奇，东西九千三百里，南北万四千八百一十五里。隋氏之盛，极于此矣。”这是《资治通鉴》所记大业六年（610年）的盛况，时隋炀帝登基仅6年。疆域之广，达汉后400多年之极。

据史料载，隋此时垦田5585万顷，人口4600多万人（890万户），远超“贞观之治”（唐朝杜佑《通典》称：“国家贞观中有户三百万。”），直到安史之乱前，唐朝才至900万户，垦田1430万顷。

对于隋朝之富，唐人认识很清醒。

贞观二年（628年），唐太宗说：“隋文不怜百姓而惜仓库，比至末年，计天下储积，得供五六十年。”

差异大，可能与隋苛于括户有关。括户又称查浮客，即将隐漏不报的逃亡人口遣送回乡，强制农业劳动。括户是皇权与民争利，唐太宗主张“藏富于民”，括户较宽，致税收受损。

不过，李世民派兵先后战胜东西突厥、薛延陀、吐谷浑（tǔ yù hún）、焉耆、高昌等，修“参天可汗道”，打通丝绸之路东线。商道一通，财富自来，减少了唐廷对农业税的依赖。

隋炀帝也很重视西方商道，于609年派重臣裴世矩（入唐后避李世民讳，改名裴矩）在张掖主持互市，免费为胡商提供食宿，甚至免关税，以“引致西蕃”，致“每岁委输（汇聚）巨亿万计，诸蕃慑惧，朝贡相续”。

然而，615年隋炀帝出巡雁门关，被突厥的40万大军包围，吓得大哭。可见隋朝未真正掌控丝路东线，贸易规模受限。

隋炀帝为何爱扬州

隋朝更依赖农业税，为长治久安，兴作远多于唐朝。

首先，强化常平仓制度。

常平仓始于民间义仓，汉宣帝时，中央政府仿义仓，建常平仓，隋朝达到极盛。隋朝常平仓由中央投资，强令农民上缴部分收成。饥荒时，需中央下令才能开仓。可从地方申请，到中央批准，再到执行命令，耗时甚多。

据中国人民大学国学院学者孟宪实钩沉，刘武周、罗艺、张须陀等反叛，均与开仓不及时有关。唐代马周说：“自古以来，国之兴亡不由蓄积多少，惟在百姓苦乐。”常平仓本为利民，因管理不当，反成害民。

其次，修大运河。

汉代以降，全国经济中心在关中，随着大量移民进入，人多地少，饥荒频发，隋炀帝遂开大运河。美籍明史专家黄仁宇说：“608年可以充分地被视为中国历史上重要的一年。从这年起，不仅隋炀帝统治下的每一个行省都可以从水路到达，而且到上一个世纪即19世纪，中国任何一个统治者都离不开利用运河所建立起来的漕运制度。”

隋大运河分四段，每段耗时一年（最短才5个月），却被小说家写成用工“五百四十三万余人”，还虚构出总监工麻叔谋专吃婴儿，共吃“三五千人”。

其三，巡游天下。

隋炀帝在位13年，在洛阳、长安只待了4年多，曾4次北巡、3次南巡、1次西狩、3次东征，特别是长驻扬州（5年左右），被视为耽于享乐。其实这些巡游多有政治、军事目的。隋炀帝刻意远离关陇贵族盘踞的关中，对提振江南，使其成为新的经济中心，意义深远。

科技让隋朝富裕

隋朝集权度高，国家能力空前强大，科技水平亦超前朝，这也是富裕的一个原因。

据湖南文理学院教授、隋炀帝研究所韩隆福所长研究，隋朝造桥技术高超，赵州桥首创“敞肩拱”技术，比欧洲早1000多年，被美国土木工程学会评为“国际历史土木工程里程碑”。

在湖北当阳玉泉寺，仍存隋炀帝时铸造的铁锅，是中国最古老的铁锅，重450多公斤（铭文称用铁三千斤），明代文学家谭元春说：“念唐以后之古人，后此镬生，先此镬朽。”可见冶炼技术之卓越。隋朝还在“陶瓷史上起着承前启后的作用”。

隋朝曾有当时全世界最先进的历法——刘焯编制的《皇极历》。地球绕太阳一周是一年，但每年冬至点略西移，71年零8个月差一度，刘焯算出的是75年，当时西方历法是100年。《皇极历》未颁行，但对唐宋历法影响深远。

隋炀帝重视教育，提出“君民建国，教学为先”。隋最早开科举，建成世界上最早的医科学校——太医署，在国子监中，设有算学博士。

可再富再强，也难堵决策失误造成的损失。

隋朝由盛转衰，源于征辽东失败。辽东本汉朝故土，后被渤海高氏占据，对中原构成巨大威胁，隋炀帝、唐太宗均三征，足证其战略地位。

大业七年（611年），隋炀帝首次征辽东，集中113万士兵、200多万民工，分24军，每天发一军，前后相距40里，总长达960里，前军已至辽阳前线，后军还没出山海关。要知道唐代府兵最多时仅有60多万，隋朝应相差不多，而渤海高氏总兵力不足30万。

父子都是不听劝的主

隋炀帝为何摆出这么一个怪阵？

大业三年（607年），隋炀帝北巡，鲜卑族名将元寿曾建议：“请分为二十四军，日别遣一军发，相去三十里，旗帜相望，钲鼓相闻，首尾相隔，千里不绝，此亦出师之盛者也。”

隋炀帝采纳后，诸部胡人果然惊恐，争献牛羊驼马。突厥启民可汗上表，称愿率全部落变服式，一如华夏。

征辽东时，隋炀帝故技重施，怕士兵鲁莽，在24军中均设受降使，“不受大将节制”。名将段文振提醒：“夷狄诈，深须防拟。”隋炀帝不听，因段文振是鲜卑段部人。

杨坚的父亲曾受赐鲜卑姓普六茹，杨坚有鲜卑名，叫那罗延，他的妻子独孤伽罗就是鲜卑人。篡位后，杨坚为拉拢关陇贵族，冒籍弘农杨氏，刻意与鲜卑保持距离。

隋炀帝上位后，不满勋贵把持朝政，于大业三年（607年）行新法，百官不再循年资提拔，改用考核德行功绩，与官僚群体关系变得紧张。他对虞世南说：“我性不欲人谏。若位望通显而来谏我，以求当世之名者，弥所不耐。”

这算杨家的家风，隋文帝杨坚也“性多忌刻，不纳谏争”。

杨坚惧内，妻子去世后，纵欲无度，不出2年便病倒，后悔说：“使皇后在，吾不及此。”杨坚四月患病，七月病危，非暴毙，更非隋炀帝所弑。

隋文帝死后，妃子被隋炀帝收入后宫。隋炀帝哥哥杨勇被赐死后，妻子也被收入后宫，这是游牧部落的收继婚（女性在丈夫死后，改嫁夫家其他男性，亲子除外）习俗，后被当成隋文帝荒淫无道的证据。

条条大路通疫区

虽有战略失误，但隋军名将如云，兵力充足，为何会惨败？

《上帝的跳蚤》的作者王哲认为，毁灭隋军的真凶可能是鼠疫。在医学史上，发生过三次全球鼠疫大流行，第一次在542—710年间，持续170年，最严重时，每天5000—7000人丧生，被称为查士丁尼大鼠疫。此次鼠疫源于埃及，一路经地中海传到君士坦丁堡，再至叙利亚等地；一路从海路传到罗马，再遍及欧洲大陆和爱尔兰岛。

这两条路线都能到达隋朝。

先说陆路。大业期间，隋与西域40余国有往来，达于西海（即地中海），直通拂林国（可能是东罗马，也可能是今叙利亚，都属疫区）。在太原的隋代虞弘墓中，脱氧核糖核酸（DNA）检测发现，墓主虞弘是西欧亚单倍体群G，此类群在欧洲中石器时代人骨中已测出多例。

再说海路。隋炀帝主张“无隔华夷”，海路直通赤土（今属马来半岛）、安南（今属越南）、日本等，秦汉时期初步形成的海上丝绸之路，隋朝时已成固定航线，来自西亚疫区的商人可至广州、泉州。

此外，从辽东到欧洲的乌克兰，万里草原相通，鼠类繁多，也可能成为鼠疫的传播通道。

生于西魏、历经隋朝的名医孙思邈在《千金方》中曾记瘟病阴阳毒，表现为“头重颈直，皮肉痹，结核隐起”，与鼠疫极相似。

还有一个旁证，首次征辽东遇挫后，据《隋书·食货志》载：“辽东覆败，死者数十万。因属疫疾，山东尤甚。”这次瘟疫遍及今河北一带和今黄河以南区域，是征辽士兵、民工的主要提供地，很可能是从辽东回来的人引发鼠疫流行。

鼠疫凶猛，偏方没啥用

一般来说，传染病在流行初期病死率最高，随着部分人体形成抗体，病死率、传播率等会下降。鼠疫从疫源区传入隋，历60多年，为何破坏力还这么大？

一方面，可能与征用士兵、民工数量太多有关，多人密集行军、居住，一旦发生疫情，很难应对。

另一方面，开通大运河后，人口流动速度加快，且南北有温差，旅行者抵抗力下降，易被病菌所乘。

隋炀帝非常重视医学，他亲自下令，医学博士巢元方编成中国第一部病理学专著《诸病源候论》，昝殷撰著现存最早的妇产科专著《产宝》。隋朝还完成了《四海类聚方》2600卷，全面总结古代医方。隋朝国祚仅38年，却比唐代290年编成的医书多146部。

隋朝还大量吸收印度医学的成果，但传统医学对传染病的认识不足。隋太医署中常设咒禁博士一人，以诵梵文驱疫。隋医喜灸，认为“待要安，三里常不干”，即经常在足三里穴上灸起几个脓疱，据说可防病。隋医开始提倡体育锻炼，并用药物熏蒸来治病。

这些办法对付普通传染病，也许有疗效，却基本应对不了鼠疫。与唐代相比，隋代本是传染病高发期，从统计看：汉末到三国，疫情频度是7.6年/次，魏晋南北朝是4.6年/次，隋朝是6.17年/次，唐朝是8.83/次。再加上来自欧洲的鼠疫冲击，隋朝之难可知。

时运不济，隋炀帝又不能审时度势、与民休息，导致天下板荡、生灵涂炭，被后人加诸恶名，也是活该。

唐太宗：一代英主有没有误食丹药

“昔贞观末年，先帝（指李世民）令婆罗门僧那罗迩娑（婆）寐依其本国旧方，合长生药，胡人有异术，征求灵草秘石，历年而成。先帝服之，竟无异效，大渐之际，名医莫知所为。”这是唐高宗时，名臣郝处俊劝谏之语。其中有一句话意思是，李世民误食丹药，以致早逝。

李世民只活了52岁，比他的父亲李渊少17年，甚至比从小体弱的儿子李治（即唐高宗）还少两年。

贞观二年（628年），29岁[①]的李世民曾说：“神仙事本是虚妄，空有其名。秦始皇非分爱好，为方士所诈，乃遣童男童女数千人，随其入海求神仙……汉武帝为求神仙，乃将女嫁道术之人，事既无验，便行诛戮。据此二事，神仙不烦妄求也。”

令人好奇，为何李世民晚年步秦皇汉武后尘？很大的可能是，李世民并非死于丹药。

李世民青年即多病，晚年状况尤差，以当时的医疗条件，李世民不算短寿。拓跋氏持国171年（从北魏建立至西魏亡），历17帝，君主寿命均未超50岁（部分君主生年不详）。

郝处俊也承认：“时议者归罪于胡人，将申显戮，又恐取笑夷狄，法遂不行。”后半句是典型的谏臣用语，自造逻辑，夸张言事，倒是“时议者归罪于胡

① 李世民生年有两种说法，一说是598年1月，一说是599年1月，本文取后说。

人”，颇可玩味。由此看来，丹药或是“背锅侠”。

把隋炀帝吓了一跳

古人食丹史甚长，兴于晋人葛洪，南北朝是高峰，唐代是最后一个较盛行的朝代。至少8位唐朝君主迷恋金丹，5人因此而死。唐人用金丹与前代不同，不追求成仙，而是为治病。唐朝君主可能有家族遗传病，即高血压，此外可能是忧郁症易感人群。对此二症，丹药颇能治表。

此外，唐帝奉老子为先祖，尊道教为国教，也推动了金丹的普及。

崇道始于隋。隋开国年号是“开皇”，或出自《灵宝经》，是五劫中的第四劫，很可能来自道士张宾的建议（此说有争议）。只是隋文帝杨坚本北周旧臣，亲见武帝宇文邕灭佛引发的社会反抗，且从婴儿时便被托付给佛寺（杨家的家寺），由尼姑智仙养到13岁，所以到他执政末年，京师有佛寺120座，道观仅10座。全国度僧24.6万人，造寺3985所。

开皇九年（589年），杨广征服陈朝，推行以“孝治”为中心的文化高压政策，要求江南人人背诵隋宰相苏威所著《五教》。第二年，江南豪族叛乱，“陈之故境，大抵皆反”。

据中国科技大学人文社科学院学者王光照在《隋炀帝与茅山宗》中钩沉，为笼络江南士族，杨广积极与江南道教（即茅山宗）联系，并接见了名道士王远知，没想到“少选发白，俄复鬒（zhěn，头发黑而浓密），帝惧，遣之”，意思是刚见面时，王远知的头发是白的，聊了十几句，他的头发变得又黑又密，隋炀帝吓坏了，立刻把他打发走。

隋炀帝登基后，于611年在洛阳建玉清玄坛，请王远知北上主持，执弟子礼。

道士没少帮李渊的忙

隋炀帝前倨后恭，因汉代商山四皓、淮南八公等道士曾干预政治，皇子与道士往来过密，易受猜忌。隋炀帝特别重视茅山宗，它出自天师道，天师道传播于世胄高门，对士族影响巨大。

在历史上，有两个王远知，都是道士，一个是台州人，不见于正史，被武则天召至长安，后逃脱。另一个祖籍琅琊，是茅山宗创始人陶弘景的弟子，陈国国主召他去讲经，后成隋炀帝的国师。借此契机，茅山派北上传法，极盛于山西，加上寇谦之的新天师道，山西成道教重地。

李渊本倾向佛教，任郑州刺史时，曾为李世民病祈佛，并造石像。

隋末，"天道将改，当有老君子孙治世"的谶语大流行。这本是隋朝玩剩下的伎俩。杨坚篡位时，便造童谣"法律存，道德在，白衣天子出东海"等，杨坚还真穿着白衣去了趟东海。

隋末认为天命在己的军阀甚多。有道士称王世充"代隋为天子"，有道士向李密"献进取天下之策"，道士张宾、焦子顺则称李渊"当为天子"，年近90岁的王远知也没闲着，亲自跑到李渊驻守的晋阳，"秘传符命"。

道士对李渊帮助巨大。

其一，造舆论。当时李渊向突厥称臣，并借兵叛乱。突厥兵到晋阳后，特意引他们去拜老君像，突厥习俗是见神即拜，于是道士贾昂趁机宣传，老君威力无远弗届。

其二，出人出粮。李渊起兵时，道士岐辉将观中粮食全数给了李渊的军队，甚至将自己的名字改成岐平定，还派80多名道士去接应李渊。

李世民为何倾向道教

李渊登基后，下令京城只许保留3家佛寺、2家道观，各州则寺观各一。

自南北朝起，僧人即免税、免兵役，许多平民混入其中，李渊此举，主要是为恢复生产，因此也打击了道教。李世民看法不同，玄武门之变当天，李世民便让李渊撤销了相关法令。平定王世充时，李世民曾得少林弟子救助，且当时百姓"大抵信佛"，但两事让道教占据先机。

争储时，僧人慧乘等支持李建成，将他包装为四大天王之首——战神毗沙门，李建成礼佛，可能是受夫人郑观音影响。李世民则与房玄龄密访王远知，王远知说："方作太平天子，愿自惜也。"给了李世民篡位的合法性。

此外，道士曾多次帮李世民装神弄鬼。

其一是李渊起兵时，被隋军阻于霍邑，天降大雨，李渊想退兵，李世民苦劝，恰在此时，有"白发老翁"现身，自称霍山神，称有一条贩运私盐的小路，可绕到敌军背后。在霍山神带路下，唐军大胜。

其二是武德三年（620年），刘武周趁机占据李唐起家的根据地山西，李世民接战不力，有个叫吉善的人说在羊角山（今属山西浮山县）见到"白衣父老"，称："为我语唐天子，吾为老君，吾而祖也。"唐军精神顿时振奋，最终取胜。李渊为此在羊角山修了老君庙，从此宣称自己是老子后代，羊角山成了唐朝的祖宗山。

其三是武德八年（625年），李世民又亲遇"素衣冠"神人，对他说："我当令汝作天子。"第二年，李世民便发动了玄武门之变。

英雄难敌哮喘病

李世民多次得到道士帮助，但推重道教，有更深刻的原因。

经佛教普及，人们始知，中原立竿必有影，在天竺则无影，在相当长的一段时期，人们甚至视天竺为世界中心。随着王玄策远征成功，李世民的身份变成三个，即：中原的帝王，胡人的天可汗，佛教徒的转轮圣王。

随着自信力提升，唐人更希望接受本土宗教，李世民推动道教发展，契合了时代需要。但李世民宽容且明智，虽崇道，亦不贬佛。对于道教的神仙术、丹药等，李世民保持清醒，晚年曾下诏："夫生者天地之大德，寿者修短之一期。生有七尺之形，寿以百龄为限，含灵禀气，莫不同焉，皆得之于自然，不可以分外企也。"

可问题是，李世民的健康状况一直不佳。

贞观二年（628年），李世民便表示："朕有气疾，岂宜下湿。"4年后，他再次表示："朕有气疾，暑辄顿剧，往避之耳。"

古代气疾的概念甚宽，"系心肝胆三脏"，考虑到李世民既怕冷也怕热，可能是哮喘病患者。李世民有气疾，他的夫人长孙皇后也有气疾，他们生的7个孩子除李治外，寿均不长，而李治从小便有风疾，“气逆不能乘马”。

贞观十一年（637年），李世民在诏书中谈及生死，陕西教育学院隋唐史研究学者穆渭生在《唐太宗的败德弊政：饵丹药与兴土木》中提出，此时李世民可能已病危。晚年李世民除气疾外，还有风疾，自贞观十七年（643年）后，风疾年年发作。

药王也主张服饵保健

因多病，李世民不得不依赖道士。自唐代起，道士炼丹大量使用域外药物，除波斯铅、波斯盐绿、密陀僧、麒麟竭、无名异、脱梯牙、婆罗门灰等石药外，还有余甘子、诃黎勒、铁脚婆罗门草、阿魏、郁金等草药。

李世民曾患腹泻，无药可治，张某献西域方，用牛奶煎煮荜茇，果然奇效。李世民封张某为五品官，魏徵却故意乱扯：“臣不知授他文官还是武官？”李世民一生气，干脆封张某为三品文官。

唐人段成式称：“荜茇生波斯国，丛生，茎叶似酱，其子紧细，味辛烈于酱。胡人将来，入食味用也。”但荜茇是亚热带植物，在波斯无法生长。原产地应在印度靠海处，又称长柄胡椒。

张某所用方，最早见于苏斯鲁塔所著《妙闻集》〔以一般外科学（Salya tañrta）内容闻名〕，该书是印度传统医学的经典之作，孙思邈在《千金翼方》中，也收录了这一名方。不过，李世民腹泻，可能是免疫力太差，他去世前“苦利（痢）增剧”，说明荜茇不治本。

为提高免疫力，至迟在贞观十七年（643年），李世民开始服饵（服食金丹），为奖励大臣高季辅切谏，特赐钟乳一剂，并称：“卿进药石之言，故以药石相报。”高季辅也有风疾。

钟乳含碳酸钙，可提高神经、肌肉的兴奋度，给患者以“有效”的错觉。

在当时，服饵被视为保健措施。孙思邈便提出：“人不服石，以庶事不佳。恶疮疥癣，瘟疫疟疾，年年常患，寝食不安，行居常恶。”这些病，李世民基本都得过。

李世民是病急乱投医

贞观二十一年（647年）夏，李世民又患重病，十一月痊愈后，只能三天一视朝。第二年，病情已至“虽对寒泉，如升头痛之坂；或居珍簟（diàn，精美的竹席）；若涉炎火之林”。这种情况下，王玄策推荐从中天竺国俘虏的波罗门僧那罗迩娑婆寐。

那罗迩娑婆寐（梵文Narayanasvamin）自称200岁，有长生术，他用印度古方做成两味药，即咀赖罗和畔茶佉水。咀赖罗，“叶如梨，生穷山崖腹，前有巨虺守穴”。（《新唐书·西域传上·天竺国》）畔茶佉水据说“能消草木金铁，人手入则消烂”，需用骆驼骷髅盛出。英国学者李约瑟认为，畔茶佉水可能是一种无机酸。揆诸情理，或是柳树皮粗制成的水杨酸，可止痛、利心脏，与阿司匹林主要成分相当，但水杨酸的酸性强，“人手入”肯定被烧伤。估计当时提炼的纯度不高，药效亦有限。

李世民是否服用了畔茶佉水？史书记载矛盾，如李世民真的因服药而亡，王玄策怎敢后来又向唐高宗推荐那罗迩娑婆寐？唐高宗拒绝，也只是说：“秦始皇、汉武帝求之，疲弊生民，卒无所成。果有不死之人，今皆安在？”没翻旧账。

从那罗迩娑婆寐制药，到李世民去世，中间隔着1年多，就算按部分史料所记，制药用了1年，李世民服用后，也是1个多月后才去世，很难说有因果关系，且史料明载“药成，服竟不效”。可能是御医为推卸责任，栽赃给外来户那罗迩娑婆寐。

可见，说李世民晚年沉迷丹药、为房中术吃药、中后期贪生怕死等，实在经不起推敲。

唐玄宗：祖上鲜有长寿，凭什么活到77

华清恩幸古无伦，

犹恐蛾眉不胜人。

未免被他褒女笑，

只教天子暂蒙尘。

这是唐代诗人李商隐的名作《华清宫》，直刺唐玄宗荒淫误国。他还写过《骊山有感》，称："平明每幸长生殿，不从金舆惟寿王。"几乎是骂。

唐人论中衰，多归咎于唐玄宗，较少指责杨玉环。唐玄宗曾被视为一代英主，是开元盛世的缔造者，为何晚年一错再错？

对于唐玄宗，还有两大谜引起历代争论。

其一，唐玄宗荒淫，且服丹药，考虑到他的爷爷、高宗李治寿仅55岁，他的父亲、睿宗李旦寿亦55岁，为什么他能活到77岁，成为除武则天（寿至81岁）外，唐朝寿命最长的皇帝？

其二，唐玄宗一生共有30个儿子、30个女儿，杨玉环陪伴18年，号称"三千宠爱在一身"，虽然唐玄宗已50多岁，但以他顽强的生命力，为何没能与杨玉环生下孩子？

说法众多，但大多人忽略了背后的道医因素。

在四派纷争中舞蹈

唐代以道教为国教，唐玄宗尤崇道。

社科院世界宗教所道教室学者汪桂平在《唐玄宗与茅山道》中指出："唐玄宗极力提倡研究道家学术，设置崇玄学，以老、庄、文、列四子经典为考试内容，选拔人才，他亲自注疏《道德经》，颁布全国，要求人人习读。"

唐玄宗重道，因开元、天宝时期（713—756年），唐廷四大政治派系激烈博弈（采复旦大学中文系学者徐贺安《论唐玄宗开元天宝时期四大政治群体》说），分别是：

宦官派：以高力士为代表。唐初本不重用阉人，武则天崛起后，靠阉人对抗朝臣，但未突破李世民定下的"内侍省不置三品官"的规定，在高力士协助下，唐玄宗战胜太平公主，此后宦官可任将军，且可掌兵。

文官派：以张说、张九龄为代表。多从文学官僚、秘书起步，党羽多。

能吏派：以姚崇、宋璟、宇文融、李林甫等为代表，虽出身科举，但以吏能受重用，特别重视管理。

胡将派：以哥舒翰、安禄山、高仙芝、史思明等为代表。唐初采府兵制，国家给地，免租税，平时为农，战时打仗。府兵平时由各地折冲府统一管理，战时才划拨给将军指挥，因而"兵不见将，将不知兵"。府兵无迁徙自由，近于农奴，加上各折冲府虚报，到唐玄宗时，已不堪一战。府兵废，则募兵膨胀，将军自己招兵、自己训练、自己发钱，兵为将有，将军遂能半割据。

对于四派，唐玄宗既打又拉。

表面推崇，暗中控制

为平衡四派关系，唐玄宗与茅山道密切联系，它是当时最大的道教派别，信众多。把握住茅山派，也就掌控了百姓，也就不怕四派威胁皇权。

据汪桂平先生钩沉，唐玄宗先崇茅山宗师司马承祯，甚至和妹妹玉真公主共拜其为师，在王屋山为其建观居住。继而崇茅山宗师李含光，从天宝四年（745

年）到天宝十三年（754年），唐玄宗发往茅山的诏书达24道。

唐玄宗不完全信道教，比如他注释《道德经》，认为主旨是："而其要在乎理身理国。理国则绝矜尚华薄，以无为不言为教。……理身则少私寡欲，以虚心实腹为务。"更强调政治功用。

然而，当年韦后、太平公主密谋政变，卯山道叶法善曾通风报信。考虑到历代民乱，多以道家符谶号召，唐玄宗不能不防。

一方面，他让司马承祯搬到王屋山住，就是怕他在民间生事。

另一方面，将茅山道所藏一杨二许（即杨羲、许谧、许翙，是茅山道的开创者）、陶弘景（茅山道的一代宗师）等人的手迹全部骗到手，由宫廷收藏，通过占用"圣物"，来控制茅山道。

虽崇道，唐玄宗却不许手下人与道士频繁往来，曾"勅王公以下，不得辄奏请将庄宅置寺观"。后来又下令，百姓和僧人都不能过多接触："如闻百官家，多以僧尼道士等为门徒往还，妻子等无所避忌……自今已后，百官家不得辄容僧尼等至家，缘吉凶要需设斋者，皆于州县陈碟寺观，依数听去。"

太医不行道医行

与道教人士交往，唐玄宗得到了不少益处，至少学会了道教的养生知识。

道教初期"以医传道"，陶弘景曾说："夫学生之道，当先治病，不使体有虚邪及血少脑减，津液秽滞也。不先治病，虽服食行悉，无益于身。"意思是，修仙道先要通医道，所以道教中名医辈出。

孙思邈在《千金翼方·杂病下》中记："贞观中，有功臣远征，被流矢中其背膒上，矢入四寸，举天下名手出之不得，遂留在肉中，不妨行坐，而常有肢出不止，永徽元年（650年）秋，令余诊看，余为处之。"

孙思邈手到病除，高宗想拜他为谏议大夫，被拒绝。

按理说，皇家太医水准应最高，为什么皇帝要请道士治病？这与当时的社会禁忌有关：

首先，"医不三世，不服其药"。即行医不过三代，没人敢用他的药（也有解释认为，三世指《黄帝真经》《神农本草经》《素女脉诀》，本文不采此说）。世袭医生求稳不求效，医术严重退化。

其次，不用成方。即《千金方》中所说："一医处方，不得使别医和合……宁可不服其药，以任天真，不得使愚医相嫉，贼人性命，甚可哀伤。"意思是，人各不同，应按人下药，不能用统一药方。可太医多经专业学习，只会开成方。

其三，处罚太重。《唐律疏议》规定："诸合和御药，误不如本方及封题误者，医绞。"换言之，医生犯了错，就要被绞死。如此谁还敢给皇帝治病，道医反而更放得开。

会养生，就不怕金丹

唐代皇帝均服金丹，一般认为，唐太宗、唐宪宗、唐穆宗、唐武宗和唐宣宗均因此而死，但时人有"我命在天"的观念，所以前仆后继。唐玄宗亦服丹，还能自己写配方。

唐初金丹分三家，即：金砂派，重视黄金和丹砂；铅汞派，重视还丹大药，就是先用丹砂烧出水银，再用水银还原成丹砂；硫汞派，主用硫黄和水银。

三派的金丹都有毒，隋代名义巢元方已知其害，在《诸病源候论》中，他指出："夫服石之人，石势归于肾，而热冲腑脏，腑脏既热，津液竭燥，肾恶燥，故渴而引饮也。"并在此基础上，提出了解毒的方案。

名医孙思邈属金砂派，他特别注意通过调整饮食、生活方式、服药等，化解丹药的毒性。清代著名学者孙星衍一语道破："当辟谷，绝人道，或服数十年乃效耳。"意思是，服用金丹后，应辟谷、不行房事，或者长期才能有效。唐玄宗很可能就采取了这种"解毒"方式。唐代医学对房事本来就有很多禁忌，甚至"旧月薄蚀、大风大雨、虹霓地动、雷电霹雳、大寒大雾、四时节变"时，都需禁忌。唐玄宗和杨贵妃无后，可能与此相关。

在朝中四派中，唐玄宗偏吏能派，因其不尚务虚、重实操。即使提拔文官，唐玄宗也只用有吏能者，如张说（yuè），不仅有治绩，且有战功。但吏能派内部矛盾重重，先是李林甫与韦坚不睦，继则李林甫党中王鉷与杨慎矜倾轧，接着是杨国忠与李林甫争权。

杨国忠唯一能依靠的，就是杨贵妃。

唐玄宗不是真爱杨贵妃

《旧唐书》称杨贵妃“资质丰艳，善歌舞，通音律，智算过人”，《新唐书》则称：“善歌舞，通晓音律，且智算警颖。”均不认为她是祸水红颜。

其实，杨贵妃参与了国政。

陕西学前师范学院文史学者张思恩在《杨贵妃参与国政的史实与影响》中钩沉，天宝四年（745年），杨玉环刚被封为贵妃，剑南节度使章仇兼琼便派人到长安，与杨家联系。杨国忠能上位，源于章仇兼琼的资助。

杨贵妃交接高力士，认安禄山为干儿子，有拉拢宦官派、胡将派的意味。

当时文官派已衰落，后人编造李白与杨家兄妹不睦。李白辞职时仅为六品小官，且辞职12年后，曾代李宣城给杨国忠拟信，称赞杨国忠：“入夔龙之室，持造化之权。安石高枕，苍生是仰。”可见二人并无矛盾。

杨家集团的膨胀，对太子李亨集团构成威胁。安史之乱时，洛阳陷落，唐玄宗曾下诏让李亨监国，杨贵妃亲自出面干预，所以马嵬（wéi）坡前，支持李亨的禁军坚决要求处死杨贵妃。

不过，唐玄宗并不真正信任杨贵妃。

唐玄宗的60个孩子，至少出自23名女性（近一半不知生母是谁）。据《旧唐书》记，唐玄宗可能同时还与虢（guó）国夫人、梅妃等交往。此外，唐玄宗曾两次将杨贵妃轰出宫廷，一次当天就召回来了。另一次是在吉温劝说下，加上杨贵妃割发道歉，才召回。

作为封建帝王，唐玄宗是不可能与某个女子有真正意义上的爱情的。他与杨贵妃无后，也在情理之中。

唐玄宗一脚踏空

将唐代中衰的原因归于杨贵妃，源于唐代陈鸿撰写的一篇传奇《长恨传》，称她“非徒殊艳尤态独能致是，盖才智明慧，善巧便佞，先意希旨，有不可形容者”，这与白居易的看法不同。

宋代时，小说《杨太真传》认为，杨贵妃魅惑事主，致唐玄宗晚年懒于政事，引起安史之乱，这成为后来的标准解释。

《资治通鉴》说：“自唐兴以来，边帅皆用忠厚名臣，不久任，不遥领，不兼统。”“（边将）皆以大臣为使以制之。”虽有见识，但未脱“明君用忠臣，昏君用奸臣”的窠臼。事实是，唐玄宗末期出现严重的兼并问题，“王公百官及富豪之家，比置庄田，恣行吞并，莫惧章程”。

唐玄宗偏向吏能派，开天之治（开元至天宝初年）实为唐廷强化了掠夺民间资源的力度，表面看，政府收入猛增，深入看，民间贫富两极分化日趋严重，民怨沸腾。当此之时，唐玄宗不敢偏向文官派，又忌惮吏能派，所以扶持宦官派、胡将派制衡。

唐玄宗后期刻意表演缺乏进取心，以平抑吏能派过于激进的行事风格。但他没注意到，募兵制下，胡将派的实力在迅速增长。毕竟，募兵制是唐代旧制，唐太宗征高丽时，便用过募兵。唐玄宗可能还期望，用胡将派的战功来抵消社会矛盾。结果一脚踏空，致局面无法收拾。

唐玄宗晚年怀念杨玉环，并不是二人感情多好，而是他被李亨软禁，只能在宫中活动，甚至无法和妹妹玉真公主见面，难免拔高旧情。好在年轻时道医给唐玄宗打下的身体基础不错，加上他学过道家养生术，所以寿至77岁。

杜甫：诗圣真是被撑死的吗？

关于杜甫的死因，在《李白与杜甫》中，郭沫若先生这样写道。“其实死于牛酒，并不是不可能，不过不是‘饫死’或‘饱饫而死’，而是由于中毒。聂令所送的牛肉一定相当多，杜甫一次没有吃完，时在暑天，冷藏得不好，容易腐化。腐肉是有毒的，以腐化24小时至28小时初生之毒最为激烈，使人神经麻痹，心脏恶化而死。”

在《旧唐书》《新唐书》中，记杜甫去世原因是：“永泰二年（766年），啖牛肉白酒，一夕而卒于耒阳，时年五十九。”即“饫死”（饫，yù，即饱食，饫死即撑死）说，历代质疑不绝，后人甚至伪托韩愈，写诗提出疑问：

> 当时处处多白酒，牛肉如今家家有。
> 饮酒食肉今如此，何故常人无饱死。

宋代邹定也曾提出反对意见：“自是风霜侵病骨，非干牛酒涴（wò，弄脏）诗肠。”

不过，杜甫此后又写了《回棹》，表明已乘舟离开耒阳，另有《长沙送李十一衔》等诗，显非“一夕而卒”。杜甫的绝笔《风疾舟中伏枕书怀三十六韵奉呈湖南亲友》，亦只称“风疾”（高血压），未及饱饫。可见，“24小时至28小时”的解释力不足。

揆诸史料，杜甫可能死于糖尿病并发症，元凶是“过量饮酒+熬夜”。

体瘦一样会得糖尿病

唐代诗人喜欢写病，有许多诗作是描述自身病情。在杜甫留下的1400多首诗中，有140多首涉病。

据黑龙江中医药大学中国医学史学者王思璀在《唐代知识阶层笔下的医学叙事》中统计，《全唐诗》中写眼病最多，共37人91次；其后是糖尿病，共18人35次；再后是头风（高血压），共13人23次；再次是疮疡，12人17次，惟疮疡可能是糖尿病的并发症；耳病并列第四，12人17次；足疾（可能是痛风）第六，11人15次。

糖尿病、头风、痛风等，多属慢病，说明唐代人均寿命提升。

作者林万孝在《我国历代人平均寿命和预期寿命》一文中称，唐代人均寿命27岁（也有学者认为是29岁），比汉朝多5岁，但去除30%的出生死亡率，以及15%的未成年死亡率，唐代20岁以上的成年人寿命可观。

《旧唐书》中记其寿命者510余人，70岁以上者达208人。

唐代21个皇帝，包括横死者，平均寿命46岁，比汉朝多18岁。

从墓志铭看，唐代已婚女性和男性的平均寿命均为62.3岁。算上未婚者，女性平均寿命亦达56.8岁。

从现代统计看，40岁以上，每2.5人便有一人为糖尿病前期患者；50岁以上，44.8%的人血糖偏高，如体重超标，80%患糖尿病。李白、白居易、李商隐、陆龟蒙、卢纶、李德裕、马周等均患有糖尿病。

奇怪的是，杜甫、孟浩然都因体瘦闻名，竟然都在40岁左右便得了糖尿病。

酒不是“少喝有益，多喝有害”

糖尿病与不良的生活方式有关。

一方面，唐代重科举，读书人为求仕进，“夜读细书，月下看书，抄写多年”。

白居易在《与元九书》中说：“二十已来，昼课赋，夜读书，间又课诗，不遑寝息矣。”常熬夜，所以唐代诗人多眼病。现代研究表明，夜班3年以上的女性，患2型糖尿病的风险增20%，夜班超20年，则增60%。每日睡眠不足5小时者与超7小时者相比，糖尿病风险增加4.4倍[①]。

另一方面，唐人好饮酒。

唐廷有良酝署，各州府均自酿酒，加上民间酿酒，史籍留名的酒达七八十种。晋代葛洪提出："夫酒醴之近味，生病之毒物。无毫分之细益，有丘山之巨损。"指出酒没任何好处，却有丘山（即山丘，指危害大）般的大害。这与当代医学家基于195个国家、长达16年的调研结果近似：任何剂量的酒精都有害健康，一周不摄入，健康风险才最小。

酒不是"少喝有益，多喝有害"，而是"少喝有害，多喝要命"。但唐代社会的游牧文化色彩强烈，视饮酒为豪迈，白居易曾作《酒功赞》，称："麦曲之英，米泉之精。作合为酒，孕和产灵。""吾尝终日不食，终夜不寝。以思无益，不如且饮。"

唐人饮米酒、清酒和黄酒（一般认为，蒸馏酒是元代才传入中国的），度数低（最高不超26度），更易醉，且原料是糯米，糯米含糖量达74%，为提高酒质，唐人常磨去糯米表层，只留内芯，进一步增加含糖量。

唐人喝酒不吃饭，仅以行酒令、投壶、牙牌等游戏佐酒，更易致病。

孙思邈虚晃一枪

唐代初期，便有诗人因"过量饮酒+熬夜"早夭，比如"初唐四杰"中的卢照邻，他"年十余岁，就曹宪、王义方授《苍》《雅》（即《三苍》和《尔雅》）及经史，博学善属文。初授邓王府典签，王（即李元裕，李渊第十七子）甚爱重之，曾谓群官曰：此寡人相如也"。

---

① 家庭医生在线网站：《三班倒增加患糖尿病风险 预防需管住嘴迈开腿》，原文为："哈佛大学的研究人员分析了17.7万名年龄在42岁至67岁女护士的数据。这些女性参加了长达20年的"护士健康研究"项目，每月至少有3个夜班者被认为属于倒班者。研究人员发现，与只上白班的护士相比，进行两班倒达3年的护士患2型糖尿病的风险要高20%；如果情况持续至少20年，这一风险会提高近60%。"
原报道出自英国《每日邮报》，原论文发表在2018年11月18日《英国医学期刊(BMJ)》上。

“寡人相如”指司马相如，汉武帝时的文坛领袖，是史籍所录的、最早的患糖尿病者，可能卢照邻此时已染病。

卢照邻少年成名，有“得成比目何辞死，愿作鸳鸯不羡仙”等名句，读书时应下过苦功夫。此外好饮，曾写“人歌小岁酒，花舞大唐春”“他乡共酌金花酒，万里同悲鸿雁天”。

30岁刚出头，卢照邻便“染风疾去官，处太白山中，以服饵为事”，此处“风疾”指痛风。据上海中医药大学中医文化文献研究学者姚海燕钩沉，在方士指导下，卢照邻吃了一段玄明膏（参见《中华人民共和国药典》玄明粉），病情暂时稳定。没想到父亲去世，他痛哭不已，服丹即呕，致病情加重，甚至“足挛”“手又废”。

卢照邻曾向孙思邈求医，没想到，孙思邈发表了一番“吾闻善言天者，必质于人；善言人者，亦本之于天”的长篇哲学评论，提出“心小胆大行方智圆”的治疗原则，从卢照邻后来自嘲“不学邯郸步，两足匍匐”“寸步千里，咫尺山河”看，他并未得到有效治疗。

无可奈何，卢照邻在具茨山（今河南省中部禹州市、新郑市、新密市三市交界处）下“买园数十亩，疏颍水周舍，复豫为墓，偃卧其中”，在此等死，因痛到等不下去的地步，“自沉颍水”。

孟浩然不是死于槎头鳊

和杜甫一样，孟浩然也是糖尿病患者。

孟浩然曾“苦学三十载，闭门江汉阴”，亦喜饮，至少写过20多首与酒有关的诗，如“酒酣白日暮”“载酒访幽人”“对酒不能罢”。据《孟浩然集序》作者王士源记，名臣韩朝宗曾想举荐孟浩然，孟却喝多了，约期不至，时人称为“好乐忘名”。

孟浩然31岁时曾患大病，40岁、43岁、49岁时又三次病倒，最后一次在张九龄幕中。张九龄是一代名相，此时被贬到荆州大都督府当长史。刚入幕时，孟浩然曾写“召南风更阐，丞相阁还开”等，表达感激之情，不久又写“何意狂歌客，从公亦在旃”表示厌倦。

北魏张湛在《养生要集》中，记治糖尿病法：“服药不可食诸滑物、果实、菜、油、面、生冷、醋。服药不可多食生胡蒜、杂生菜、猪肉、鱼臊脍。服药有天门冬，忌鲤鱼。葱、桂不可合食。”

张九龄喜游猎，孟浩然只好作陪，但“顺时行杀气，飞刃争割鲜”不利于病情，不久，孟浩然出现“背疽”。患糖尿病10年以上，多生坏疽，一般在下肢，也有“背疽”的病例。

孟浩然辞官静养近两年，已渐痊愈，恰王昌龄遇赦（此前被贬到岭南）北还，过襄阳拜访孟浩然，“二人相得欢甚，浪情戏谑，食鲜疾动”，孟浩然猝死，寿仅51岁。传说是吃了当地名鱼槎头鳊，这可能是后人附会，因孟浩然曾写过：“试垂竹竿钓，果得槎头鳊。”

孟浩然应死于糖尿病并发症，饮酒才是主因。

饥饱不定误杜甫

杜甫自小多病，曾自述“是臣无负于少小多病，贫穷好学者已”。

杜甫的父亲杜闲寿59岁，祖父杜审言寿63岁。远祖杜畿寿61岁，杜畿之儿杜恕寿55岁，孙杜宽寿仅42岁，重孙杜预寿63岁，玄孙杜锡寿仅48岁。

少年时，杜甫的健康状况改善，他写诗说：

> 忆年十五心尚孩，健如黄犊走复来。
> 庭前八月梨枣熟，一日上树能千回。

杜甫好酒，在诗中曾写“寇盗狂歌外，形骸痛饮中”“朋来有醉泥”“纵酒欲谋良夜醉”等。55岁时，杜甫在《秋日夔府咏怀奉寄郑监李宾客一百韵》中承认：“飘零仍百里，消渴[1]已三年。”

① 古人称糖尿病为消渴症，或长卿病，因司马相如字长卿。

一般认为，糖尿病的发展形成分三阶段，一是高危人群，二是糖尿病前期，三是糖尿病。从糖尿病前期到患病，6年的概率为65.8%，20年的概率为92.8%，[①]估计杜甫在40多岁时已患病。这么早，除饮酒外，还有一个原因：经常挨饿。

《新唐书》称杜甫“性褊躁傲诞”“甫放旷不自检，好论天下大事，高而不切也”，《旧唐书》也说：“甫性褊躁，无器度，恃恩放恣。”致仕途受挫。32岁时，他在《赠李白》中写道：

二年客东都，所历厌机巧。
野人对膻腥，蔬食常不饱。

因饥饿，杜甫有时卧床10多天，中年时，因安史之乱，漂泊不定，“终日忍饥西复东”，一有机会便大吃大喝，可“多病久加饭”“加餐可扶老”，易导致糖尿病。

现代人要警惕杜甫悲剧

对于糖尿病，杜甫似乎未做有效治疗，不仅继续饮酒，还“茗饮蔗浆携所有”，即喝甘蔗汁，所以病情发展极快。55岁时，杜甫已“消渴气上冲，心中疼热，饥不欲食，甚者则欲吐，下之不肯止”，且出现多种并发症。如视力下降、耳聋，即“眼复几时暗，而从前月聋”；牙齿脱落，即“牙齿半落左耳聋”。58岁时，杜甫因糖尿病性脑卒中，竟“右臂偏枯半耳聋”。

杜甫生命的最后两年还算安定，他在夔州居住一年零九个月，在夔州都督柏茂琳的照顾下，购40亩果园、10多亩菜园，还负责了100顷官田。据北京师范大学文学院学者康震钩沉，在此期间，杜甫共创作了450多首诗，占毕生所存的1/3。只是在回长安、洛阳途中，遭遇叛乱，又遇南风，无法北上，杜甫全家被困

① 守卫健康工作室公众号：《减半糖尿病前期进展风险，仅需减肥2～3公斤！》，2020年11月17日，数据来自著名的“大庆研究”，截止2019年底，相关研究成果已在全球被引用超7000次，被承认具有普遍价值。

在水上，饥饿多日，耒阳县令听说后，忙送来牛肉白酒。

杜甫患糖尿病后，“食乃兼倍于常”，不知者易误为“饱饫”。此时正值冬季，而急性心脑血管病约50%发生在冬季，杜甫应是糖尿病性脑卒中复发而死。唐代36位著名诗人平均寿命是58岁，只有贺知章活过了80岁（寿85岁），杜甫还超过了平均值。

研究显示，6.1%的东亚人有基因突变，而欧美国家不足2%，东亚人患糖尿病的风险比欧美人高1.7倍。[①]只是古人肉食仅占5%，发病较少。[②]一旦改变饮食习惯，即使不算肥胖，也可能患病。如今我国糖尿病患者居全球第一。杜甫等人的悲剧，应引起今人警惕。

---

① 春雨医生公众号：《中国人没有西方人胖，却更容易得糖尿病，这是为啥？》，发表于2020年4月20日，文中引用了《The American Journal of Human Genetics》中相关论文的成果，并给出了引用源头：Koji Okamoto，Naoko Iwasaki， et al. Identification of KCNJ15 as a Susceptibility Gene in Asian Patients with Type 2 Diabetes Mellitus. The American Journal of Human Genetics， 8 January 2010。

② 赵志远、刘华明主编：《中华辞海》第四册，第4273页，印刷工业出版社2001年，原文为：“我国目前的膳食结构以植物性食物为主，植物性食物占人体热量来源的90%以上。”

白居易：一生病诗三百首，为何活得久

久为劳生事，不学摄生道。
年少已多病，此身岂堪老。

这是白居易18岁时写的《病中诗》。

在中国诗歌史上，白居易可能是最喜欢写“病”的诗人。据西北师范大学文史学院学者吕国喜《论白居易闲适诗中的“病”》统计，在现存的2916篇诗作中，323首（404处）提到“病”，竟达11.1%。

白居易不仅病得次数多，而且病得重。29岁出仕前，竟病到“羸坐全非旧日容，扶行半是他人力”，中年时，又自叹：“我生来几时，万有四千日。自省于其间，非忧即有疾。”

白居易错过当宰相的机会，或与其常患病有关。白居易晚年更是发出“双目失一目，四肢断两肢。不如溘然逝，安用半活为。”的感慨。

从诗中可见，白居易可能患有近视眼、白内障、支气管炎、高血压、痛风等病，却活到75岁，比与他交好的诗人，如韩愈（57岁）、元稹（53岁）、刘禹锡（71岁）等，更长寿，他自己也庆幸道：“人生七十稀，我年幸过之。”

白居易好酒无度，且服丹药，还常吃云母粥。云母含重金属，有毒性，作为药物使用，需遵医嘱，白居易却把它当成保健品。令人好奇：如此折腾，白居易为何还能活这么久？

白居易是胡人之后吗

“白氏芈姓，楚公族也……楚杀白公，其子奔秦，代为名将，乞丙已降是也。裔孙曰起，有大功于秦，封武安君。”这是白居易自撰《故巩县令白府君事状》中的内容，称白家本楚国王族，政争失败，流落至秦，世代为将，后代有名将白起等。

《新唐书》则称白家出自秦名臣百里奚，其二儿子名白乞丙，后代以白为姓。

两说相差甚大，陈寅恪先生认为均是自高身份的伪说，称：“乐天（白居易字乐天）先世本由淄青李氏胡化藩镇之部署归向中朝。”

论据是：

其一，宋初孙光宪在《北梦琐言》记：“白中令（即白居易的堂弟白敏中）入拜相，次毕相诚、曹相确、罗相邵权……崔相慎猷曰：‘可以归矣！近日中书尽是蕃人。’”

其次，据《唐摭言》记，白敏中曾以“十姓胡中第六胡”自况。

其三，白居易的爷爷白鍠娶外甥女为妻，触犯唐法，仍能任官，说明他是胡人，唐法不究胡俗。

今人多从陈寅恪说，但以上论据均不成立：首先，白敏中未曾与毕诚、曹确、罗邵权同时任相；其次，《唐摭言》中误记甚多。其三，1970年，河南省伊川县出土墓志一方，墓主是白敏中的二女儿，志中称，白鍠的夫人非亲外甥女，而是养女，并非胡俗。

2001年5月，白居易所撰《白胜迁神碑》出土。白胜是白家先人，墓在荆山之谷，大和五年（831年），元稹手下发现此墓，元稹立刻告知白居易，白居易遂迁灵到东都洛阳。此碑过大，是否为唐碑，尚有争议。但基本可确认，白居易非胡人之后。

20岁便成了近视眼

先世虽显赫，但白家非豪门。

唐代宗大历七年（772年），白居易生于今河南新郑市。爷爷白鍠曾任巩县县令，父亲白季庚的最高官阶不过襄州别驾，去世时，白居易已22岁，葬父的钱都凑不够。

白居易5岁能写诗，“十五六始知有进士，苦节读书”。刚20岁，便“口舌成疮，手肘成胝（即老茧）。既壮而肤革不丰盈，未老而齿发早衰白。瞥瞥然如飞蝇垂珠在眸子中也，动以万数”，成了近视眼。

中唐重科举，读书人多近视。如刘禹锡“两目今先暗，中年似老翁”，韩愈“吾年未四十，而视茫茫”，刘长卿“眼暗经难受，身闲剑懒磨”，韦应物“眼暗文字废，身闲道心精”，元稹“病来双眼暗，何计辨雰霏”，张籍“眼昏书字大，耳重觉声高”……

27岁时，白居易家贫无粮，族兄在浮梁（今属江西省景德镇市）当吏，收入微薄，只能让白居易“负米而还乡”，路上“茫茫兮二千五百”。这一年，白居易“方从乡赋”。

乡赋即乡贡，指不经学馆考试，由州县推荐的应试者。29岁，白居易中进士。唐代进士考试难度极大，全唐仅2681人成功，白居易是“慈恩塔下题名处，十七人中最少年”，不久，白居易又通过书词拔萃科考试。

唐代科举分三种，即尚书省主持的常科、皇帝亲试的制举、吏部选科，书词拔萃科是吏部选科之一。中唐仕途竞争激烈，进士多年未任官，亦不罕见。所以白居易又考书词拔萃科，该科重辞藻，进士及第者易中，一般情况下，每年仅录 8 人。

突然失去皇帝信任

在当时，两试皆中者极罕见。32岁时，白居易入仕，虽是九品校书郎，但张说、张九龄、李德裕、元稹等宰相均以此始。

元和二年（807年），白居易出任翰林学士。李白也曾任翰林学士，但唐玄宗时非要职。唐德宗后，翰林学士相当于皇帝的私人顾问，常值宿禁中，领班承旨学士被称为“内相”。

与白居易同时任职的，有李程、王涯、李绛、崔群、裴洎，后来都当了宰相，晚年白居易与故人相聚，自嘲说：“同时六学士，五相一渔翁。”

唐宪宗曾看重白居易，白居易亦存感恩之心。白居易兼任谏官时，认真负责、极言尽谏。唐宪宗不快，抱怨说：“白居易小子，是朕拔擢致名位，而无礼于朕，朕实难奈。”在宰相李绛劝谏下，唐宪宗勉强忍耐。

元和六年（811年），白居易的母亲李氏落井而死。李氏有精神疾病，曾在家中持刀狂奔。京兆府怀疑白居易谋杀，幸邻居证明，平时常听见李氏乱喊。

因母丧，白居易辞官丁忧，不久，年仅3岁的爱女金銮子又去世。在《病中哭》中，白居易写道：“故衣犹架上，残药尚头边。”

元和九年（814年）冬，白居易被召回，在太子东宫任职，第二年，宰相武元衡被刺。武主张扫平藩镇，被藩帅的刺客暗杀。朝中尽知背景，偏偏白居易上书要求严查，引起风波。有人弹劾称：白居易非谏官，岂能越职言事？且母丧期间，竟写《赏花》《新井篇》两诗，有辱名教。

让白居易愕然的是，唐宪宗竟将他贬为江州司马。

一不小心成了宋人偶像

白居易一直以为唐宪宗信任自己，却忽略了，中唐是“唐宋革命”之交，庶族地主文化与“崇尚礼法的山东士族”文化矛盾尖锐冲突。

庶族地主阶层重个人奋斗与理性，依靠皇权，以为靠忠诚、才干，即能实现政治抱负。但“山东士族”盘根错节，与皇权联系紧密，彼此利益相同，更得帝王信任。白居易等人急于事功、追求青史留名等，令“山东士族”不屑。皇帝则努力在二者之间保持平衡。

被贬江州，白居易行事、作诗风格突变。

一方面，从热心功名转向“中隐”，多关注个人生活，远离公事。

另一方面，更喜口语化的五言，较少再写七言。这些诗近于日记，无所不录，连涨工资都记在诗中，多达40余首，被嘲为“俸禄诗”。朱熹挖苦说：“人多说其清高，其实爱官职。诗中凡及富贵处，皆说得口津津地涎出。”

随着庶族地主文化最终胜出，白居易成为宋文化推崇第一人。苏轼便是白居易的“忠粉”。白居易曾任忠州刺史，并留诗：“朝上东坡步，昔上东坡步。东坡何所爱，爱此新成树。”苏轼遂自号东坡。

南宋罗大经曾说：“本朝士大夫多慕乐天，东坡尤甚。”

仕途受挫后，白居易转向追求内心、勤于著述，是唐朝创作量最大的诗人。这些诗非常生活化，美食、养生、种花、交友等无所不包，拓展了唐诗的趣味。晚年时，白居易的名望、创作、官位、财富等均“丰收”，被宋人推为“人生赢家”，成了科举出身的士人们的人格模板。

还是没当上宰相

元和十五年（820年），49岁的白居易回到长安，第二年，任中书舍人，接近拜相时，却被外放当杭州刺史。大和二年（828年），好友韦处厚拜相，有他的奥援，白居易拜相似乎只是时间问题，没想到韦处厚当年病逝，白居易再失机会。

> 我年五十七，荣名得非少。
>
> 报国竟何如，谋身犹未了。

从中可见失望之情。

白居易介于牛李党争之间。他36岁娶妻杨氏，与贵族弘农杨氏拉上关系，而杨氏堂哥杨汝士、杨虞卿均属牛党，且白居易是牛僧孺、李宗闵的座师，但他又和李党中坚元稹、李绅是好友。

刘禹锡多次推荐白居易，将白的文章给李党领袖李德裕看，李不看，被逼急了，才说：“吾于此人，不足久矣。其文章精绝，何必览焉！但恐回吾之心，所以不欲观览。”意思是，我早知他是才子，就是不想用他。

李党更有进取心，政绩亦多。皇帝曾问李德裕白居易能否任相，李回答说：白居易老请病假，不如用他的堂弟白敏中。

白居易后期确实常请病假，从826年到841年的15年间，五次因病假超期被免职，但多为躲避政争，病只是借口。白居易后期只干闲差，还写诗给牛僧孺说："何须自身得，将相是门生。"意思是，干吗自当宰相，学生当就行了。

晚年少食或是长寿秘诀

白居易写了一辈子涉病诗，但三四十岁、仕途顺利时，只写了16首。可见，他的健康状况也许没那么差——在唐代，白居易患的眼病、痛风是常见病，且他68岁才患头风（高血压）。

白居易注意养生，写过很多养生诗。虽好饮酒，但也常饮茶：

> 坐酌泠泠水，看煎瑟瑟尘。
> 无由持一碗，寄与爱茶人。

白居易喜听琴，且"野性爱栽植"。他颇通医道，能自制薤白酒（薤白是一种中药）。白居易曾坠马伤腰，便"行呷地黄杯"，即在酒中加入地黄汁疗伤。白居易还常服黄芪，既治胃病，又强身。此外，白居易喜食"胡麻粥"，古人认为胡麻有延年益寿之功，是八谷之首。

白居易写诗说："退之（韩愈）服硫黄，一病讫不痊。微之（元稹）炼秋石，未老身溘然。杜子（杜元颖）得丹诀，终日断腥膻。崔君（崔玄亮）夸药力，经冬不衣绵。或疾或暴夭，悉不过中年。唯予不服食，老命反迟延。"

其实，这些人都过了中年，崔玄亮活到65岁。白居易也服食，曾"何以解宿斋，一杯云母粥"，他也炼丹，但未成功。

晚年白居易常斋戒，在仲夏月（农历五月）会斋戒三旬，平时也持十斋（每月吃素10天）。52岁到75岁期间，白居易提到斋戒的诗多达37首。现代研究证明，小鼠减30%食量，寿命可长3倍，适当少食可能有益长寿。[①]

白居易的爷爷白鍠寿至67岁，父亲白季庚寿至65岁，均超唐人平均水准。白居易后期远离纷争，一心求闲，能活到75岁，不算奇怪。

---

① 生物探索公众号转引《Nature》研究成果，原文为："来自于鹿特丹大学、国家公共卫生与环境研究所（RIVM）的研究团队近期在《Nature》期刊发表文章证实，如果患有严重衰老疾病的小鼠减少30%的食量，它们的寿命将会延迟3倍。更重要的是，相比于正常饮食的小鼠，控制饮食结构的小鼠会更健康。""当以食物为变量时，他们却发现：患病小鼠正常饮食时，它们仅仅只能够存活4—6个月；当患病小鼠每顿都减少30%的食量后，它们能够存活超1年时间。"文中使用了小标题"减少30%的食量，延迟3倍寿命"。

李后主：一代词宗，竟被宋太宗用来试药？

作个才人真绝代，

可怜薄命作君王。

这是清代诗人郭麐（lín）《南唐杂咏》中的名句。郭麐少负神童之名，因科举不第，29岁转向诗文书画，游学于姚鼐（nài，被称为“清代古文第一人”）门下，坊间对其评价不一。清朝诗人丁绍仪讥讽道：“郭词亦具荔枝之形，然已在一日变色，二日变味时矣。”

《南唐杂咏》得文坛领袖袁枚推重，为后人所知，该句被认为是对李后主的最准确评价，可惜只有清人才会有此误解。

清代之前，李后主文集尚存。据《宋史》载，共十卷，另集略十卷，诗一卷。明代仍存十卷。至清康熙时全部亡佚，只剩12篇文章（其中3篇疑伪），无法读出李后主的思想脉络。于是，李后主成了“专业词人+亡国之君”。

李后主在词的发展史上有开拓性贡献，王国维先生说：“词至李后主而境界始大，遂变伶工之词为士大夫之词。”但伟大词人真就做不好君王吗？宋太祖赵匡胤说：“李煜若以作诗工夫治国事，岂为吾虏也？”北宋王铚在其笔记《默记》说，李后在写完《虞美人》后被赵光义毒杀。这给后人留下一个千古之谜：李后主如此庸懦无能，宋太宗赵光义又何必毒死他呢？

常见解释有两种：

其一，李煜并非昏君，他对赵家江山仍有威胁。

其二，宋太宗好医，李煜被当成试验品。

二说皆有一定道理。

李后主可能不姓李

南唐开国者李昪（biàn）本是孤儿，被南吴王杨行密收留，后因杨家诸子不容，转由部将徐温抚养，改名徐知诰。

徐温年轻时贩盐为业，后随杨行密起事，虽无战功，亦列为“三十六英雄”之一。杨行密去世后，徐温等起兵，杀杨行密长子，立次子，徐温得以大权独揽，成为权臣。

徐温原想把家业交给长子徐知训，没想到徐知训被部将所杀，只好暂交养子徐知诰（李昪）管理，以待次子徐知询长大后接手。没想到徐温突然病故，李昪趁机崛起，干脆篡夺了南吴的江山。

一开始，李昪建的是齐国，上位三年后，又突然自称是唐宪宗之子建王李恪的四世孙，改国号为唐，即南唐，并恢复了自己的“旧姓”。

对于李昪的“自称”，历代不以为然。宋代欧阳修写道：“于此之时，天下大乱，中国之祸，篡弑相寻，而徐氏父子，区区诈力，裴回（意同徘徊）三主。”意思是，“编骗”痕迹过重，所以帝位只传了三代。

僭称唐朝后裔，好处是笼络北方士族，缺点则有二：

首先，杨行密余党、徐温余党深知李昪的底细，皆不服气，所以南唐从成立起，内部便派系林立，南北士族矛盾激化。

其次，南唐不得不继承唐朝的政策，当时列强割据，都渴望得到契丹帮助，南唐与契丹不接壤，彼此都有“远交近攻”的需要，双方也曾联手，可唐朝与契丹是死敌，南唐想装正统，也只好与契丹为敌。

在位19年，14年在打仗

李昪虽是篡位者，但勤政爱民。上位后，群臣建议：“陛下中兴，今北方多难，宜出兵恢复旧疆。”李昪回答说：“吾少长军旅，见兵之为民害深矣，不忍复言。”

李昪在位期间，寝殿烛台竟是马厩中的旧物，且不用蜡烛，只用乌桕（jiù）子油，在位6年，“宫砌无新树，宫衣无组绣，宫乐尽尘埃”。南宋陆游称赞李昪“仁厚恭俭，务在养民，有古贤主之风也”。

李昪立长子李璟为太子，却不喜欢李璟，认为他“聪悟迷惑，阔于听断。故多为左右所沮（jǔ）”。意思是李璟是聪明，但没主见，易被左右或阻止。

李昪一度喜欢小儿子李景逷，一次李昪去李璟的宫殿，见他竟自操琴，大怒。李昪的宠妃、李景逷（tì）的母亲种（chóng）夫人趁机说：“李景逷的才能高于李璟。”当时李景逷才4岁，李昪立刻警觉，命令种夫人出家当尼姑，李景逷从此被冷落。到李昪死，也没封爵。

李昪去世前，曾想传位给四子李景达，李景达有军事才能，当时正在东都（今扬州）驻守，遂发密诏让他回来。没想到，医官吴庭绍是李璟的卧底，李璟得到消息，立刻派人半道截获密诏。

李璟得权不正，为缓和矛盾，一方面，提出兄终弟及，表示死后传位给三弟李景遂，并任李景遂为元帅，李景达为副元帅；另一方面，想多立战功，威服手下。李璟在位19年，14年在打仗，国力消耗一空。

李璟曾下诏检讨：“曩（nǎng，从前）者兵连闽越，武夫悍将，不喻朕意，务为穷黩，以至父征子饷，上违天意，下夺农时，咎将谁执？在予一人。”

一招就收回主动权

李后主是李璟的第六子，本无上位可能。他一只眼睛天生重瞳，即有两个瞳孔，呈横“8”字型，属发育异常，但不影响视力。因其罕见，被古人视为帝王之相，仓颉、舜、重耳、项羽等均有。

李璟地位渐稳，立刻抛弃当初诺言，不再想传位给三弟李景遂，准备立长子李弘冀为太子。李弘冀有军事才能，在对后周作战中，曾立殊勋，周世宗柴荣对他颇忌惮，明令李璟不得立其为太子。

因李弘冀与皇太弟李景遂交恶，李弘冀便毒死了李景遂，不久，自己也患病而死。

李后主此前的四个哥哥先后患病去世，李弘冀死后，他反而成了李璟诸子中最长者，成了储君。

李后主在当皇子时，醉心文艺，处处展现自己的道家风范，以掩盖野心。成为太子后，恰逢后周因南唐不肯割地，率大军来攻，19岁的李后主带兵沿江设防，柴荣见李后主布阵严整，大吃一惊，借口“白气贯空”，找术士占卜，认为不吉，便自行退兵了。

此后李后主“监国于建邺（今南京），临事明允，甚得时誉”。

李后主登基时，南唐是个“烂摊子”。一是连年战争，财政近于崩溃，货币含铜量越来越少，民间私铸的一文钱甚至“置水上不沉”。二是贵族太多，政出多门，行政效率低。

李后主登基后，设置了“澄心堂”，表面看是文艺机构，其实近于清代军机处，选拔有才干的低级别官员办公，暗夺相权。经此一举，南唐再无党争，行政效率也大大提高了。

没迈过大家世族这道坎

为缓解经济压力，李后主接受韩熙载建议，开铸铁钱。铁非贵金属，民间易私铸，引发了新一轮经济危机。韩熙载是北方流落到南方的士族，李后主为平衡南北势力，重用了他。韩熙载为人奢侈，华而不实，李后主却始终包容。

李后主天性宽厚，他的七弟李从善曾对李璟污蔑李后主说：“器轻志放，无人君之度。”李后主上位后，不予追究。后来李从善出使宋朝，被宋太祖赵匡胤扣为人质，“后主愈悲思，每凭高远望，泣下沾襟，左右不敢仰视”。

> 别来春半，触目柔肠断。砌下落梅如雪乱，拂了一身还满。
> 雁来音信无凭，路遥归梦难成。离恨恰如春草，更行更远还生。

许多评论家认为，这首词便是李后主写给弟弟李从善的。

李后主深知南唐积弱的关键——贵族太多，土地兼并严重，所以他支持“潘佑变法”。潘佑是当时名臣，提出“请复井田之法，深抑兼并”，即国家强制平均地权。“潘佑变法”对宋代“王安石变法”产生了直接影响，但南唐土地大多被世家大族掌控，他们联手诋毁变法，李后主被蒙蔽，下令处死潘佑，虽然李后主很快意识到潘佑之忠，致以哀荣，但变法从此不了了之。

李后主延续南唐国祚达15年，在强大的宋朝面前，李后主“虽外示畏服，修藩臣之礼，而内实缮甲募兵，潜为备战”，最后一战坚持了一年多。欧阳修说李后主“性骄侈，好声色，又喜浮图，为高谈，不恤政事”，这些可能是赵匡胤、赵光义制造出来的负面舆论。

杀李后主早在计划中

如果李后主只会写诗、不会治国，赵匡胤、赵光义不会对他如此忌惮。

李后主被俘后，“旦夕以泪洗面”，因赵光义多次凌辱小周后。此事见于龙衮《江南录》，该书已亡，但宋代学者王铚在《默记》中有引用，即：“李国主小周后随后主归朝，封郑国夫人，例随命妇入宫，每入辄数日而出，必大泣骂后主。声闻于外，（后主）多宛转避之。”

赵匡胤、赵光义夺取投降者的妃子几成惯例，比如后蜀末代皇帝孟昶的贵妃花蕊夫人，便被赵匡胤收入内宫。花蕊夫人不忘故国，常悬挂孟昶像祭祀，赵匡胤问，花蕊夫人就骗他说：“这是宜子之神。”

据明代沈德符在《万历野获篇》记，他曾亲见宋人所绘图画，记录了赵光义的恶行，上面还有元代诗人题诗，意思是难怪宋朝后来会遭遇靖康之耻，纯属活该。

赵匡胤、赵光义不敢马上杀掉李后主，因他旧部尚盘踞江南，并未臣服。直到3年后，江南诸军被各个击破，对宋朝来说，李后主也就没有活下去的价值了。

当时降王无人能善终。后蜀皇帝孟昶到京后，7天便死，连主动献国的钱俶，也在六十大寿时，与朝廷贺寿使者宴饮，第二天便暴死了。

杀李后主早在计划中，让人好奇的是，为什么要用牵机药。

牵机药即马钱子，又名番木鳖，印度、缅甸、爪哇、越南皆有，我国云南亦产，但直到明代，依然只有进口，在云南发现，是后来的事。

他比时代领先了500年

西方人对马钱子的毒性认识较早。古希腊有位国王，名为米特拉达梯（mithridates）六世，每天吃少量马钱子，身体产生抗药性，以致想杀谁，就和他共饮一壶含马钱子的酒，对方身亡，他仍谈笑风生。后来王国被敌国所破，全家服毒自尽，国王却怎么也毒不死，只好忍受刀剑之苦。

马钱子可提高神经兴奋度，中毒者全身抽搐，头与脚相接而死，近似牵机，故称为牵机药。

奇怪的是，明代李时珍在《本草纲目》中，却认为马钱子无毒，并称它产自“回回国”（即西域），今学者认为李时珍可能是误将马钱藤当成马钱子了，但当时也有医书称马钱子“微毒”，可见，明人对马钱子的认识还不太深入。通过朝贡贸易，爪哇大量向明朝倾销马钱子，国人才对它熟悉起来，医书也称它是“大毒”了。

那么，明人尚不知马钱子之毒，远在宋朝的赵光义为何知道？

这与赵光义的爱好有关，他喜欢研究医药，戎马倥偬，却收集了上千个药方。不仅有治病的药方，也有杀人的药方。据学者费振钟钩沉，一百多年后，宋徽宗在宫中，还发现了一座毒药库。杀死李后主的牵机药，是赵光义亲自配置的，显然，李后主成了他实验用的小白鼠。而史料再次提到马钱子时，已是500年后。

赵光义曾组织专业医家，经14年编纂，推出《太平圣惠方》，是我国现存的、公元10世纪以前的最大官修方书。赵光义亲自作序，称医药的作用是：“上从天意，下契群情。罔惮焦劳，以从人欲。”

赵光义倒是没好意思把牵机药方也放入其中。

第四章 辽宋夏金元

宋太祖：死因或为长期失眠、酗酒

吾于开创之君，独以唐太宗、宋太祖为不可及焉。二君者，皆以不世之才，平一天下，而以仁爱之心、宽平之政保养百姓，治功灿然，昭于千古。然家门之政，兄弟之友，则唐弗及也……其成功致治之盛，几乎唐太宗。而规模之正，则又过之矣。

这是清代乾隆皇帝对宋太祖赵匡胤的评价，认为他甚至强于唐太宗李世民。

赵匡胤结束了中原近200年的割据局面，开创了文化灿烂、经济繁荣的宋朝。陈寅恪先生曾说："吾中华文化，历数千载之演进，造极于赵宋之世。后渐衰微，终必复振。"被尊为"近世以来最伟大的历史学家"的英国人汤因比（Arnold Joseph Toynbee）也表示："如果让我选择，我愿意活在中国的宋朝。"

宋朝以斯文精神、人道情怀、精致美学、读书风尚等，受到后人景仰，这与宋太祖赵匡胤手不释卷、尊重文教，明誓"不杀大臣、言官"息息相关。

赵匡胤出身行伍，精通武术，身体素称强健，却只活了50岁，在历代开国之君中，仅略长于秦始皇（49岁），远逊刘邦（62岁）、刘秀（62岁）、司马炎（54岁）、李渊（69岁）、忽必烈（78岁）、朱元璋（69岁）、努尔哈赤（67岁），令人难解。

赵匡胤真的死于暗杀？还是早有隐疾？

信道教，却利用佛教说事

927年，赵匡胤生于洛阳夹马营（今河南省洛阳市瀍河区东关），父赵弘殷骁勇，凭战功成中级军官，历仕四朝，寿58岁。

北宋杨亿称：“（赵匡胤）生之夕，光照一室，胞衣如菡萏（hàn dàn，即荷花），营前三日香，至今人呼应天禅院为香孩儿营。”《宋史》则称：“赤光绕室，异香经宿不散。体有金色，三日不变。”

传说集中在四点：异香、发光、身体金色、胞衣如菡萏。均与佛教相关。

清代王夫之一语道破：“赵氏起家什伍，两世为裨将，与乱世相浮沉，姓字且不闻于人间，况能以惠泽下流、系邱民之企慕乎？”明示赵匡胤有编造出生神话的动机。

借用佛教，因显德二年（955年）周世宗下限佛令，“是岁天下寺院存者二千六百九十四，废者三万三百三十六，见僧四万二千四百四十四，尼八千七百五十六”，引起民间不满。

周世宗承认“释氏贞宗，圣人妙道，助世劝善，其利甚优”，但寺庙占田多，且僧尼私自剃度，大量自耕农为逃税，冒充出家人，一些罪犯也躲入空门。古代中国缺少重金属，唐代多次毁铜佛像、禁铸铜镜，皆与此相关。

“世宗限佛”执行过猛，成六朝以来对佛教的最大的一次冲击。

赵匡胤本崇道，与陈抟弟子苗训莫逆，赵称苗“诸葛孔明再世”，苗曾预言陈桥兵变，并暗中谋划。赵匡胤登基后，苗训未得重用，反被封口。

赵匡胤冒充出生时得到佛教加持，则夺取“限佛”的周世宗的江山，纯属替天报复，似乎有了合理性。

祖籍在哪还没定

在赵匡胤出生的异象中，“身体金色”或不虚，此即新生儿黄疸，属常见现象。约60%足月儿出生2—5天后均有，黄种人比例尤高。[1]正常情况下，出生一周

---

① 杨卫：《儿科常见病诊治》第18页，吉林科学技术出版社，2019年8月。

后可自行消退，没有危害，如是病理性的，则可能造成神经系统损伤，严重者可能智力低下，甚至死亡。

赵匡胤成年后长期失眠，除了心思过重之外，很可能也与病理性黄疸的影响有关。

赵家非巨族，还有一个明证，即到目前为止，其祖籍仍未定。计有三种说法：

涿州说：《宋史·太祖本纪》称他是“涿郡人”，却不说具体乡村，似是传闻。

保州说：李攸在《宋朝事实》中称，宋真宗时派人调查，认为祖籍在保州（今河北省保定市清苑区），最终未定案。经考古勘探，发现清苑县望亭乡东安村地下存在大量宋代文物。

幽州说：宋真宗曾览《太祖实录》，知赵匡胤的曾祖父赵珽、祖父赵敬的墓在幽州，但没说明具体乡村。

不仅祖籍有争议，连国号都有争议。

比较靠谱的说法是赵匡胤曾任“宋州节度使”，所谓宋州，即睢（suī）阳（今属河南商丘），隋朝时才改名，因开凿大运河，汴河成沟通南北的大动脉，睢阳是汴梁门户，战略地位陡增。显然，能当上“宋州节度使”，是赵匡胤人生的高峰期，所以顺口称新王朝为宋。

恰好，赵匡胤的父亲赵弘殷中有一“殷”字，周灭商后，后裔被封为宋国，后人因此认为赵匡胤是“上古五帝”中帝喾（kù）之后，纯属瞎猜。

能把铁棒抓出印

可能受病理性黄疸影响，赵匡胤从小体质不佳，在父亲督促下习武。20岁时，赵匡胤离开父亲，漫游华北、西北，最惨时，靠街边设赌局谋生，后投奔郭威帐下，从亲兵干起，逐渐上位。

赵匡胤父亲亦掌兵，却不肯提拔赵匡胤，或许是没看好他。

赵匡胤成年后，武艺不错，据蔡絛（tāo）的《铁围山丛谈》记：

> 太上（宋徽宗）以政和六七年间，始讲汉武期门故事。初，出侍左右宦者必携从二物，以备不虞。其一玉拳，一则铁棒也。玉拳真于阗玉，大倍常人手拳，红锦为组以系之。铁棒者，乃艺祖（即赵匡胤）仄微时以至受命后，所持铁杆棒也。棒纯铁尔，生平持握既久，而爪痕宛然。恭惟神武，得之艰难，一至斯乎？

蔡絛是权臣蔡京的四儿子，出入宫禁，应见过实物。

所谓“汉武帝期门故事”，是汉武帝时以武授官，名将甘延寿靠散打，取得期门（掌执兵扈从护卫，后更名虎贲郎）之职。赵匡胤能舞铁棒，且在上面抓出爪痕，可见功力之深。

早在宋代，民间已传说“一条杆棒等身齐，打四百座军州都姓赵”。后来使棍棒者，皆奉赵匡胤为祖师爷。在河北沧州，太祖拳家练习前，要挂一条棍棒祭奠，即“挂棍”，清代民间甚至称少林寺棍法也来自赵匡胤。

赵匡胤还传下一套长拳，戚继光将其吸纳入《纪效新书》，用来练兵，力挺“探马式”，即弓箭步，一手叉腰，一手高举，据说“挪更拳法探马均，打人一着命尽”，不知威力为何如此惊人。

总之，赵匡胤是真正的“功夫皇帝”。

派什么马都要批示

赵匡胤会武术，此外还有一大优势——长得难看。

周世宗为人猜忌，“见诸将方面大耳者皆杀之”，《宋史》称赵匡胤“既长，容貌雄伟，器度豁如，识者知其非常人”，但从画像看，他皮肤黝黑，塌鼻梁，肥头大耳，虽不英俊，但有一团和气之感。

赵匡胤好饮酒，酒后又爱胡闹，似无心机。他当上皇帝后，一次群臣喝酒，大将王审琦“素不能饮”，赵匡胤喝多了，假装向天祈祷说：“酒，天之美禄，审琦，朕布衣交也。方与朕共享富贵，何靳之不令饮邪？”然后说，经此祈祷，上天一定赐予惊人酒量。王审琦无奈，竟一连喝了10杯。

大将曹彬出征南唐前夜，赵匡胤召他入宫，亲自给他倒酒，把曹彬灌得大醉，只好让宫人用冷水泼脸。

赵匡胤成功地忽悠了周世宗，但长期焦虑，尤其是篡位后，为避免落入五代“置君犹易吏，变国若传舍”“天子宁有种耶？兵强马壮者为之耳”之局，堪称“战战兢兢，如履薄冰”。

一方面，严控军兵任用大权，“补一小校，汰一羸老，必奏籍于中而俟（sì，待）上命”。

另一方面，一切军事调动，必经赵匡胤批准。据朱熹在《朱子语类》所录，其中琐碎可见一斑，比如派一将去办事，杂随四人，赵匡胤批示说“只带两人去”，后面说一人骑大紫骝马（骏马），一人骑小紫骝马，赵匡胤又批示：“不须带紫骝马，只骑骝马（黑鬣黑尾的红马）去。”

如此小事，赵匡胤都要亲自管，长此以往，身体自然难支撑。

跟心腹大将都耍小心眼

征南唐时，赵匡胤难得“放手”一次。

临行前，主将曹彬、副将潘美去问赵匡胤意见，赵匡胤掏出一封信，说：“处分尽在其间。自潘美以下有罪，但开此，径斩之，不须奏禀。”二人吓得两腿发抖，退了下去。

平定南唐后，曹彬、潘美拜见赵匡胤，将信交回，说：“臣等幸无败事，昨授文字，不敢藏于家。”只见赵匡胤拿过信，缓缓打开，竟然是一张白纸。

可见，对于忠厚老实的曹彬，赵匡胤也不完全相信。

奇怪的是，赵匡胤对比自己小12岁的弟弟赵光义却特别放心，这可能与母亲杜太后有关。据司马光《涑水记闻》录，赵匡胤从陈桥归，家人惶恐，杜太后却说：“吾儿平生奇异，人皆言当极贵，何忧也。”如此从容，可能她也参与了兵变密谋，即“杜太后聪明有智度，每与太祖（赵匡胤）参决大政”。

赵匡胤与母亲感情极深，杜太后病重时，赵匡胤“亲待医药，衣不解带，涉于旬月”。杜太后自律甚严，她在世时，两个弟弟贵为国舅，仍住在老家，未授官爵。她母家后代衰微，“子孙不在仕版（记载官吏名籍的簿册，借指仕途、官场）”。宋代多次“垂帘听政”，竟无外戚之祸，与杜太后留下的传统有关。

赵光义后来说杜太后曾立“金匮之盟”，兄终弟及，以防国无长君，可能并非事实。杜太后去世时，赵匡胤才35岁，他的长子赵德昭已11岁，赵匡胤去世时，赵德昭已26岁，非幼主。

“金匮之盟”是赵光义上台5年后才由赵普公开的。延迟这么久，于理不通。

赵家皇帝过冬难

赵匡胤死得太及时了，再晚一点，赵光义想上位都没机会。赵光义后来对弟弟，乃至对赵匡胤遗孤，均痛下杀手。至于赵匡胤说我弟龙行虎步，将来必是太平天子，“福德吾所不及”，恐怕也非事实。

赵光义是用毒高手，不排除他下了黑手。但赵家有心血管疾病家族史。发作早的，如宋英宗赵曙，35岁即“不豫”，一个多月卧床不起，说不出话来，当年便死了。

宋真宗赵恒52岁“得风疾”，55岁去世；宋仁宗赵祯46岁“昏不知人者三日”，此后无法说话，54岁去世；宋神宗赵顼（xū）38岁“失音直视”“不能言”，当年去世。

赵匡胤的几个兄弟均不长寿，大哥赵匡济没活到宋朝建立，赵光义享年58岁，四弟赵廷美享年仅37岁（但他是被赵光义逼死的），幼弟赵光赞早殇。整个宋朝，只有南宋高宗赵构还算长寿，活到81岁。他晚年也患了心血管疾病，但他喜饮冰水，以降燥热，此外当年金兵抓他时，他还因恐惧过甚，丧失了性能力，赵构和他的父亲一样好色，但客观上无法纵情声色。

据赵宋皇家的疾病情况推测，赵家可能有某种心血管疾病的家庭病史，他们又特别喜欢吃肥羊肉。宋仁宗时，宫中曾“日宰二百八十羊”，甚至被金兵追击时，赵构还能坚持日宰“一羊”。

帝王家本少平常百姓家的温情，赵匡胤又心思太重，常年失眠，加上饮酒过度，每日吃肥羊肉，这样饮食不规律，对身体必然造成伤害。另外，赵匡胤死于冬季，也恰好是心血管疾病高发季节。

柳永：是大俗还是“修行超越”？

平生颠傻，心猿轻忽。《乐章集》，看无休歇。逸性摅灵，返认过，修行超越。仙格调，自然开发。

四旬七上，慧光崇兀。词中味、与道相谒。一句分明，便悟彻，耆卿言曲。杨柳岸，晓风残月。

这首《解佩令·爱看柳词，遂成》出自金代王嚞（zhé）之手，王嚞即道教全真派创始人王重阳。词中《乐章集》是宋代词人柳永的作品集，共收212首，其中133首属艳情之作。

柳永对宋词发展有开创性贡献，但“词语尘下”“长于艳纤之词”“薄于操行”，为士大夫所诋，科举屡战屡败，50多岁（一般认为是48岁）勉强成功后，仕途亦不振，终于屯田员外郎，《宋史》甚至未为他立传。

宋人徐度在《隙扫编》中说：“柳永耆卿以歌词显名于仁宗朝……多杂以鄙语，故流俗人尤喜道之。其后欧苏诸公续出，文格一变，至为歌词，体制高雅，柳氏之作，殆不复称于文士之口，然流俗好之自若也。”

宋人认为柳永人品、创作皆不足道，为何王重阳却推重？修行之人，为何对《乐章集》“看无休歇”，还“一句分明，便悟彻”？

大众看柳永，是用猎奇的眼光；王重阳看柳永，则用道家的眼光；所见自不相同。其实，柳永很可能是道教功法的修炼者，虽一生不得志，却寿至69岁（很多学者认为在70岁以上）。他的许多作品体现了道家思想，却被误认成大俗。

柳三变为何成了柳永

柳永本名柳三变，他的两个哥哥叫柳三复、柳三接。因《宋史》无传，不知生卒年，较通行的说法是984年至1053年。

柳家祖籍河东（今属山西省），是河东柳氏（柳宗元即出自河东柳氏）支脉，后移居崇安（今福建省武夷山市），世儒。

爷爷柳崇“以儒学著名，终身布衣，称处士”。闽王征辟他当沙县丞，柳崇以闽王非明君，予以拒绝。长子柳宜，即柳三变之父，在南唐任官，南唐灭亡后，又在北宋任官，官至工部侍郎。

柳崇有六子，均出仕。到孙辈时，家族兴旺。柳三变大排行第七，时人称“柳七”。苏东坡曾问：“我词何如柳七？”苏东坡本不善词，初期模仿柳三变，后来他称自己的作品：“虽无柳七郎风味，亦自是一家”。

50多岁后，柳三变改名柳永，说法有二：因为政治；因为患病。

据宋人吴曾《能改斋漫录》载：

> 仁宗留意儒雅，务本向道，深斥浮艳虚华之文。初，进士柳三变好为淫冶讴歌之曲，传播四方。尝有《鹤冲天》词云：“忍把浮名，换了浅斟低唱。”及临轩放榜，特（唯独）落之，曰：“且去填词，何要浮名？”

为仕进，只好改名为柳永。

此说时间对不上。柳三变四次科举失败，三次在真宗朝，一次在仁宗朝，但当时刘太后垂帘听政，“军国重事，权取处分”，共11年。宋仁宗亲政后第一次科举，柳三变便考中了。

改名柳永更可能是因病，他把字也从“景庄”改为“耆卿”。“耆”和“永”都有长寿之意，可能他当时大病初愈。

能婉约也能豪放

柳永的家学渊源深厚，但有两点长期被忽略：

其一，柳永的父亲、二叔（柳宣）曾仕南唐，南唐群臣均擅词。

其二，武夷山是当时“三十六洞天”之一，道教文化积累深厚。

从柳永词作看，他18岁便到汴梁参加科举，未能成功。让人迷惑的是，此前他已写了一批涉及男女情感的词。

西北大学文学院中国古代文学研究著名学者薛瑞生认为，柳永可能15岁便结婚了，因妻子“奈何伊，恣性灵，忒煞些儿”，就是比较任性，二人感情不和，柳永长期漫游在外。柳永19岁时，原配便去世了。此说无史料依据，只是推测。

宋代文人在科举前遍访名家，混名声、广见识，乃至将作品精裱投给高官，希望被慧眼识中，得到推荐，即所谓干谒，都属常态。更大可能是，年轻的柳永到了繁华的汴梁后，主动与歌女们混在一起。

歌女为扩大生意，需找人写新词。

当时欧阳修、黄庭坚、晏殊等士大夫也给歌女写词，内容亦肤浅油滑，但他们惯于居高临下，将歌女视为商品，从物化的角度去赞美。柳永受道教影响，更能站在女性立场上去写作，将男女视为相等，所以他的作品特别受歌女们欢迎。

柳永的词不避俗字，明白如话，且他精通音乐，变小词为慢词，这是宋词的一次革命。柳永不仅能写婉约词，也能写豪放词，比如：

> 想当年、空运筹决战，图王取霸无休。江山如画，云涛烟浪，翻输范蠡扁舟。验前经旧史，嗟漫哉、当日风流。斜阳暮草茫茫，尽成万古遗愁。

从而使“凡有井水处，皆能歌柳词”。

会写词却不会考试

宋朝用货币支付士兵工资，因内实外虚，都城汴梁集结着大量军队，士兵们日常消费带动了汴梁繁荣。汴梁有10多个大“瓦子”，近似现代超级百货公司，集演艺、购物、娱乐、餐饮、闲逛于一体。在此基础上，歌女行业勃兴，她们唱什么新曲，便领一时风尚。

宋人陈师道在《后山词话》中说：

> 柳三变游东都南北二巷，作新乐府，骫骳（wěi bèi，意为曲折）从俗，天下咏之，遂传禁中。仁宗颇好其词，每对酒，必使侍从歌之再三。

可见，宋仁宗不讨厌柳永词，还是“忠粉”。

宋军出征，常从首都派兵。今天还在“瓦子”间流连，明天可能就在远征途中。“凡有井水处，皆能歌柳词”是一位从西夏回来的朝官说的，应是他在宋军营中听到。

那么，让柳永“且去填词”的，会不会是宋仁宗的父亲宋真宗呢？

柳永第一次科举前，宋真宗下诏：“读非圣之书及属辞浮靡者，皆严谴之。”似乎是对着柳永的后脑勺，但诏书下文是：“已镂版文集，令转运司择官看详，可者录奏。”显然，它针对非法出版物，与科举无关。

柳永4次科举失败，很可能就是不会考试，不必过度解读。

宁夏大学中国语言文学学者张琼、孙纪文提出一个有趣的观点：柳永在大中祥符八年（1015年）参加科举时，可能正赶上父亲柳宜去世，应在家守丧27个月，违者将“殿三举”，即停考3届。从时间看，柳永18年后才中举，算上停科，果然隔了3届。

刚当上大官便退休

一般认为，柳永48岁才科举成功，著名中国词学史学者吴熊和在《从宋代官制考证柳永的生平仕履》中指出，柳永应是50岁后才侥幸考中。

1033年，刘太后病逝，24岁的宋仁宗终于亲政，立刻推出超级放水的“恩科”，称：

> 朕念天下士乡学益蕃，而取人之路尚狭，或栖迟田里，白首而不得进。其令南省就试进士、诸科，十取其二。进士五举年五十……虽试文不合格，毋辄黜，皆以名闻。

意思是，进士只要参加过5次科举，年过50岁，统统录取。柳永恰好第5次参加，可能年龄也已50岁。该科共录取1640人，堪称历史之最。柳永考中“第三甲为初等幕职官”，只混了个“同进士出身”。

柳永究竟是凭本事考上的，还是靠政策照顾的，目前难定论，总之就算是考上的，成绩也不好，只是选人，当不了京朝官。

据吴熊和钩沉，宋代文官分京朝官、选人两档，后者只能到外地当州县官，或当助理。苏洵说：“凡人为官，稍可以纾意快志者，至京朝官始有其仿佛耳。自此以下者，皆劳筋苦骨，摧折精神，为人所役使，去仆隶无几也。”

当了8年多选人，历经“三年六考”，赶上范仲淹“庆历新政”，允许高官从选人中举荐京朝官，柳永托人举荐，却“以无行黜之”。经过申诉，1043年，柳永终于成了京朝官。

不过，京朝官也分京官和升朝官两档，后者能经常上朝，从前者升到后者，理论上需9年。1052年，柳永任屯田员外郎（只是虚衔，不实际负责），终于成了升朝官，此时可能已69岁，而宋代规定，官员70岁即退休。

想走捷径，却没成功

柳永未受重用，主要是科举这一僵化的人才选拔制度埋没了他。

柳永颇有政治抱负，宋真宗当年被迫与辽国会盟于澶渊，为掩盖失利，与奸臣王钦若、道士王捷等串联，炮制假天书，让群臣献颂。柳永也没闲着，吴熊和先生认为，柳永的《玉楼春》五首、《巫山一段云》五首、《御街行·燔柴烟断星河曙》都是献颂。

柳永还写过很多游仙词。科举屡败期间，柳永写了8首干谒词；科举成功后，又写了8首投献词。堆砌辞藻，一味拍皇帝马屁。

柳永这么干，可能宫中有内线。据《后山词话》，柳永得知宋仁宗喜欢自己的词，特意做了一首《醉蓬莱》的宫词，宋仁宗发现柳永竟敢投己所好，“自是不复歌此词矣”。

宋代文人把柳永写成官场失意、情场得意的才子，比如吴曾说：“耆卿（即柳永）失意无聊，流连坊曲，逐尽收俚俗言语编入词中，以便使人传唱。一时动听，散布四方。”不符合历史事实。

柳永的词虽“俗”，但当时的俗指曲调，盛唐音乐分雅俗，宋人多用唐人的流俗音乐，对于柳词，不仅“市井之人悦之”，宋仁宗、苏东坡等精英也喜欢。

柳永近佞，一是北宋“尤恶南人轻巧”“南方下国之人不宜冠多士”；二是北宋重经学轻文艺，正如司马光所说：“取士之道，当先德行，后文学；就文学言之，经术又当先于词采。”

宋王朝一建立便遭遇草原王朝的冲击，皇家较排斥外来佛教，重视本土道教。柳永想走捷径，只是没走成。

练功过度，也不是好事

柳永修道，本为当官，却意外让身体获益，得以长寿。

文头引词中，“四旬七上”略显艰深，意为自称47岁了。王重阳曾参加伪齐科举，中武举，不得志，后辞官、黜妻、弃子，48岁大悟，这个大悟即来自“杨柳岸，晓风残月”。

这句诗，曾被人称为“梢公登溷（hùn）诗”，即船夫找厕所诗。其实它包含着修道的深意。

宋代僧人释法明去世前说：“平生醉里颠蹶，醉里却有分别。今宵酒醒何处？杨柳岸，晓风残月。”醉，即人很难分清真实和虚伪，而分清的方法不在身外，而在身内，即“杨柳岸，晓风残月”。

王重阳提出“性命双修”，即不再追求肉体飞升，转向“全性命之真”，这个真恰好被柳永一句写尽。可见，柳永道学修为之高。

道家重“自修道而养寿也”，通过凝神静气、注意饮食、调整心态等，争取长寿。有些方法对现代人仍有启发，当然，也有些是糟粕，不应盲目学习。

柳永去世时，应已70多岁，他的爷爷柳崇寿至74岁，父亲刘宜60多岁还在当官，估计也活到70多岁，柳永高寿不奇怪。奇怪的是，他死后20年，竟无家人为他归葬。柳永有儿子，名柳涚（shuì），考中进士。柳永还有一个侄子，官至太常博士。家道未中落，他们干什么去了呢？

民间传说歌女们将柳永埋葬，纯属编造。也许柳永晚年为修仙道，离群索居，家人甚至不知他已死去，也可能是走火入魔了。

张先：半生挫折晚年穷，为何寿至88

十八新娘八十郎，

苍苍白发对红妆。

鸳鸯被里成双夜，

一树梨花压海棠。

传说这是苏东坡嘲张先的诗，但可信度不高。时张先已85岁，新娶妾，“一树梨花压海棠”后成老夫少妻的标准说法。张先比苏东坡大46岁，且是苏的老师。学生如此调侃老师，张先却没计较。

在中国词史上，张先是一位颇有争议的人物。

赞者如《白雨斋词话》（清代陈延焯著），称：“张子野（张先字子野）词，古今一大转移也。”认为晏殊、欧阳修等“声色未开”，苏东坡、姜白石等“气局一新，而古意渐失”，只有“子野适得其中，有含蓄处，亦有发越处”。

弹者如李清照，认为：“又有张子野、宋子京兄弟、沈唐、元绛、晁次膺辈继出，虽时时有妙语，而破碎何足名家。”

两说尖锐对立，但张先确是一位承上启下的重要词人。可以说，没有张先，便没有宋词中的豪放派（张先点拨了苏轼，后文有讲）。只是张先53岁才出仕，一生未入高层，《宋史》无传，收集词作最丰的毛晋汲古阁也未收他的作品，直到清代才有学人辑佚。

张先一生坎坷，寿至88岁，不仅是宋代诗人中最长寿的，在整个古代文学史中，亦属凤毛麟角。不禁令人好奇，他的长寿秘诀是什么？

53岁才当官

据重庆师范大学中国古典文献学学者罗刚在《北宋张先考辨》中钩沉，宋初有两个张先，字都是子野，年龄只差两岁多。一个是博州（今山东聊城）人，“洛阳八老”[①]之一；一个是乌程（今浙江湖州）人，即词人张先。

词人张先出身贫寒，祖父张任仕途不可考，父张维“少年学书，贫不能卒业，去而躬耕以为养”，未能出仕。张先发达后，张维“以子封至四品，亦可谓贵”。

张先有两点深受父亲影响。

其一，张维“平居好诗，以吟咏自娱；浮游闾里，上下于溪湖山谷之间，遇物发兴，率然成章，不事雕琢之巧，采绘之华，而雅意自得。倘佯其闲肆，往往与异时处士能诗者为辈”。性格极达观。

其二，张维寿至91岁，“可谓寿考”。

词人张先比另一个张先年长，但考中进士的时间却晚了6年（1030年），此时他已41岁，比座师（即主考官）晏殊还大一岁，同时考中的欧阳修才24岁。

宋代进士无需吏部诠选，直接任官，但要等机会。张先没奥援，这一等，就是10多年，53岁时，出任宿州掾（今安徽宿州）。宋代时宿州在汴河沿线，是汴梁门户，位置较今天重要。掾是官署属员的通称，相当于今天的秘书、干事等。

此后张先多在南方任职。座师晏殊任京兆尹时，一度提拔他当通判，但没多久，张先又被发回地方。一直干到76岁退休，始终未能进入中枢。

南北之争便宜了词

张先以词成名，科举成功前已名满天下。

据清初沈雄《古今诗话》载，有人对张先说，大家都说你是“张三中”，因

① 宋初文学组织，欧阳修、梅尧臣、尹洙等也在其中，又称洛社文人集团。

为你的《行香子》中，有“心中事，眼中泪，意中人”这样的佳句。张先不以为然地说，那还不如称我为“张三影”呢，因为我最得意的句子是“云破月来花弄影”“娇柔懒起，帘幕卷花影”“柳径无人，堕絮飞无影”。

此外，张先的“桃李嫁东风郎”也风靡一时。张先第一次见欧阳修时，欧阳修直接称他为“桃李嫁东风郎中”。欧阳修写词时，两次偷过“云破月来花弄影”句。

不过，词在宋代初期不受重视，在《全宋词》中，太祖、太宗、真宗三朝词人共17人，仅存46首词。这些词人大多是高官，写词只是偶尔应景。

据华中师范大学中国古代文学学者孙萱智在《词之演进与北宋士大夫生活》中钩沉，宋真宗“天书封祀”事件后，局面才突然逆转。

宋初皇帝不信任南方人，据宋朝邵伯温《邵氏闻见录》载：“祖宗开国所用将相皆北人，太祖刻石禁中曰：‘后世子孙无用南士作相、内臣（即宦官）主兵。’至真宗朝始用闽人，其刻不存矣。”

宋真宗与辽国订立澶渊之盟后，暂无外患，内部开始纷争，南北矛盾冲突激烈。据南宋李焘《续资治通鉴长编》载：“契丹既和，朝廷无事，寇准颇矜其功，虽上亦以此待准极厚，王钦若深害之。”

王钦若是江西新余人，为扳倒寇准，听说宋真宗梦见神人赐“天书”于泰山，立刻伪造天书，争献符瑞，力挺封禅泰山。大量祝颂文被炮制出来，其中多是词，这让词的地位迅速提高。

写得出好句，写不出好诗

王钦若果然如愿，当上了北宋第一个来自南方的宰相。

宋真宗喜欢赐酺，即举办大型宫廷宴会，聚会欢饮。从统计看，太祖朝无赐酺，太宗朝因册立皇后，赐酺一次，真宗朝则达21次。大型宴会需歌舞，词的影响力进一步提升。

学者孙萱智发现，皇帝赐酺之外，当时高官也沉浸其中。以太平宰相晏殊为例，存世138首词，53首写宴会。据史料记载：“（晏殊）惟喜宾客，未尝一日不宴饮，而盘馔皆不预办，客至旋营之。”

张先属南方集团，作为晏殊私党，多次参加私宴，写词的才能得以发挥。张先的词号称“瘦硬”，多纪实，重音韵，且常会加上一段小序，在今天，这些小序已成重要史料。

北宋初期，词的风格尚未脱唐五代窠臼，多儿女情长，连欧阳修这样的正人君子，也写过许多艳词。在当时，不写男欢女爱，不反复雕琢文字，词人就不知道该怎么写词。张先初期创作也有此弊，但他精通音律，中晚期风格逐渐转型，比如《定风波·再次韵送子瞻》：

> 谈辨才疏堂上兵，
> 画船齐岸暗潮平。
> 万乘靴袍曾好问，
> 须信，文章传口齿牙清。

这首词超越了浅斟低唱、偎红倚翠的基调，颇有豪放派气象。不过，张先的创作整体感差，有点像谢灵运，有好句无好诗，所以李清照批评他破碎。

此外，除晏殊之外，和张先交好的多是中下级官员，凭这个小圈子，写得再好，也不太可能被关注，好在张先退休后，意外地把握住两大机会。

少年东坡不写词

第一大机会是王安石变法，引起许多官员不满，纷纷被贬出京城。

据学者孙萱智钩沉，其中一部分聚集在洛阳附近，形成“洛阳八老”集团和“洛阳耆英会”集团。另一个张先便在“洛阳八老”集团中，不幸早逝，年仅47岁。欧阳修为他写了墓志铭，称赞他：“外虽愉怡，中自刻苦，遇人浑浑，不见圭角，而志守端直，临事敢决。”这个张先不到中年，头发已斑白。

至于“洛阳耆英会”集团，有文彦博、司马光、王拱辰、富弼等，也互相唱和，为了避祸，作品都比较散淡。

还有一部分被贬官员去了南方，或路过杭州，或在杭州周边任官，恰好词人张先居此，迎来送往，有酒席必赴，常现场填写新词助兴。张先本有知名度，加上地主之谊，一些中高层官员也出现在他的交际圈中，以致张先晚年每填一曲，即传播四方。

张先能写比较传统的词，填慢词时，又多用小令的写法。在当时，慢词被认为是民间粗鄙之作，张先的写法更亦被文人接受。相比之下，柳永则“以赋法入慢词”，被士大夫鄙夷。

第二大机会则是成为苏轼的老师。

据苏轼自己说：“仆七岁时，见眉州老尼，姓朱，忘其名，年九十余，自言尝随其师入蜀主孟昶宫中，一日，大热，蜀主与花蕊夫人夜纳凉摩诃池上，作一词，朱具能记之。今四十年，朱已死久矣，人无知此词者，但记其首两句。”

可见，苏轼很早就接触了词，但30岁前，想必从没写过。

差两代却成了好哥们

在《张先与苏轼》（宁夏大学学报1948年第1期）中，作者张海滨指出：

一方面，苏东坡“自七八岁知读书，及壮大，不能晓习时事，独好观前世盛衰之迹，与其一时风俗之变，自三代以来，颇能论著”，直到他22岁考上进士，此后又参加了制科考试、秘阁考试，成绩都不错。以后6年，苏东坡的父母相继去世，所以他没时间学写词。

另一方面，苏东坡早年不太懂音律，写不了词。

苏东坡被贬杭州后，开始与张先往来，当时晏殊、欧阳修等都已去世，张先成了词坛领袖，除了跟他学，找不到更好的。此外，张先通音律，他存世作品170多首（可能有后人伪作），平均两首便换一个曲牌，是换曲最多的宋代词人，苏东坡夸他“细琢歌词稳称声”。

尤其让苏东坡喜欢的是，张先生性豁达，爱开玩笑，虽年龄上差了两代，二人却“欢欣忘年，脱略苛细”。词是小道，所以双方无正式的师徒名分，但张先去世后，苏东坡在墓志铭中写道：“我官于杭，始获拥彗。”古代“拥彗”表示尊敬对方的才能，公开承认张先是自己的老师。

最早发现苏东坡拜师秘密的是刘贡父，二人政见相同，一起被王安石赶出京城，他写诗给苏东坡说：

> 不怪少年为狡狯（jiǎo kuài），定应师法授微辞。
> 吴娃齐女声如玉，遥想明眸颦黛时。

意思是你过去不会写词，怎么现在会写了？你小子一定得到了高人指点。

长寿是性格大度的奖品

张先对苏东坡最大的影响，是以诗写词，苏东坡的一些词作是几首诗连缀而成，这也是张先的特色。不过，苏东坡境界更开阔，成就超越了张先。但搭上苏东坡的热度，张先一度被认为是“宋初四大词人”之一，唐圭璋先生也将张先列入十大词家。

其实，张先与苏东坡的死对头王安石关系也不错，二人是儿女亲家。

张先晚年境况不太好，苏东坡说他“坐此（填词）而穷，盐米不继”。张先一生艰难，少年与晚年皆贫困，他的许多行为不符合养生之道，比如他喜欢喝酒，且一生好色，得知他85岁娶妾，苏东坡还写过一首诗，拿他打镲：

> 锦里先生自笑狂，莫欺九尺鬓眉苍。
> 诗人老去莺莺在，公子归来燕燕忙。
> 柱下相君犹有齿，江南刺史已无肠。
> 平生谬作安昌客，略遣彭宣到后堂。

其中“诗人”是张籍，“公子”是张祜，“柱下”是张苍，“安昌”是张禹，都姓张，暗示“姓张的都不靠谱”。张先也不生气，只是回了一首自我辩解的诗。

张先性格大度，宠辱不惊，能容人。研究表明，开阔的心胸、良好的基因和定期体检，是目前可以证实的、有利长寿的三大因素。在对百岁以上老人的调查中，发现其中90%的人能长期保持心情愉快。[①]《黄帝内经·素问》中记载："……百病生于气也，怒则气上，喜则气缓，悲则气消，恐则气下……。"

张先的父亲便高寿，说明张家有基因优势，三个长寿因素占了两个，张先长寿也就不奇怪了。

---

① 张国玺：《中华养生智慧经》第36页，中国盲文出版社，2013年6月。

苏轼：身患八病，竟然活到66

因病得闲殊不恶，

安心是药更无方。

这是苏东坡在诗中写下的话，意思是休病假挺好，安心乃最好的药，体现出他的旷达。据重庆大学学者彭文良钩沉，苏东坡一生多病，患有眼病、肩痛引发左手偏瘫、耳聋、痔疮、肺病、头痛、牙病、疮疖八种，均时间长、病情重。

比如眼病，“近复以风毒攻右目，几至失明，信是罪重责轻，召灾未已”“而春夏以来，卧病几百日，今尚苦目病”。至于耳聋，则“晚年更似杜陵翁，右臂虽存耳先聩。人将蚁动作牛斗，我觉风雷真一噫”，自称聋得像老年杜甫。别人耳病，是把蚂蚁爬行听成斗牛声；自己耳病，竟把打雷听成一声轻叹。

苏东坡还得过暑毒，即中暑；晚年则“小便白胶”“大腑滑”，即滑精；靠自开药方治愈。

虽摇摇欲坠，苏东坡却活到66岁，长于父亲苏洵（57岁）、儿子苏迈（60岁）、次子苏迨（56岁）、三子苏过（51岁），与同时代的欧阳修、王安石等寿。这与苏东坡注意养生、颇通医道有关，此外，他从小练习道家功法，弟弟苏辙与他一起练，后者年轻时体质更差，却活到74岁。

一方面，苏辙练功能持之以恒，苏东坡则三天打鱼两天晒网。

另一方面，苏东坡晚年被贬儋州（今属海南省儋州市），免疫力骤降。

几种疾病压力下，苏东坡最终死于原因不明的髓枯症。

一家都是病秧子

苏东坡是北宋文坛领袖，文、诗、词、书、画均冠绝当时，21岁即中举，殿试后，宋仁宗高兴地说："吾今又为吾子孙得太平宰相两人。"即苏东坡和弟弟苏辙。

苏家兄弟二人身体均糟糕，可能与父亲苏洵体质差有关。

苏洵共有子女6人，长子（苏景先）、长女、次女早殇，唯一活到成人的女儿苏八娘（即苏小妹，苏轼的姐姐）婚姻不幸，不到20岁就死了。苏洵的父亲苏序很长寿（75岁），苏序有三子，大儿子苏澹活到74岁，二儿子苏涣也62岁，苏洵最差，才57岁，应是基因上有缺陷。

苏东坡先天不足，曾写诗说"少年多病怯杯觞"，即不善饮。他的同乡兼同僚彭乘说："子瞻（即苏东坡）常自言，平生有三不如人，谓著棋、吃酒、唱曲也。"苏东坡自己也说："世有作诗如弈棋，弈棋如饮酒，饮酒乃天戒之语。仆于棋、酒二事俱不能也。"

一是父亲苏洵就不善饮，曾写诗说："衰病不胜杯酒困，辨归倾倒欲乘车。"属于不喝正好、一喝就多型。

二是天生肝脏弱，解酒能力差。

三是苏东坡常年患痔疮，曾写信说："某旧苦痔疾，盖二十一年矣。近日忽大作，百药不效，虽知不能为甚害，然痛楚无聊两月余，颇亦难当。"在杭州任官时，公务应酬多，苏东坡"疲于应接"，竟呼杭州为"酒食地狱"，应该是痔疮发作了。据苏东坡自记："近日又苦痔疾，呻吟几百日。"

不过，弟弟苏辙更麻烦，童年时患肺病（即哮喘），曾写诗说："少年肺病不禁寒，命出中朝敢避难？"

炼内丹成了"体育达人"

苏东坡8岁，苏辙5岁时，二人拜老家眉州附近青城山（道教圣地）道士张易简为师，对内丹有了一定了解。

唐人喜炼外丹，有剧毒，两宋盛行内丹法，即以辟谷、气功、冥想等，凝聚人体元气成“丹”。简便易行，无副作用。上有陈抟、张无梦等名道士，中如王溥、晁迥、张中孚等巨卿，以及种放、李之才等隐士，下至市井百工，如缝纫为业的石泰、箍桶盘栊（笼屉）为业的陈楠、涤（盥洗）器为业的郭上灶等，乃至乞丐、妓女、和尚，都在炼内丹。

炼内丹效果难说，但多少有一点体育运动的内容，促进观念改变。

学者郝亮对比唐代韩愈和宋代苏东坡的体育观，发现截然相反：韩愈不喜欢体育，看别人打马球，便写诗质问：“此诚习战非为剧，岂若安坐行良图。”意思是我知道你们正在军事训练，可打仗不是更靠脑子吗？

在给朋友的信中，韩愈写道：“今之言（马）球之害者，必曰：有危堕之忧，有激射之虞；小者伤面目，大者伤残形躯……及以之驰球与场，荡摇其心腑，振挠其骨筋，气不及出入，走不及回旋；远者三四年，近者一二年，无全马矣。”

这番“打得好，死得快”的“无马论”，远不如苏东坡的“老夫聊发少年狂……亲射虎，看孙郎”。

韩愈喜静，长期服金丹，借口“寿者不可知矣”，不愿争取，57岁便病死。苏东坡则爱动，能“释舟楫之安，而服车马之劳……处之期（jī，1年）年，面貌加丰，发之白者，日以反黑”。

“祖传秘方”竟然无效

苏东坡少年时便有少白头，且是重度近视患者，即“白发长嫌岁月侵，病眸兼怕酒杯深”。被贬到黄州时，苏东坡因眼病，在家“逾月不出”，甚至有传言称他已死。

久病成医，苏东坡特别注意搜集奇方，为治眼病，曾用“龙井水洗病眼”，且“试开病眼点黄连”，居然治愈。

王安石有头痛病，宋神宗赐给大内神药，传说是宋太祖自留的十余方之一，不传民间。不过是萝卜取汁，加龙脑，左边头痛灌右鼻，右边头痛灌左鼻，“即时痛愈”。得知苏东坡好医，便偷着抄给了他。

苏东坡广收奇方，却不迷信。

一次欧阳修说，有人乘船遇风，受惊得病，医生取舵工手汗渍染的柁（tuó，指舵板）牙，刮一些木屑下来，掺丹砂、茯神等药，速效。欧阳修说：“医以意用药多此比，初似儿戏，然或有验，殆未易致诘也。”

苏东坡不以为然，开玩笑说：“（这么说来）以笔墨烧灰饮学者，当治昏惰耶；推此而广之，则饮伯夷之盥水，可以疗贪；食比干之馂馀（吃剩的食物），可以已佞；舐樊哙之盾，可以治怯；齅（通嗅）西子之珥（耳环），可以疗恶疾矣。”

欧阳修哈哈大笑。

苏东坡后将毕生所集，编成《苏学士方》，后人又将沈括的《良方》与它合成《苏沈良方》，书中最早记录了麦饭石、沉麝丸、至宝丹等，此外有圣散子方，是好友巢谷的祖传之秘，可治传染病。巢谷让苏东坡对江水发誓，绝不外传，但苏东坡为救苍生，还是公开了。不过，此方似无效，成了全书“败笔”。

无鱼肉仍“老而体胖”

苏东坡医术高明，又很注意养生，但仕途多艰，三度被贬，影响了健康。

刚入仕时，苏东坡升迁较快。刚开始是从八品，月薪10贯、职钱16石、粟10石，每年另发6匹绢；5年后便升至从五品，月薪35贯、职钱40石、粟30石，每年另发26匹绢，足可养30人以上。北宋朝廷还给官员发“添给钱”，柴米油盐皆有补助，雇下人、秘书等，也由政府掏钱。在此阶段，苏东坡生活宽裕，直言敢谏。

1071年，因反对王安石变法，苏东坡被贬到杭州当通判，收入骤减近一半，仍不愁吃穿。1080年，因“乌台诗案”，苏东坡下狱，获释后月薪一度只剩4.5贯，没有职钱，粟仅剩5石。

在写给孩子的《洗儿诗》中，苏轼调侃道：

人皆养子望聪明，我被聪明误一生。

惟愿孩儿愚且鲁，无灾无难到公卿。

晚年时，苏东坡被贬岭南，一度仅月薪3.5贯，给粟2石，吃饭都不够。万般无奈，苏东坡只好自养鸡，自制东坡菜羹——用菘，若蔓菁、若芦菔、若荠（就是白菜、芣蓝、萝卜、荠菜）一起煮，上面蒸饭，“饭熟羹亦烂可食”。

晚年苏东坡肩痛12年，左手报废，“六十之年，头童（即头秃）齿豁”，每到夏日，腿上“疮肿大作，坐卧楚痛”。

可苏东坡不失幽默精神，虽无荤腥，却称东坡菜羹“不用鱼肉五味，有自然之甘”，并自嘲“先生心平而气和，故虽老而体胖计余食之几何，固无患于长贫”。

通达乐观，所以苏东坡病而不倒。

怪招不少，一半没用

苏东坡常做的几门功课，对健康可能有裨益。

一是忌口，常主动断肉百日。平时“早晚饮食不过一爵一肉”“有尊客，则三之”，以“养胃气”。不过，苏东坡常控制不住自己，比如“余患赤目（即红眼病），或言不可食脍（生鱼片）。余欲听之，而口不可”。苏东坡发明了东坡肘子、东坡肉等，都是高脂高糖的食品。

二是“摩脚心法”。每天早晚盘腿在床上，用力按摩脚心各200次，活血化瘀。

三是吃软饭。苏东坡曾写道：“软蒸饭，烂煮肉。温美汤，厚毡褥。少饮酒，惺惺宿。缓缓行，双拳曲。虚其心，实其腹。丧其耳，忘其目。久久行，金丹熟。”有利于消化，但食物营养流失多，不值得提倡。

四是常用茶漱口。苏东坡曾说：“吾有一法，常自珍之。每食已，辄以浓茶漱口，烦腻既去，而脾胃不知。凡肉之在齿间者，得茶浸漱之，乃消缩不觉脱去，不烦挑刺也。而齿便漱濯，缘此渐坚密，蠹病自已（自我抑制）。然率皆用中下茶，其上者自不常有，间数日一啜，亦不为害也。”宋代制茶法与今不同，偏苦涩，伤胃，苏东坡漱而不饮，也不算坏主意。

被贬到儋州时，自知年事已高，可能撑不下去，苏东坡特意增加了三大招：旦起用木梳梳头，练采日月华功；午窗坐睡，练睡功；夜卧濯足，排瘴出体。

时人误以为南方有瘴气，使人患病。为驱瘴，苏东坡恢复饮酒。

一代文豪，最终却没管住嘴

元符三年（1100年），被放逐岭南7年后，苏东坡终于遇赦北归，途经义真（今属江苏省仪征市）时，因天热，突然拉起肚子，“某食则胀，不食则羸甚，昨夜通旦不交睫（合眼），端坐饷蚊子尔”。吃东西撑，不吃又浑身无力，整晚睡不着，干坐着喂蚊子。

苏东坡自制麦门冬汤（含人参、赤茯苓、麦门冬），病情一度缓解。几日后，又和好友米芾畅饮，突然高烧不退、牙齿流血，20多天后，苏东坡去世。有人认为，苏东坡死于痢疾，麦门冬汤无效，这是典型的误诊。

学者刘继增却发现，麦门冬汤后被李时珍收入《本草纲目》，它治疗再生障碍性贫血（以下简称“再障”），即古人所说的髓枯症，有奇效，被收入1977年版《中医大辞典》。

苏东坡给友人写信说：“某一夜发热不可言，齿间出血如蚯蚓者无数，迨晓乃止，惫甚。”如此惊人的牙齿出血，与死亡前相似，很可能是“再障”发作。用麦门冬汤后，病情暂被控制。没想到，在义真，苏东坡的“再障”又发作了。

“再障”发病机理尚不清楚，可能与污染、辐射、免疫力受损和遗传有关。宋代岭南生活艰苦，苏东坡本多病，加上年迈，且饮酒驱瘴，使身体陷入极端危险中。苏辙得知后，曾郑重警告，不可再饮酒。苏辙在苏东坡介绍下，42岁起专心练功，此时已脸色红润、身体健壮。可惜苏东坡明知酒有害，又不善饮，却没管住嘴。

丘处机：“一言止杀”的真相是什么？

十年兵火万民愁，
千万中无一二留。
去岁幸逢慈诏下，
今春须合冒寒游。
不辞岭北三千里，
仍念山东二百州。
穷急漏诛残喘在，
早教身命得消忧。

金兴定四年（1220年）春二月，73岁的丘处机写下这首诗后，率赵道坚、尹志平、李志常等18弟子，从莱州（今山东莱州）启程，出张家口，过大漠，翻越阿尔泰山，横穿准噶尔盆地……跋涉两年多，终于在大雪山（今阿富汗兴都库什山）觐见成吉思汗。

出乎预料，成吉思汗没打算让丘处机当丞相，只想求长生药。丘处机说：“有卫生之道，无长生之药。”只给成吉思汗上了两堂养生课（一说三堂）。据说在课上，丘处机力劝少杀戮，得成吉思汗认可，此即“一言止杀”。

清代乾隆曾撰联赞：万古长生，不用餐霞求秘诀；一言止杀，始知济世有奇功。

“一言止杀”乏史料支撑。名臣耶律楚材的《玄风庆会录》中，称丘处机传授成吉思汗的“内行之法”是“省欲保神”，“外行之法”是“恤民保众，使天下怀安”，略有“一言止杀”意味。

耶律楚材和丘处机曾共住撒马尔罕城（今属乌兹别克斯坦）一年，二人常有诗词往来。丘处机逝后，耶律楚材态度大变，《玄风庆会录》给他定了10条大罪，书中现存的一半内容都是在指责丘处机。

1227年，丘处机逝于燕京（今北京），终年79岁。全真七子中，丘处机寿最长。其中原因，值得钩沉。

一下子就成了热门

丘处机本名丘哥，金朝登州栖霞（今属山东烟台）人，“生而聪敏，有日者相之曰：‘此子当为神仙宗伯。’”即神仙中的头目。19岁时，丘哥“酷慕玄风”，遂至宁海（今属山东省烟台市）全真庵，拜全真派创始人王嚞为师，王嚞为其赐名“处机”。

金朝奉道，太一教、大道教、全真道皆起自民间，全真派最盛。

唐代道教以仙学为主，重食丹，辅以密仪。密仪或来自古希腊厄琉息斯秘仪，修炼者入密室，在祭司引导下完成神秘仪式，其间饮用致幻剂，并全身涂油脂。

仙学只在贵族内部流行，唐玄宗多次参与密仪，却国家中衰，后来唐代皇帝皆不长寿。从唐末到五代，战乱不已，人们急于化解内心痛苦，对长寿已不太关注，可此时道教哲学已落后于儒家哲学、佛教哲学。

王嚞提出“三教合一”“性命双修”。

“三教合一”，就是把儒家哲学、佛教哲学引入道家中，提出三家本是一家，三家同修，功效大于只修一家。

“性命双修”，就是既服外丹，也修炼内丹，这样才能长寿。

王嚞的这套说法去除了唐代仙学的迷信色彩，将儒家的独立人格、佛教的普遍主义拉入道教中，主张入世、进取，契合了时代需要。

全真派出现时间不长，便“通都大邑，道宫之琼楼玉宇，连甍（méng）接栋，相望于阛阓（huì huán，街市）间。虽十家之邑，三户之聚，颐真进道之庐，无地无之。纶巾羽服，以道自名者，肩相摩，踵相接也”。

三家都请，只愿西行

王嚞“眼大于口，髯过于腹”“膂力倍人，才名拔俗”，曾中武举，收四大弟子，即丘刘谭马（马钰、谭处端、丘处机、刘处玄），加上王处一、郝大通、孙不二，并称“全真七子”。

七子中马钰居长，最得王嚞信任。丘处机自称“未沐（指王嚞）一言之诲”，只是“旦夕侍左右，甘洒扫之役”。王嚞仙逝前，将丘处机托付给马钰。此后13年，丘处机潜心修炼，“降心炼行，箪瓢不置，日丐一食于村落，弊屣衲衣，昼夜不寐”，终于“真积力久，学道乃成”。

金朝对全真派态度游移。先是赞赏马钰；继而又禁道士游方，将马钰发回原籍。接着金世宗在金大定二十七年（1187年）召见王处一，在大定二十八年（1188年）三次召见丘处机，大大提升了全真教的影响力，以致“南际淮，北至朔漠，西向秦，东向海，山林城市，庐舍相望，什佰为偶，甲乙授受，牢不可破”。

金朝看重丘处机，可能与他率领教徒改变传统乞食生活，转向力耕有关，即“力服耕耘，分己之粮，以济饥馁”，减少了社会不安定因素。此时金朝已衰落，地方豪强并起，丘处机有社会影响力，掌控一大批信徒，成金朝、南宋、蒙古争取的对象。

1216年，金宣宗又招丘处机去汴梁，丘婉辞，因1215年，金中都（今属北京市）陷于蒙古铁骑，金朝败相已现。南宋江南大帅李公全、彭义斌请丘处机南下传道，亦被丘处机所拒。

丘处机如此清高，为何会接受成吉思汗的邀请呢？

刘便宜可不便宜

也许是成吉思汗来信的措辞太漂亮：

> 岂不闻渭水同车、茅庐三顾之事？奈何山川弘阔，有失躬迎之礼。朕但避位侧身，斋戒沐浴，遣差近侍官刘仲禄，备轻骑素车，不远数千里，谨邀先生暂屈仙步，不以沙漠游远为念，或以忧民当世之务，或以恤朕保身之术。朕亲侍仙座，钦惟先生将咳唾之余，但授一言，斯可矣。

“渭水同车”指周文王遇姜子牙，“茅庐三顾”指刘备请诸葛亮，成吉思汗怎么可能会用这么复杂的典？成吉思汗还派宣差刘仲禄来请，随身携带悬虎头金牌。

宣差是近臣，权力极大，即：“所过州县及管兵头目处，悉来尊敬，不问官之高卑，皆分庭抗礼，穿戟门坐于州郡设厅之上，太守亲跪以郊劳。”太守见宣差都要下跪。

至于悬虎头金牌，是“如朕亲行，便宜行事”。成吉思汗身边汉人宣差极少，刘仲禄又被称为刘便宜。

按书信所写，成吉思汗是找丘处机当宰相，不由得丘处机不动心。其实丘处机稍微了解一下刘便宜就知道，此人通医，因善制响箭而被成吉思汗重用，不过是个手艺人，惯于满嘴跑火车。他对成吉思汗说：传言丘处机已活了300多岁，有长生之术，应予以重用。

启程前，丘处机也很犹豫，说“天气苍黄，老弱不堪，窃恐中途不能到得”。过张家口后，又在沙漠中逗留了半年，丘处机说走不动了，让成吉思汗来见他。在刘仲禄坚持下，丘处机只好勉强前行。

“一言止杀”指打猎

到大雪山后，丘处机才知成吉思汗想得长生之术。

此时成吉思汗已60岁，他的后裔多患痛风。成吉思汗是否也有此疾，史料无载，但一次出猎，成吉思汗落马，丘处机劝道：“天道好生，今圣寿已高，宜少出猎。堕马，天戒也。豕不敢前，天护之也。”

成吉思汗接受建议，宣布两月不打猎。

在蒙古大营，丘处机只有这段说辞最接近“一言止杀”。此外，丘处机专捡成吉思汗爱听的说，称其崛起是：“皇天眷顾，假手我家，除残去暴，为元元父母，恭行天罚，如代大匠斲（zhuó，意为砍），克艰克难，功成限毕，即升天复位。”战争残忍，可经丘处机这么一解释，成吉思汗成了替天行道，世界急需成吉思汗大军“除残去暴”“恭行天罚”。

此外，丘处机也就说些“世人爱处不爱，世人住处不住。去声色以清静为娱。屏滋味，以恬淡为美”“陛下修行之法无他，当外修阴德，内固精神耳。恤民保众，使天下怀安则为外行；省欲保神为乎内行”之类的“哲学黑话”。

成吉思汗善待丘处机，因丘处机在山东有影响力，可劝说地方豪强支持蒙古大军。丘处机回去后，果然劝服了两拨土匪。此外，成吉思汗手下大将和耶律秃花等被丘处机唬住，在旅行中，丘处机得到了顶级招待，大家都敬畏丘处机，成吉思汗也不免高看一眼。

当然，最重要的原因还是成吉思汗在宗教政策上比较开明，允许多元并存。

短寿竟然是太笨

当然，丘处机也得拿出一点儿健身“干货”，否则无法蒙混过关。好在他对此有研究，曾写《摄生消息论》，书中提出的主要养生方法是：

首先，按季节吃饭，运动。春季“广步于庭，被发缓行，以使志生。生而勿杀，与而勿夺，赏而勿罚，此养气之应，养生之道也”；夏季“使志无怒，使华成实，使气得泄，此夏气之应，长养之道也”；秋季“立秋以后，稍宜和平将摄。但凡春秋之际，故疾发动之时，切须安养”；冬季“早卧晚起，以待日光。去寒就温，毋泄皮肤，逆之肾伤”。

其次，六气养生法。通过“嘘、吸、呵、呼、吹、呬（xì，意为喘息）”六字，对应身体的6个器官，即肝、三焦、心、脾、肾、肺，哪个部分出问题就用哪个字来治，但药力还不能太猛，因“肺有疾，用呬以抽之。无故而呬，不祥也”。

其三，恬淡节欲。即“惜精全神，修身之要，恭己无为，治天下之本，富贵骄淫，人情所常，当兢兢业业以自防耳。诚能久而行之，去仙道不远”。

此外还有一些日常健身小贴士，比如叩齿、饮药酒、服食等。

其实，全真派追求精神圆满，不太看重长寿。丘处机的师傅王嚞只活了58岁，马钰61岁，谭处端63岁，孙不二64岁，刘处玄57岁。丘处机解释说：人活着是为修炼精神，聪明的人修顿门，早修好早走；自己笨，修渐门，太慢，一直没毕业。

当好人是最好的养生术

成吉思汗攻破撒马尔罕后，在此居住数年，耶律楚材也留在当地。他记载道：“寻思干（即撒马尔罕）甚富庶，用金铜钱，无孔郭，百物皆以权平之。环郭数十里皆园林也，家必有园，园必成趣……瓜大者如马首许，长可以容狐。”

在撒马尔罕，耶律楚材常忧虑，曾写10首诗，均以“寂寞河中府”开头，如：

寂寞河中府，生民屡有灾。
避兵开邃穴，防水筑高台。
六月常无雨，三冬却有雷。
偶思禅伯语，不觉笑颜开。

此时丘处机的弟子想收他入道门，但耶律楚材少学儒，后学佛，不同意。

丘处机在撒马尔罕写了一首诗，几句颇精彩：

风光甚解流连客，
夕照那堪断送人。
窃念世间酬短景，
何如天外饮长春。

耶律楚材当天便和了一首，最后一句是“且著新诗与芳酒，西园佳处送残春”，但耶律楚材对丘处机渐生不满。一个原因是成吉思汗问丘处机多大年龄，丘说记不清了，这可能是为保护刘仲禄。耶律楚材认为丘处机“不实”，是“老氏（指老子）之邪”。其实，当年耶律楚材写信也骗过丘处机。帝王爱良医胜过良相，“不问苍生问鬼神”，丘处机也没辙。

丘处机年轻时为修炼，曾连续几个月不睡觉，他长期靠讨饭生存，起居无常，根本不符合养生之道。后来成吉思汗赐他金虎牌，让他掌管天下道教。丘处机借机解放了被大军掳走为奴的3万平民，堪称壮举。

元世祖：信医生活得久

“自人类远祖亚当以来迄于今日，世上从未见广有人民、土地、财货之强大君主。”这是马可·波罗（Marco Polo）对元世祖忽必烈的赞词。

马可·波罗是否来过中国，争议颇多，因《马可·波罗游记》出自鲁斯蒂谦（Rustichello da Pisa）之手，他自称与马可·波罗一起被关在热那亚狱中，集其死前口述而成。鲁斯蒂谦是小说家，还编造过亚瑟王的故事。

《马可·波罗游记》中一些细节惊人地准确。

马可·波罗称忽必烈寿命“足约有八十五岁”，与《元史》“在位三十五年，寿八十”的记载不符。社科院中国历史研究学者李鸣飞考证，拉施都丁在14世纪初用波斯文写成的《史集》中，称：“忽必烈合罕（即可汗）在位三十五年，并在他的年龄达到八十三之后……去世。”

85岁、83岁、80岁，三种说法可能都合理。

拉施都丁用伊斯兰太阴历，蒙元用突厥太阳历，每30年多一年，正好差两年多，如按虚岁算，马可·波罗说“足约有八十五岁”亦合理。

透过争议，另一事实引人注目：中国历代皇帝均寿39.2岁（统计标准不同，结果略异），忽必烈超出一倍多，排名历史第五（前四名是乾隆的89岁、梁武帝萧衍的86岁、武则天的82岁、宋高宗赵构的81岁）。

忽必烈身体欠佳，中年便患了痛风，他的父亲拖雷只活了39岁，同父同母兄弟中，大哥蒙哥寿至50岁，三弟旭烈兀寿至48岁，小弟阿里不哥寿至47岁（一说是被毒死），都不算长寿，则忽必烈的长寿堪称医学奇迹。

被挤到幽燕，反而崛起

“他（指元宪帝蒙哥）让幼弟阿里不哥统帅留下来的蒙古军队和斡耳朵（一般写作斡鲁朵、鄂尔多斯等，游牧民族皇帝的近卫军），把兀鲁思（ulus，封地）交给了他，并且把自己的一个儿子玉龙答失留在他那里。”从《史集》的记载中，可见蒙哥本打算传位四弟阿里不哥。

没想到，1259年8月11日，蒙古大汗蒙哥突然逝于钓鱼城，未明确接班人是谁，引发了继承危机。

蒙哥的父亲是托雷，成吉思汗的幼子，据蒙古“幼子守灶”（即幼子继承大部分的财富和军队）习俗，继承了最大部分遗产，他和正妻唆鲁禾帖尼育共四子，蒙哥是长子。蒙哥任大汗后，派旭烈兀向西讨伐，忽必烈向东“统治蒙古、汉地民户”。

忽必烈知蒙哥有排挤之意，询问名将木华黎的曾孙霸都鲁：“今天下稍定，我欲劝主上驻跸回鹘，以休兵息民，何如？”

霸都鲁说：“幽燕之地，龙蟠虎踞，形势雄伟，南控江淮，北连朔漠。且天子必居中以受四方朝覲。大王果欲经营天下，驻跸之所，非燕不可。”

忽必烈大悟：“非卿言，我几失之。”遂建开平城（今内蒙古自治区锡林郭勒盟正蓝旗境内），即元上都，忽必烈后来在此称帝。

忽必烈盘踞河西，蒙哥并不放心，“命阿蓝答儿、刘太平会计京兆（今陕西）、河南财赋，大加钩考”。元代官员“畏钩如虎，人人谈钩色变”，其中结合波斯“忽尔扎”（特别法庭）制度，钩考官可拘押官员、刑讯拷问，忽必烈的班底多受牵连。

信儒生也是为治病

钩考打击了忽必烈派，但也强化了其内部团结。刘太平等人滥施刑罚，引发基层强烈不满。最终，忽必烈采纳儒生姚枢的建议，将王妃和子女送回漠北，“尽王邸妃主自归朝廷”，打消了蒙哥的疑虑。

对于此次钩考的原因，不少学者认为是忽必烈信任汉臣，推广“汉法”，触犯了蒙古贵族的利益。进而提出，忽必烈一开始便亲近儒家，“向延藩府旧臣及四方文学之士，问以治道”，所以他登基后，“采取故老诸儒之言，考求前代之典，立朝廷而建官府”。

这些记录多出自儒生，忽略了忽必烈对儒生的态度分两个阶段：从1242年到1262年，是逐步认同的时期；1262年到1294年，是一个逐步疏远的时期。

忽必烈亲近儒学，原因是“思大有为于天下”。

窝阔台在位时，蒙古内部便有争议。近臣别迭认为：“汉人无补于国，可悉空其人以为牧地。”耶律楚材争辩说：“陛下将南伐，军需宜有所资，诚均定中原地税、商税、盐、酒、铁冶、山泽之利，岁可得银五十万两、帛八万匹、粟四十余万石，足以供给，何谓无补哉？”所以，初期汉地征收课税使“悉用汉人”。

蒙哥派忽必烈去中原，便因“汉地不治，河南尤甚”，金朝最盛期，此地人口达七百六十万，蒙古破金后，人口已不足百万，不得不靠“汉法”来恢复。

其实，忽必烈亲近儒学，还有另外一个原因，就是他身体不佳，需儒医调理。

因痛风差点送命

忽必烈在登基前便已患痛风，当时才40多岁。因痛感强烈，他出入较少乘马，多靠大象，即元代张昱在《辇下曲》所写：“当年大驾幸滦京，象背前驮幄殿行。”

《马可·波罗游纪》中记：“大汗既至阜上，坐大木楼，四象承之，楼上树立旗帜，其高各处皆见。”“大汗坐木楼甚丽，四象承之。楼内布金锦，楼外覆狮皮。”

忽必烈晚年征乃颜部回京时（1287年），已秋末冬初，痛风发作，足部痛苦，宿卫贺胜“解衣抱持，温以其体，上（指忽必烈）乃安寝达次舍”。

贺胜的爷爷贺贲是世侯（即当地土豪，经政府认定，负责管理地方，是辽宋金元时期管理北方汉人的特殊制度），从地下挖出白金7500两，将其中5000两献给正准备征云南的忽必烈。

忽必烈说，这是老天爷给你的，不用献给我。贺贲说，您刚被封在这里，我就挖到了白银，可见这是老天爷赠给您的，我不敢私吞。忽必烈遂收贺贲之子贺仁杰为宿卫。

蒙古、元朝任官，多取“大根脚”（即怯薛，近卫军）制，元朝一半以上的高级官员出身于此。担任贵族的宿卫，是当大官的捷径。贺仁杰后任上都留守，他的儿子贺胜16岁便入值，父子一起当宿卫。

乘象安稳，却有安全隐患。一次，忽必烈所乘大象受惊，贺胜挺身而出，拉住了缰绳，因此受重伤，数月才好，忽必烈则毫发无损。

据马可·波罗记，在宴会上，忽必烈常一边饮酒，一边将病足放在冰桶中镇痛。

吃什么，医生把关

痛风患者需注意饮食，恰好是儒医所长。

宋之前，儒生以从医为耻，但宋太宗善医，宋廷鼓励学医。据《宋史》记：宋徽宗政和时，“州、县学分别置医学斋，教授生徒。每路从现任官内，选出两位在医学上颇有造诣者，到诸州检查教习，《内经》《道德经》置博士，《圣济经》兼讲”。

宋代林亿称：“不读《内经》（指《黄帝内经》），则不知有慈悲喜舍之德。”将学医与学儒统一起来。

据内蒙古大学学者铁佳鑫在论文《元代儒士从医研究》中钩沉，忽必烈身边著名儒医有耶律楚材、窦默、许国祯、申屠义、赵友、罗天益、李纲等。

元代医家忽思慧在《饮膳正要》中说：“昔日祖皇帝，饮食必稽于本草，动静必准乎法度。”“世祖皇帝圣明……依典故，设掌饮膳的太医四人。”忽必烈每日饮食，均由医生把关，以避食物之间冲克，避免引发痛风，且记录在案，即“每日所用，标注于历，以验后效”。

忽思慧推崇儒医的“保健之道，莫若守中，守中则无过不及之”，所以忽必烈“圣寿延，永无疾”

在忽必烈帐下，不仅有儒医，还有回医、景医、蒙医、色目医等，罗天益曾遇“针灸科忽教授”，“忽教授”（忽公泰，蒙古族）还传了他一些技术。

一次，某“博尔赤马剌”（即怯薛中御厨长）喝马奶酒过量，腹部肿胀，“巫师祷之不愈反剧”，经罗天益诊治，第二天便痊愈。

儒医善调理，契合忽必烈所需。

忽必烈愿减寿送医生

儒医因专业才能，得以接近忽必烈，取得了类似“大根脚”的地位，他们借机发挥政治影响，其中最著名的是窦默。

窦默是河北肥乡人，被金朝列入签军（相当于壮丁），蒙古灭金时，家人皆死，他入赘王家，学习了王家的针灸术，因医术高超、医德高尚，被忽必烈征聘。

据邢台学院法政历史系学者朱红梅在《儒医名臣窦默》中研究，元初政坛上有“邢州学派”“正统儒学集团”“经邦理财群”“金源文士群”等儒生派别，彼此合作较少。

刘秉忠、张文谦、郭守敬、张易、王恂等为代表的“邢州学派”[①]因重实用技术，得到忽必烈的重视，“邢州学派”与“正统儒学集团”的联系人，便是窦默。

窦默向忽必烈提出建议，多次被采纳。窦默八十大寿时，忽必烈亲往祝寿，甚至说：“此辈贤者，安得请于上帝，减去数年，留朕左右，共治天下，惜今老矣”，要拿自己的寿命给窦默续命。后来还说“朕求贤三十年，惟得窦汉卿（窦默字汉卿）及李俊民二人”。

当然，忽必烈能长寿，也不完全靠医疗，还与他很喜欢运动有关。

---

① 邢州即今河北邢台，前三人是邢州人，后二人曾在邢州学习，合称“邢州五杰”。

元朝建立后，忽必烈延续旧俗，常在大都郊外柳林举办春猎“飞放”，他9次亲自参与。据《马可·波罗游记》记：“他至少带有一万捕鹰匠和五百只大鹰。……大可汗常常坐在一个美丽的木头寝室中。四只象抬着寝室走……几处禁地在五天路程以外，又有几处在十天或十五天路程以外的。”

竞争之下，实惠最大

得到儒生支持，在与阿里不哥争权中，忽必烈完胜。

中原富庶，而“哈剌和林城的饮食，通常是用打车从汉地运来的。忽必烈可汗封锁了运输，那里便开始了大饥荒，物价腾飞”。阿里不哥走投无路，去见忽必烈，忽必烈擦去他的眼泪，问：“我亲爱的兄弟，在这场纷争中谁对了，是我们还是你们？”阿里不哥说：“当时是我们，现在是你们。”

随着权力稳固，忽必烈对儒生的看法渐渐改变。

一是“邢州学派”中坚张易因策划诛杀宰相阿合马（此说有争议）被杀，刘秉忠、廉希宪（维吾尔儒生）、赵良弼（女真儒生）均受怀疑。

二是吸取南宋王国教训，认为“科举虚诞，朕所不取”。

三是姚枢等反对灭南宋，让忽必烈寒心。

况且，忽必烈不只靠儒医，还有色目名医答里麻、鄂拖曼，以及拂林医爱薛，拂林是法兰西音译，时人称欧洲为拂林，爱薛可能是叙利亚的景教徒，忽必烈为他建崇福司，任他为崇福使（相当于景教教主）。

元朝还设立广惠司推广回医，“秩正三品。掌修制御用回回药物及和剂，以疗诸宿卫士及在京孤寒者”。《明史》称“元时回回遍天下”，名医聂只儿就是回医。

在元廷中，有“御位下舍儿别赤”，舍儿别即糖浆，也里可温（元人称基督教士）撒必曾用糖浆给拖雷治病，后代遂任糖浆御医。

兼收并蓄，故元代太医院名称、品级、设置、归属等反复变动，儒医未长期主导局面，儒生的影响就更不确定了，倒是忽必烈得到了长寿。

元仁宗：元朝亡于其短寿？

> 仁宗天性慈孝，聪明恭俭，通达儒术，妙悟释典……平居服御质素，澹然无欲，不事游畋，不喜征伐，不崇货利。事皇太后，终身不违颜色；待宗戚勋旧，始终以礼。大臣亲老，时加恩赉；太官进膳，必分赐贵近。有司奏大辟，每惨恻移时。其孜孜为治，一遵世祖之成宪云。

以上是《元史》中对元仁宗的评价。

元仁宗孛儿只斤·爱育黎拔力八达是元朝第四位皇帝（也是蒙古帝国的第八位大汗），他“以儒治国”，继忽必烈之后，开启了元朝的“二期儒治”。他的两大功绩备受后代推崇：

其一，恢复科举。

其二，亲近李孟、王结、赵孟頫等儒臣。

元仁宗和他的儿子元英宗被视为中兴之主，惜二人均不长寿：元仁宗在位9年，35岁去世；元英宗在位4年，21岁时被弑。

元英宗死于非命，且不论。元仁宗短寿，令人遗憾。他的爷爷真金太子寿至43岁，父亲寿至28岁，哥哥海山寿至30岁，似受基因遗传影响。但真金太子是触怒父亲忽必烈后，忧惧而死，而元仁宗的父亲和海山可能死于暗杀。

元仁宗曾远征西北，取得战功，说明他擅戎马。登基后，提拔忽思慧任太医，忽思慧是中国历史上第一本营养学专著《饮馔正要》的作者，精通食补调理之道。

身体基础好，有名医相助，为何元仁宗仍早逝？其中或有内情。

爱儒家的元朝皇帝

元仁宗名孛儿只斤·爱育黎拔力八达，意为“寿山”。他早年丧父，境遇凄惨，后随儒学大师李孟学习，与王结、王约、陈颢等儒生交好。李孟“七岁能文”“通贯经史，善论古今治乱”，王结“深于性命道德之蕴”，陈颢则“日开陈以古圣贤居艰贞之道”。

蒙元以武力得天下，忽必烈始倡“以孝治国”，此后皇帝谥中均加“孝”字，即《元史》称：“百有余年，列圣相承，典礼具备，莫不以孝治天下。”元初无科举，但国子学中，《孝经》居首，即所谓“凡读书必先《孝经》《小学》《论语》《孟子》《大学》《中庸》，次及《诗》《书》《礼记》《周礼》《春秋》《易》。”

元仁宗从小习儒，并不奇怪，他过比干墓时，以纣“内荒于色、毒痡（pū，残害）毒害，痡苦四海”自警，且常以汉光武备尝艰阻自勉。

大德九年（1305年），元仁宗与母亲答己一起被元成宗贬出大都，出居怀州（今属河南省沁阳市），“从者单弱，多怀计去”。2年后，元成宗病逝，元仁宗回大都政变，但大哥海山率3万铁骑，自漠北杀回。元仁宗只好扶海山登基，即元武宗，海山则任元仁宗为皇太子。

海山在位4年，兄弟二人出现了激烈的权力斗争。

元朝最高权力机构是中书省，多由太子把持，但海山不愿大权旁落，别立尚书省抗衡，且“诏天下，敢有沮挠尚书省事者，罪之”。表面上，海山允许元仁宗“选汉军万人，别立一卫”，即卫率府，却任命亲信脱虎脱、不里牙敦担任负责人。

亲兄弟成了死对头

海山早年也受儒学教育，登基后深知元廷危机四伏，必须改革，但他“溥从宽大”，给蒙古贵族的赏赐更多，不得不把主要精力放在理财上，增加了民间负担。

名臣张养浩曾上万言策，指出海山的十大弊政：“一曰赏赐太侈，二曰刑禁太疏，三曰名爵太轻，四曰台纲太弱，五曰土木太盛，六曰号令太浮，七曰幸门太多，八曰风俗太靡，九曰异端太横，十曰取相之术太宽。”

张养浩“言皆切直，当国者不能容”。海山下令“除翰林待制，复构罪罢之，省台勿复用”，张养浩只好“变姓名遁去”。

让元仁宗感到恐惧的是，至大三年（1310年），宦官李邦宁建议海山：“陛下富于春秋，皇子渐长，父作子述，古之道也，未闻有子而立弟者。”海山的亲信三宝奴也私下表示：“今日兄已授弟（皇位），后日叔（指元仁宗）当授侄（指海山的儿子），能保之乎？”

1311年1月，海山病逝。是不是真病，谁也说不清。元仁宗登基后，果然撕毁了“兄终弟及，叔侄相传”的约定，立儿子为皇太子（即后来的元英宗），将海山的儿子和世瓎（là）逼走。后来，海山的两个儿子杀掉元英宗，又夺回皇位传承的世系。

据陈一鸣先生《论元代的太子参政问题》钩沉，海山去世后两天，元仁宗还没办登基大典，就匆匆借口“变乱旧章，流毒百姓”，诛杀三宝奴、脱虎脱等重臣，并废尚书省，“百司庶政，悉归中书”。

能识才还能护才

元仁宗上位后，知传统的“上层用贵族，下层用胥吏”的管理方式弊端太多，他“深厌吏弊，思致真儒，丕变治化”，推行汉法，重用儒臣，并听从李孟的建议，下诏“自今勿限资级，果才而贤，虽白身亦用之”，“一时贤能材艺之士，悉置左右”。还请回了张养浩。

元仁宗为人宽厚，对儒生以礼相待。比如对恩师李孟，他“尝召绘工，惟肖其形，赐号秋谷，命集贤大学士王颙大书之，手刻为匾而署其上。又侧注曰大德三年（1299年）四月吉日，为山人李道复制”。

对昔日潜邸儒臣，元仁宗常直呼其字，以示亲昵。

北京大学中文系学者刘育在《仁宗朝的赵孟頫新议》中指出，赵孟頫工于书法，忽必烈用他，不过视之为词臣、弄臣，后来的成宗、武宗、英宗皆如此，唯元仁宗格外优宠赵。元仁宗发现，赵孟頫为人正直，有治国之才，在扳倒权相桑哥中，发挥了巨大作用。

元人杨载曾评价赵孟頫："公之才名颇为书画所掩，人知其书画而不知其文章，知其文章而不知其经济之学也。"元仁宗却能知人善任。

有元朝贵族提醒元仁宗，赵孟頫可是宋朝皇室的后代。元仁宗初期不搭理，后来被说烦了，反问道："你是自惭家世不如他吗？"

另有贵族建议，不应让赵孟頫参与军机，元仁宗大怒：他是太爷爷忽必烈挑选出来的帷幄之臣，你废什么话？我要不加罪于你，将来别人都会拿这个说事。从此无人再敢说赵孟頫的坏话。

终于恢复了科举

元仁宗有风度，他的儿子元英宗也如此。一次元宵节，元英宗准备在宫中设鳌山灯（大型灯组），张养浩立刻上疏，不客气地写道："灯山之构，臣以为所玩者小，所系者大；所乐者浅，所患者深。伏愿以崇俭虑远为法，以喜奢乐近为戒。"元英宗大怒，但转脸又高兴地说："非张希孟（张养浩字希孟）不敢言。"

元仁宗能破除畛域之见，令当时的儒臣们深为敬服，称赞说："天子有意乎礼乐之事，则人人慕义向化矣。"

元仁宗最大贡献是恢复科举。

元太宗窝阔台时，在耶律楚材建议下，曾"戊戌选士"，但参选的是"儒人被俘为奴者"，中选后，仅免奴隶身份，社会地位与僧道相同，不能算是科举。此后元廷几度想恢复科举，忽必烈也表示同意，却始终没落实。而"贡举法废，士无入仕之阶，或习刀笔以为吏胥，或执仆役以事官僚，或作技巧贩鬻以为工匠商贾"。

皇庆二年（1313年），李孟建议："人材所出，固非一途，然汉、唐、宋、金，科举得人为盛。今欲兴天下之贤能，如以科举取之，犹胜于多门而进。”元仁宗“深然其言”，下诏正式恢复科举，史称“延祐复科”（正式考试在延祐元年，即1314年）。此时距元朝建立已44年，距南宋灭亡（1279年）也已36年，距金亡达81年。时人称：“于皇世宗，景运天开。肇兴贡举，网罗异才。”

元朝科举较灵活，“举人宜以德行为首，试艺则以经书为先，词章次之”。死记硬背的东西较少。

皇帝近臣们不高兴

出乎元仁宗预料，恢复科举不仅遭贵族集团的反对，也遭汉人胥吏反对。据刘安泰先生在《谈元朝科举制度的废与行》中钩沉，时人叶子奇便说：“至于科举取士，止是万万之一耳，殆不过粉饰太平之具，世犹曰无益，直可废也。”

无科举，贵族便为所欲为。

费纳喀忒人阿合马任高官时，靠献妻女姊妹而当官的，有133人；靠献金银财货而当官的，有581人。阿合马的儿子呼逊统辖浙江行省期间，赃银达81万锭。

元代高官多出身怯薛，不少人曾在宣徽院任职。宣徽院始于唐，总管宫廷内务，北宋王安石“元丰改制”时废除，但辽、金都模仿中原王朝设置宣徽院，元代的宣徽院则仿自金朝。

宣徽院在名义上是照顾皇帝起居，实际上还承担着军事行动、赈灾、管理皇室财产、监督官员、执行皇帝密令等任务。宣徽院官员由皇帝直接任命，不通过中书省，官员品级与俸禄和宣政院相等，成了“国中之国”。

元代“皇庆元年（1312年），增院使三员，始定怯薛丹一万人，本院掌其给授”，其中一半人是蒙古人，此外是色目人，汉人数量极少。

宣徽院许多高官是世袭的。比如忽思慧的上级常普兰奚，学者邹贺认为他也是《饮馔正要》的作者之一。常普兰奚是汉人，太爷爷常资，在宣徽院当御厨，爷爷常兀迈笃，“袭职”，父亲常咬住也从御厨干起，此外，常普兰奚还有个弟弟，叫常小和尚，也负责御膳。

从宣徽院出身任要职者颇多，当他们意识到科举将剥夺自己的当官机会时，难免不用邪招。

解酒法多，都不靠谱

元仁宗原本身体不错，但他在潜邸时便“饮酒常过度”，“盖当时近习多侍上燕饮”，登基后，元仁宗常搬出渎山大玉海装酒，来宴请群臣。

意大利传教士鄂多立克（Friar Odoric）记录说：“宫中央有大瓮，以至我听说它的价值超过四座大城，纯用一种称作密尔答哈（墨玉）的宝石制成，非常精美，瓮的四周悉绕黄金，每角有一龙，作凶猛搏击状。此瓮边沿装饰着以大珠缀成的网缒。”“瓮旁放着很多金酒杯，可以随意饮用。”

渎山大玉海曾是中国最大玉雕，现在北京北海公园的团城中，是忽必烈下令制造的。元帝皆好饮，在忽思慧的《饮馔正要》中，抄录了一些解酒法，大多不靠谱。

比如“西瓜主消渴，治心烦，解酒毒”，但西瓜不解酒，只是富含维生素，可缓解恶心、反胃等感觉，此外水分含量大，可稀释体内酒精浓度，而西瓜中的果糖也可促进酒精的吸收。

再如用大豆汁解酒，也属误导，大豆汁含植物蛋白，有醒酒作用，但酒会让植物蛋白变性，形成沉淀物，影响肠胃消化。

还有葛花解酒，葛花有毒，可能造成心肌缺血，引发心脏病。

倒是书中提到的椹子、柑子皮等物榨汁灌下，是比较安全的醒酒法，但非特效方法，且难修补大醉给身体造成的伤害。古代科研水平低，忽思慧难免说错。

常喝醉，嗜红肉（元仁宗属鸡，不吃鸡肉），元仁宗的身体处于危险状态。何况还有更危险的事：他得罪了贵族们，皇室内斗日渐激化……

如果元仁宗多坚持几年，元朝可能中兴，只可惜，历史没有“如果”。

元顺帝：练个瑜伽，咋还亡国了

忆昔开元天上乐，遗音传向世间来。

鹍弦夜拨风生殿，羯鼓春敲花满台。

荔子浆寒醒未解，海棠日煖梦初回。

谁知百战功成后，一曲霓裳种祸胎。

这是明代诗人王翰写下的《观舞天魔》一诗。明朝风行“天魔舞”，传说是元朝末代皇帝元顺帝孛儿只斤·妥懽帖睦尔所创，王翰将它与唐朝的“霓裳羽衣舞”相提并论，认为同属“亡国之舞”。

在《红楼梦》中，也提到“天魔舞”，即贾宝玉梦游太虚幻境时，警幻仙姑说：“此离吾境不远，别无他物，仅有自采仙茗一盏，亲酿美酒一瓮，素练魔舞歌姬数人，新填《红楼梦》仙曲十二支，试随吾一游否？”

受《元史》误导，曹雪芹也将“天魔舞”当成色情舞蹈。

在《元史》中，元顺帝被刻画成荒淫无道的昏君，不仅沉迷于“天魔舞”，还修炼“演揲儿法”。可《元史》作者不知“演揲儿法”何意，便称“华言大喜乐也”，属房中术。据中国人民大学西域历史语言研究所学者沈卫荣先生考证，“演揲儿法”不过是一种瑜伽术，至今仍流传。至于“天魔舞”，可能源于西夏，元初即有，亦无出格处。

种种误会，源自野史，经《元史》抄录，以讹传讹。因为宋代兴起的理学建构出一套刻板的历史解释方案：王朝强大源于皇帝英明、亲近贤臣，王朝衰败源于皇帝昏庸、亲近小人。戴上这样的有色眼镜，自然会看错。

元顺帝不过是个体育爱好者，却遭泼污，身败名裂之外，还未得长寿，实在有些可惜。

赶走了虎，又来了狼

元顺帝（又称元惠宗）生于1320年，本名妥懽帖睦尔，是元朝最后一个皇帝。

9岁时，父亲元明宗和世㻋被叔叔元文宗毒死，元顺帝被迁至高丽，“使居大青岛中，不与人接”。1年后，元文宗下诏宣布，元顺帝不是元明宗的亲儿子，将他移居到广西静江（今广西桂林）大圆寺，在寺中秋江长老照顾下，元顺帝系统学习了汉语典籍。元朝诸帝中，元顺帝的汉学修养最深。

元顺帝13岁时，元文宗病死，权臣燕铁木儿立元文宗的次子为帝，即元宁宗，可元宁宗登基53天后即病死。燕铁木儿想立元文宗的小儿子，被元文宗的妻子拒绝。

燕铁木儿是钦察人。钦察是突厥一支，曾在今哈萨克斯坦一带游牧。入元的钦察人世代当兵，到燕铁木儿时，大权独揽，元文宗的妻子怕小儿子受害，不许其称帝。燕铁木儿找不到继承者，只好迎回元顺帝，表明拥立之意，探其态度，可元顺帝“幼而畏之，一无所答”，燕铁木儿“疑其意不可测”。燕铁木儿曾参与毒死元明宗的阴谋，怕元顺帝“追举前事”，迟迟不办登基大典。

就在犹豫时，燕铁木儿突发急病而死，他的弟弟撒敦、儿子唐其势只好拥立元顺帝，元顺帝娶燕铁木儿的女儿为皇后。

执政初，元顺帝被燕铁木儿家族包围，便暗通伯颜，除掉了撒敦、唐其势等人，毒死皇后。可伯颜又成新权臣，“天下贡赋多入伯颜家”“天下之人唯知有伯颜而已”。元顺帝“深居宫中，每事无所专焉”，忍了6年。

理想丰满，现实骨感

元顺帝深知元朝内忧外患，急需振作，而伯颜非治才，甚至曾提议尽杀“张王刘李赵五姓汉人”。

伯颜有一侄子，名脱脱。脱脱自幼由伯颜抚养，深通儒家典籍，且天生神力。脱脱见伯颜跋扈，知其必败，担心牵连自己，在父亲马札儿台和师傅吴直方建议下，脱脱主动请求元顺帝驱逐伯颜。元顺帝用脱脱之计，扳倒了伯颜，开始亲政。

从至正元年（1341年）到至正十三年（1354年），元顺帝与脱脱共推“至正更化”，是元末一场以“作新风宪”为主的社会改革，可惜以失败告终。

元顺帝为人勤勉，脱脱又是能臣，且二人关系和谐。《元史》称赞脱脱：“功施社稷而不伐，位极人臣而不骄，轻货财，远声色，好贤礼士，皆出于天性。至于事君之际，始终不失臣节，虽古之有道大臣，何以过之？”元顺帝曾说：“人中有脱脱，马中有佛朗国[1]马，皆世间杰出者也。”

“至正更化”的主要内容是恢复科举制度、崇儒重道、完善法律、强化对地方官吏的考核、鼓励农业等，均称良策。却不仅没化解危机，反致局面不可收拾。

一是元末瘟疫、自然灾害频生，元顺帝拿不出更多资源去推动“至正更化”。

二是“至正更化”未涉及元朝统治的根本问题——高层权力太分散，党争不断，致政令难行。更麻烦的是，脱脱自己也陷入党争中。

帝师是官，不是方士

至正八年（1348年）方国珍兄弟造反，元廷无力镇压。

至正九年（1349年），脱脱二次任相[2]，“恩怨无不报”，政敌别儿怯不花派被驱逐，政事“皆委以腹心之寄，大小之事皆与之谋，事行而群臣不知也”。

至正十年（1350年），为补国库空虚，脱脱滥发纸币，“物价腾踊，价逾十倍”。至正十一年（1351年），红巾军起义，“凡浙西、江东南、湖南北，以闽

① 佛朗国即法兰西，古代中国长期认为法国是欧洲之主，故用佛朗国代指欧洲。

② 至正四年（1344年）正月，脱脱被迫辞职，至正九年（1349年）闰七月被召回，重任中书右丞相。

蜀之地，凡城所不完者皆陷”。

元顺帝对脱脱渐失信任，重用哈麻及其妹夫秃鲁帖木儿，二人向元顺帝推荐西域僧人，练“演揲儿法”。据《元史》，僧伽璘真（又名结琳沁）对元顺帝说：“陛下虽贵为天子，富有四海，亦不过保有见世而已，人生能几何？当受我‘秘密大喜乐禅定’，又名‘多修法’，其乐无穷。”元顺帝遂封他为帝师。

这段记录出自野史《庚申外史》，作者权衡“元时屡拒礼聘，隐居太行黄华山二十八年不仕，明洪武四年（1371年）归江西，年已六十余”，他怎可能知道元廷秘闻？他甚至没搞懂元朝的帝师制度，以为帝师就是帮皇帝练功的方士。

帝师制度始于阔端（窝阔台次子），定于忽必烈。阔端率军自四川入云南前，曾与萨迦派高僧班智达在凉州会晤，达成互相支持的协议。后来八思巴三次为忽必烈密续灌顶，且创蒙文。元自忽必烈以下，历朝都有帝师。元廷授权帝师代管地方，自行收税、任官、司法，秩一品，直接对元帝负责。二者是政治关系，练功只是由头。

“演揲儿法”未失传

那么，“演揲儿法”究竟是什么？

学者沈卫荣在《从“大喜乐”和“演揲儿法”中还原历史》《释拙火幻轮、秘密大喜乐禅定和演揲儿法》等文中细密钩沉，指出“演揲儿法”是最古老的一种瑜伽术——幻轮瑜伽，可“调节风脉，强健身体，以帮助修行者消除身体的各种疾病”，又称“调身仪”“整身仪”“治风脉定”等，今天仍有习练者。

沈卫荣进一步指出：“在北京故宫博物院图书馆中藏有一部传自清代宫室的《修喜佛图》，图文并茂……共九十六种图式……实际上就是萨迦派所传的一套完整的‘幻轮’修法。”

至于“多修法”，即“大喜乐禅定”，是“一种严格、秘密的宗教仪轨”，元初已入宫廷。和“演揲儿法”“多修法”关系密切的“天魔舞”，“是一种崇高的宗教舞蹈”，忽必烈担心乱弹乱唱不恭，下令民间禁演“天魔舞”。可见，它绝非亡国之舞。

元顺帝童年丧父，登基后饱受权臣压制。执政初期又异常勤勉，长期过劳。“至正更化”中后期，屡遭挫折后的元顺帝心灰意冷。且在他心中，长期压着一块“大石头”，即叔叔元文宗当年下诏“播告中外”，称元顺帝不是元明宗的亲儿子，后来有人提及此事，元顺帝生气地说：“此我家事，岂由彼书生耶？”凡此种种，均不利于健康。

元顺帝很在意自己的身体，哈麻背后说元顺帝已老，元顺帝大惊：“朕头未白，齿未落，遽谓我老耶？”此时元顺帝才36岁。

众意压倒了个人努力

元朝贵族喜运动，畋猎较普及。至元三年（1337年），元顺帝出猎35天，名为“丑的”的监察御史进谏，元顺帝立刻赐予金币，“丑的”辞谢，元顺帝说：当年魏徵进谏，唐太宗都打赏，你也别推辞。至元四年（1338年），元顺帝又想去打猎，脱脱劝谏：“古者帝王端居九重之上，日与大臣、宿儒讲求治道，至于飞鹰走狗，非其事也。”元顺帝只好取消计划。

打不成猎，只好操练其他运动项目。幻轮瑜伽通过调整呼吸，放松身心，“使人身之气或消或胀，或伸或缩”，适合元顺帝。

元顺帝很想当个好皇帝。

元制，天子“日进御膳用五羊”，元顺帝则“日减一羊”。他生日时，“禁天下屠宰，不宴贺，虑其多杀以烦民也”。元顺帝重文教，明初人都称“元末文人最盛”。

勤勉如此，为何谣言不断？法国传播学者卡普费雷（Jean-Noël Kapferer）在《谣言——世界最古老的传媒》一书中指出，在信息闭塞时代，谣言反映的是人们“期望的事实”。元末社会动荡，百姓困苦，期望它灭亡，期望元帝是昏君，越昏越好。加上瑜伽崇静，习练时须屏蔽外人，推涨了人们的恶猜心理。

1368年，明军进逼大都，元顺帝逃走，留下七律《答明主》：

金陵使者渡江来，漠漠风烟一道开。

王气有时还自息，皇恩何处不昭回。
信知海内归明主，亦喜江南有俊才。
归去诚心烦为说，春风先到凤凰台。

诗写得气度非凡，却成元顺帝“能艺不能为君”的证据。

没能逃到济州岛

退出中原后，谣言依然追着元顺帝。

一说元顺帝是南宋末代皇帝——宋恭帝赵显之子，此说也源自《庚申外史》，明代叶盛、黄溥、全祖望，清代钱谦益、万斯同、王国维皆信以为真。前辈学人河南省社科院历史所任崇岳先生辨析最详。赵显6岁亡国，被忽必烈封为瀛国公，终生修佛，后半生奉诏居甘州（今甘肃张掖）山寺。元顺帝的父亲元明宗去过甘州，传说他强抢赵显之妻，遗腹子即元顺帝。可赵显已46岁，他的妻子应与他年龄相仿，17岁的元明宗为何看得上她？

一说元顺帝的儿子是明成祖朱棣，朱元璋进北京时，强占元顺帝的妃子，遗腹子即朱棣。可明军进北京时，朱棣已9岁了。

谣言靠猎奇、八卦流传，谁当真谁就输了。

元顺帝逃离北京后，没去较安全的漠北，因元廷与漠北诸部长期对立，历史上多次交战。元顺帝在靠近中原的漠南立足，两面受敌，内部派系斗争依然不断，焦虑之下，难免折寿。

内蒙古师范大学历史文化学院学者李岭钩沉朝鲜史料，发现元顺帝本想逃到耽罗（今韩国济州岛），耽罗政权对元称臣，名为“高丽与国”，却不听其号令。耽罗是元朝十四处重要牧场之一，驻有元军和“牧子”，此时元顺帝被皇后奇氏集团掌控，奇氏是高丽人，熟悉耽罗。

元顺帝已派人去耽罗建宫殿，但明军北伐速度太快，很快便占领了山东，那是当时从水路到耽罗的唯一通道。元顺帝长年生活在中原，不适应漠南环境，靠练瑜伽的那点儿健康收益显然不够。退到关外1年多，元顺帝便去世了，终年50岁。

第五章 拾遗

南中之战：惧怕瘴气，蜀国埋下亡国隐患

五月驱兵入不毛，月明泸水瘴烟高。
誓将雄略酬三顾，岂惮征蛮七纵劳。

这是唐人胡曾写下的《咏史诗·泸水》，记述三国时蜀相诸葛亮“七擒孟获”的故事。该故事影响深远，不仅在云南等地，甚至还在缅甸八莫等地广泛流传。

有学者认为：云南非“不毛”之地，此处“不毛”，应是八莫（缅甸北部城镇）的音译，证明诸葛亮的远征军曾到达缅甸。但八莫得名甚晚，《元史》尚称八莫为江头城，后改称新街，再改为八莫。八莫来自掸语[1]的manmaw，与“不毛”并不谐音。（引自罗荣泉先生的《诸葛亮“五月渡泸，深入不毛”辨》，以下多处引用该文内容，不再一一标注）

《三国志》记录了雍闿、高定、朱褒等反蜀的南中（今天的云南、贵州和四川西南部一带）将领姓名，却根本没提孟获，可见，“七擒孟获”很可能是想象的产物。只是从晋代开始，孟获便出现在各种文献中，《三国演义》又加入许多生动有趣的情节，后人遂信以为真。

不论在胡曾的诗中，还是在《三国演义》中，均提到瘴气。人一旦与它接触，必然生病，甚至死亡。如此厉害的瘴气，为什么今天却找不到了呢？

---

① 掸族最主要的语言。掸族一般指分布在缅甸联邦共和国境内的泰民族。

南下的最大风险是疫疠

蜀建兴三年（225年），诸葛亮率军南下平定叛乱，此时距刘备去世仅3年。夷陵之战中，蜀军“舟船器械，水步军资，一时略尽”，以致“民穷兵疲”，此时尚未完全恢复，那诸葛亮为何还要冒险呢？

原因可能有三。

首先，中原大战多年，人口损失严重，急需耕战之民。根据东晋成书的《华阳国志》的记载，诸葛亮平南中后，“移南中劲卒青羌万余家于蜀，为五部，所当无前，号为飞军”。街亭之败时，王平率仅三千人的“无当飞军”，挡住张郃军团六万人的进攻，助蜀军摆脱了全军覆没之危。

其次，雍闿、高定等人与东吴勾结。东吴当时占据着今天的广东、广西，如与南中叛军联手，蜀国将两面受敌。

其三，南中占据益州近一半的面积。益州由北部和南中两部分组成，基本以长江为界，二者面积相当。三国时，南中虽未充分开发，但物产丰富，是征魏的大后方。

诸葛亮出兵时，南中四郡已叛三郡，但蜀军似乎不太担心“众少敌倍”，魏延、赵云、吴壹、马谡等名将也未随行，倒是对南下可能引发疾病，颇为恐惧。

丞相长史王连提出：“此不毛之地，疫疠之乡，不宜以一国之望，冒险而行。”王连本是刘璋旧臣，刘备取益州时，时任县令的王连据城坚守。后来刘备攻占成都，王连投降，刘备提拔他管理盐铁，王连政绩斐然，成为蜀汉名臣。

一直等到王连去世，诸葛亮才率军南下。

五月渡泸可以躲瘴气

为防疫疠，诸葛亮率大军“五月渡泸”。

在历史上，至少有四条河曾被称为泸水，即大渡河、安宁河、雅砻江和金沙江，前两者称泸水的时间较晚，诸葛亮率军渡过的应是金沙江或雅砻江。郦道元在《水经注》中称：“……时有瘴气，三月、四月，迳之必死，非此时犹令人闷吐。五月以后，行者差得无害。故诸葛亮表言：‘五月渡泸，并日而食。’”

白居易在《新丰折臂翁》中也写道：

> 闻道云南有泸水，椒花落时瘴烟起。
> 大军徒涉水如汤，未过十人二三死。

这个神奇的瘴气究竟是什么？有学者认为，瘴即障，凡地理阻隔处，皆易致病。也有学者认为，瘴气是原始森林中动植物腐烂后生成的毒气。但此二说都解释不了，为何泸水的瘴气只在三四月发作，为何此时迳之必死。

还有学者提出，瘴气即疟疾。

“瘴”字出现很晚，在正式文献中，始见于《后汉书》，汉人伪托的《神农本草经》中也有瘴字，或为后人添入。“疟”在甲骨文中便有，说明当时北方亦曾流行疟疾，随着北方气温渐冷，疟疾高发区向南移动。

明清时，瘴气记录迅速锐减，因美洲食物传入中原，特别是玉米，它生长期短、耐寒，可在山区种植。大量棚民入山刀耕火种，原始森林遭破坏。疟疾靠按蚊传播，按蚊多生活在原始森林中。因丧失宜居环境，疟疾传染减弱，瘴气记录也少了。

此说虽有道理，但中国历史上的气候寒温交替，北方的瘴气记录却持续下降，未随温度变化而波动。

南中之战总共才半年

事实上，在古人眼中，瘴气的含义模糊而多元，不同时期、不同人谈瘴气，意思不尽一致。日本著名汉医学家丹波元简先生（1755—1810）曾统计，在中医典籍中，共有40多种疾病与瘴气相关。宋代时，瘴疟就有三种，分别是冷瘴、热瘴和痖瘴。冷瘴即疟疾，热瘴是热气、积食所致，痖瘴相当于中风。痖，古同“哑”。“瘖”（yìn）”，有声无语。

“瘴气”二字用得太广太滥，渐成“精神之瘴”。自汉代始，人们普遍对南方感到恐惧。贾谊被贬到长沙后，“自伤悼，以为寿不得长”。南朝梁武帝说：“北方高凉，四十强壮；南方卑湿，三十已衰。”

因为惧怕瘴气，所以诸葛亮征南中时才半年便收兵了，对南中没有进行更充分的开发。

南中之乱源于豪族自立，雍闿反叛时，私立当地巨族子弟为官。诸葛亮平叛后，却承认他们的官职，还鼓励他们扩充部曲。

蜀军在南中只待了半年，他们哪有时间去“七擒孟获”呢？

其实，《三国志》中无“七擒孟获”的记载，此说最早见于习凿齿的《汉晋春秋》，经裴松之摘抄，补入《三国志》的注。裴松之不太相信习凿齿，他写道：“如此言之类，皆前史所不载……疑习凿齿所自造者也。”

《三国志》的作者陈寿的父亲曾给马谡当参军，失街亭后，马谡被斩，陈寿的父亲受牵连，被实施髡（kūn，剃掉全部或部分头发）刑。诸葛亮南下平叛时，马谡送了几十里，说：“攻心为上，攻城为下。”马谡的观点深得诸葛亮认同。如果“七擒孟获”是真事，那么马谡肯定知道，陈寿的父亲也肯定知道，如此《三国志》不会不记。

孟获可能是汉人

其实，诸葛亮的“攻心为上”，不过是：“为夷作图谱，先画天地、日月、君长、城府；次画神龙，龙生夷，及牛、马、羊；后画部主吏乘马蟠盖，巡行安恤；又画夷牵牛负酒，赍金宝诣之之象，以赐夷，夷甚重之，许致生口直。又与瑞锦、铁券，今皆存。”

诸葛亮还给予当地人生产工具，向他们传授先进技术，帮助他们提高生产力水平。陈寿在上奏中写道：“至今梁、益之民，咨述亮者，言犹在耳，虽甘棠之咏召公，郑人之歌子产，无以远譬也。”陈寿曾受命“定蜀故丞相诸葛亮故事”，他又很崇拜诸葛亮，不提“七擒孟获”，必有根据。

在《三国志》中，重要反叛者的名字都记录在案，偏不记最大的头目孟获，于理难通。鉴于孟获的传说极广，大多数学者认为，他可能是真实的历史人物，但实际地位不高。

南中三大叛首中的雍闿、朱褒都是汉人，雍闿是名臣雍齿的后裔。雍齿与汉高祖刘邦同乡，却一向看不起刘邦，刘邦最困难时，雍齿却叛逃了，还将丰县献给魏王。后来势穷，雍齿又投降了刘邦。汉朝成立后，刘邦要给群臣封侯，有些人不服，张良便给刘邦献计道："找一个你最恨的人，给他封侯，大家就不吵了。"刘邦遂封雍齿为侯，于是群臣便说："连雍齿都封侯了，我们还急啥，早晚会给我们封侯。"

雍家后来迁到南中，成为地方豪门。当时南中有八姓，孟家也在其中。孟家在南中绵延500多年，一直是大姓。如果真有孟获，他可能也是汉人。

"火把节"也扯上了诸葛亮

"七擒孟获"不见于正史，但至少在晋代，人们普遍相信这是真事，后人还列出"七擒"的具体地点。让人好奇的是，为何他们能编得如此有模有样？

罗荣泉先生对此有精彩辨析，他指出，南中四郡中，唯一未叛的是永昌郡的吕凯。吕家是吕不韦的后裔，秦始皇将吕家流放到南中。汉武帝征西南夷时，让吕家掌后来的永昌郡之地，特将此地定名为不韦县。吕家后代对此感到分外羞辱。

南中叛乱时，吕家全力配合诸葛亮。永昌郡在四郡的最南端，是云南与缅甸的交界处，所以南中叛军不可能逃到缅甸。取胜后，吕家为掩盖与吕不韦的关系，对外自称是诸葛亮大军的后裔，甚至将居住地改为诸葛营。吕家后来融入僰人[1]。

明代曹遇曾写道：

> 孟获生擒雍闿平，永昌南下一屯营。
> 僰人也解前朝事，立向斜阳说孔明。

---

① 僰，bó，僰人又称濮人，是先秦时期对西南诸族的统称，即今云贵高原及川渝西南部地区诸民族。

吕家有足够的动力为诸葛亮编故事，“七擒孟获”可能就是他们的杰作。这种策略被当地许多民族采纳。比如傣族传说，诸葛亮南征时曾教傣人耕稻技术。遇上瘴气，他们皆遵诸葛亮所赠帽子绸条上的嘱咐：“想命长，水冲凉；草棚矮，住高房。”于是他们搭起竹楼。

再比如纳西族和傈僳族的传说，称诸葛亮南征时，教百姓耕作水稻。农历六月二十四，为迎接运稻种的汉兵，村寨男女点着火把以驱散瘴气，后来这一天成为“火把节”。

忌惮瘴气埋下亡国隐患

《三国演义》称，“七擒七纵”后，孟获表示：“公天威也，南人不复反矣。”其实，诸葛亮离开南中后，当地豪族很快又发动了叛乱。

“七擒孟获”被广泛认同，因为它契合了人民对宽治的期待。在武侯祠中，清人赵藩留下名联：

> 能攻心则反侧自消，从古知兵非好战；
>
> 不审势即宽严皆误，后来治蜀要深思。

它被后人称为“攻心联”，却是对历史的刻意误读。《资治通鉴》记载道：“诸葛亮佐备治蜀，颇尚严峻。”法正劝他“缓刑驰禁”，诸葛亮却怼法正不知“审势”。可见，诸葛亮不主张宽治，他在南中采取怀柔政策，可能是因为担心瘴气，想早早离开。

“七擒孟获”虽然是一个假故事，但《三国演义》在讲述中加入了“饮哑泉中毒”“饮安乐泉解毒”等生动的细节，而这些细节皆有现实基础。

比如“哑泉”，云南多铜矿，经硫酸铜污染的泉水味甜，多饮会失声，进而中毒而死，及时饮用碱性水可解毒。而石灰岩多的泉水即呈碱性，“安乐泉”可能就是这样的泉水。很多人奇怪，铜矿不溶于水，为何会形成“哑泉”？铜矿中有一种微生物，在风化的作用下，能将铜矿石变成易溶于水的硫酸铜。显然，这些记录来自真实的生活经验。

诸葛亮忌惮瘴气，未深入开发南中，也埋下了亡国的隐患。39年后（264年），魏国名将邓艾率军逼近成都，刘禅召群臣商议，有大臣建议逃到南中，大臣谯周说："且若欲奔南，则当早为之计，然后可果；今大敌以近，祸败将及，群小之心，无一可保？恐发足之日，其变不测，何至南之有乎！"刘禅只好投降，43年国祚就此结束。

疾病再一次以另类的方式，改写了历史。

唐代医美：武则天的牙就是最好的例证

“太后春秋虽高，善自涂泽（即美容），虽左右不觉其衰。丙戌，敕以齿落更生，九月，庚子，御则天门，赦天下，改元。”这是《资治通鉴》中的一段记载，称武则天年迈，靠美容术令左右不觉。

让人不解的是：丙戌年（686年）时，武则天已62岁（《新唐书》记为692年，武则天已68岁），牙齿掉了，竟然长出新牙。

从出土的唐代长安墓葬分析，唐人龋齿患病率为62.9%，比较普及（遍），但低于现代人（据2019年数据，我国成人龋齿患病率达90%以上）。①

韩愈曾写《落牙》诗（节选）：

去年落一牙，今年落一齿。
俄然落六七，落势殊未已。
余存皆动摇，尽落应始止。
忆初落一时，但念豁可耻。
及至落二三，始忧衰即死。

写此诗时，韩愈才39岁（一说32岁）。他写道，如果一年只落一颗，自己还剩20颗，等于能再活20岁，可喜可贺。但韩愈未能如愿，他只活到56岁。

① 孟勇、邵金陵、李海涛、肖丹、刘呆运：《西安市唐代遗址出土人颅骨标本的龋病研究》，《中华口腔医学杂志》2008年第43卷第11期，第686页。

自古罕闻“落牙再生”，武则天的牙为何如此神奇？一方面，她可能得到了新的医学美容技术帮助，装上的假牙几可乱真；另一方面，她有意制造并渲染神迹。不过，从中也透露出唐代医疗美容的高度。

想脸白，用姓白的药

中国医疗美容历史悠久，甲骨文中有“沐”“浴”等字，商纣王时已能配制“燕脂”，即菊科红花属红蓝花绞汁凝固而成，产自燕地，故名。

《诗经》中有：“自伯之东，首如飞蓬，岂无膏沐，谁适为容？”膏沐应是当时的洗发水。

《山海经》中记124种药，12种可美容，比如荀草，“服之美容色”，熏草“佩之可以已疠（通癞）”。在长沙马王堆汉墓出土文献中，也有美容方，即晨起空腹饮“酒泡鸡蛋”，连吃21天，可养颜。《神农本草经》则认为，生姜、葱白、大枣、芝麻等30多种食物可美容。其中最重要的发现，是认为白芷能“长肌肤，润泽颜色，可做面脂”。

不过，这些都是单方，较简单。到葛洪《肘后方》时，制法趋复杂。比如取新生鸡蛋，刺一小孔，拨出蛋黄，只留蛋清，再加入朱砂细末20克，以蜡封好，再让母鸡孵21天。洗脸时，将此液体涂面，“令面如白玉，光润照人”。

当时人崇面白，便“取象比类”，多用带白字或白色的药物，如白术、白芷、白鲜皮、白附子、白蜜、白僵蚕、白檀香、白豆面、鸡子白、白瓜子等，还有鹰屎白，是老鹰粪便中白色部分，含酸性，可以漂白皮肤，后多用鸽屎白、鸡屎白替代。

到唐代时，孙思邈将医疗美容推上新高峰。孙思邈的美容方不仅数量多，且组方复杂，一般不少于10味药，最多的用了54味药。有些药很难得，比如鹰屎白，只用黄鹰的，鸡屎白只用乌鸡的。

洗手药配方，爹瞒着儿子

唐代常见的医疗美容有：

潘沐护发： 潘即淘米水，春秋时已有，潘汁可以是洗稻米水，也可以是洗稷（小米，一说是不粘的黍）、洗粱（品种特别好的小米）的水。潘汁一般加热后使用，去污效果更佳。

在马王堆出土的《五十二病方》中，用潘汁加兰根、白付、猪油，煮开三次，放到第二天洗澡，可治癣疥。潘汁也可内服，即“清浆水”“酢浆”，用来治糖尿病等。

口含药： 近于口香糖。富者直接含口檀（即鸡舌香，又称母丁香，原产于印尼），贫者用香薷或细辛煮水，汁饮下，药渣口含。

澡豆： 近于肥皂，用大豆粉、绿豆粉制成，加入白芷、沉香、鹿角胶等。东汉已有，但“面脂手膏、衣香澡豆，仕人贵胜，皆是所要。然今之医门极为秘惜，不许弟子泄露一法，至于父子之间亦不传示”。孙思邈率先公开了多个澡豆配方。

治痤疮： 自隋代起，误认为痤疮源于“饮酒热未解，以冷水洗面，令人面发疮”，需端午节时，“取枣叶三升，井华水捣取汁，浴”。孙思邈则用胡粉（碱式碳酸铅）、水银，“以腊月猪脂和，熟研，令水银消散”，外敷治疗，两味药都有毒。

面药： 即护肤膏，用羊髓、猪油等，加药物制成，防皮肤衰老。

粉妆： 除了有毒的胡粉、飞水银霜（加入水银）外，唐人也用金粉（加金龟子粉末）、鹿角粉（鹿角磨碎）、珍珠粉等，有一定滋养作用。

口脂： 相当于口红，也分不同色号，加甲煎（一种香料）的叫口脂，不加的叫唇脂，均含麝香、丁香等药。

唐朝的药价，比今天还高

与前代不同，唐代医疗美容更重视香药。

西亚与印度多香药，如金线矾、小茴香、荜澄茄、仙茅、芦荟、藤黄、没药、天竺桂、冰片、海松子、藏红花、龙涎香、沉香、乳香等，汉代传入中原，唐宋时达到顶峰，明清始衰落。

因东西方贸易往来频繁，以致当时巴格达出现了专门销售瓷器、丝绸的“中国市场”。阿拉伯史家雅古特（Al Khuttal）在《地名词典》中说，巴格达得名源于中国商人：

> 由于中国国王的称谓是“巴格”，所以每当他们回国的时候，他们便说“巴格达德”——意思是我们所获得的利润，都是国王的恩赐。

此说未必准确（中国从未称国王为巴格），但双方往来密切，应属史实。唐代天宝年间，到广州的西亚商船“不知其数，并载香药珍宝，积载如山，其船深六七丈”。在长安，有胡商开的药铺。西亚、印度的传统医学也传入唐朝。比如中国传统用于顺产的药物配方中，曾普遍用酒做引子，受西亚医学影响，唐代时改用醋。

据袁仁智、潘文等学者在《吐鲁番出土药价残片探微》中发现，唐代香药价格不菲，沉香与黄金价格相当，即使是普通香药，价格也相当于当时的奢侈品砂糖的3—10倍，至于白檀香、沉香、丁香、麝香等，则在百倍以上。

如果以白面价格为计算基数，去掉比较昂贵的香药，唐朝药材是面粉的25倍，高于今天的14倍。

唐朝人均收入远低于今天，则医疗美容很难普惠大众。

进口药一下涨了80倍

进口香药贵，只好本土移栽。沿着陆地和海上丝绸之路，西亚、南亚等地植物传入中原，比如撒马尔罕的金桃、大食的窟莽（枣椰）和没食子、波斯的齐暾（tūn，油橄榄树）和耶悉茗花（大花茉莉）、哑巴闲国与罗施美国的蕃栀子（栀子花）、奴发国的芦荟等。

为向中国倾销商品，胡商常将普通植物说成是药材，将普通药材说成是神药。

比如诃黎勒，有调气固肠之功。唐朝名将高仙芝在大食国得到一枚，长5寸，戴在身上后，腹泻10多次，忙向当地长老请教。长老说，诃黎勒能治一切病，腹泻是正在排除体内毒素，此后高仙芝一直戴着它。其实一剂诃黎勒散，至少要用10枚煎服，体外带一枚毫无意义。

在唐代医疗美容中，颇见外来医学的影响，比如印度古医学用旃檀（即白檀）和白旃檀治雀斑、黑痣，孙思邈《千金方》中的治面不净方和玉屑面脂方、王焘《外台秘要》中的千金疗面黑不白净方，都用了白檀。

再如阿伽陀药，本是生命吠陀医术的八大分支中的第六支，可以解毒，到《千金方》中，成了万能解毒药，又称不死药，方中所用紫檀、郁金，都是外来香药。

随着唐由盛转衰，战争给香药输入造成巨大困难。安史之乱前，一颗上等诃黎勒只值2.5文钱；安史之乱后，价格升至6.8斗麦，估价已在210文以上。唐乾符六年（879年），黄巢大军攻破广州，致其暂时丧失国际商港地位，到宋代才恢复。

孙思邈竟知道要消毒

唐代医疗美容在用药上明显进步，让人忽略了它在手术上的成功。

隋唐是中国手术发展的重要时期，隋代《诸病源候论》中，已有肠吻合术记载，且明确要求缝合时“各有纵横，鸡舌隔角，横不相当”，与现代连续缝合术近似。此外，还记录了腹腔大网膜手术、切开引流术等。

唐代始用火针，即火烧针灸，亦针亦刀。孙思邈甚至知道，消毒不彻底，可能伤害患者，提醒用火针时，“务在猛热，不热则即于人有损也”。

随着手术水平提高，医疗美容也开始引入手术法。唐代有治靥术，就是在脸上做出酒窝（一说古代医书中，靥也指疤痕，目前无确论）。此外有磨削术，即用玉石摩擦面部，来治疗疤痕。

晋代时，中国已掌握兔唇修补术。西晋魏泳“生而兔缺”，医生“割而补之”，术后“百日进粥，不得笑语”。魏泳后来当了高官，可见治疗成功（当时残疾人不能当高官）。

据《太平御览》记，唐人崔嘏（gǔ）失一目，以珠代之。会昌四年（844年），他和施肩吾一起考中进士，施肩吾和他开玩笑，说：“去古成叚，著虫为虾（虾的繁体字为蝦），二十九人及第，五十七眼看花。”29人应该是58只眼睛，偏偏崔暇减去其一。

据《吴越备史》：“唐立武选，以击球较能否，置铁钩于球杖以相击，周宝尝与此选，为铁钩摘一目，睛失……敕赐木睛以代之。”唐人喜马球，用来练兵、选将，易伤目。

以上两例可证，唐代义睛术已较成熟。

真正了不起的人反而默默无闻

据唐代官方发布的《新修本草》：“以白锡和银薄（即银箔）及水银合成之……补牙齿缺落。”直到20世纪90年代，银汞合金补牙术仍是最主流的治疗方法，后因有毒，渐被淘汰。从时间看，中国人比西方人早1000年掌握此术。

宋代陆游写诗说：“卜冢治棺输我快，染须种齿笑人痴。”自注道：“近闻有医，以补坠齿为业者。”可见，至迟到南宋时，镶牙术已普及。

那么，武则天“齿落复生”，是不是早期镶牙术的成果呢？

老人生新牙，一般有两种情况：其一，原本牙齿断裂，根部犹在，随着牙龈萎缩，残留部分露出，误以为长了新牙；其二，生智齿，智齿生于18岁后，35岁止，偶尔有例外。

这两种均属低概率事件，考虑到唐代医疗美容手术水准的提高，武则天很可能接受了镶牙术，她隐瞒实情，可能与身处背景有关。

据唐代唐临《报应记》，唐代阆中县丞吕文展信佛，专心持诵《金刚经》，至三万余遍，年老后三牙并落，他加倍念经，结果“牙生如旧”。

武则天是篡位者，曾授意薛怀义伪造《大云经》，称武则天“受命于佛”。大权独揽后，武则天贬道教、崇佛教，并让各地献祥瑞。襄州人胡庆用丹漆在乌龟腹部写“天子万万年”，抱到洛阳进献，被官员当场揭破，武则天却说：“此心亦无恶。”

武则天自称“齿落复生”，是为证明，自己确得上天的惠顾，如此好的忽悠机会，她怎肯放过？可惜那位完成了重大技术突破的牙医，其英名被历史尘埋。

小小蚊虻，竟使北宋亡国

“自澶州讲和而后，毕士安撤河北之防，名为休养，而实以启真宗粉饰太平之佚志，兴封祀、营土木者十八载……神宗有自强之志，而为迂谬之妄图，内敝其民于掊克，而远试不教之兵于熙河……宋至徽宗之季年，必亡之势，不可止矣。”

这是清代王夫之不朽名篇《宋论》中的文字，其对北宋亡国提出个人见解：自宋真宗“澶渊之盟”后便误；宋神宗想自强，可举止荒唐；宋朝到宋徽宗手中，北宋已是必亡之局。

王夫之是从政治、军事角度看北宋，但北宋灭亡，亦有环境、疾病等原因。

王夫之所见，是大历史，虽然透彻，却解决不了这些疑问：辽朝盛期多次入侵北宋，始终无法颠覆，为何金朝能迅速成功？金军首次围汴梁后撤去，半年后再围，为何北宋仍无准备？宋军颇有对付骑兵的经验，为何对抗不了金军？

这涉及三个问题：

其一，华北蚊虻减少。

其二，宋代皇族有精神病遗传史。

其三，汴梁大瘟疫。

三者改变一个，结果可能不同。

契丹不怕长途奔袭

契丹崛起于唐代晚期，916年，耶律阿保机称帝。时中原割据，后晋石敬瑭为获支持，将已失大半的幽云十六州转让给契丹，北方长城沿线天险尽失，以致“自蓟而南，直视千里，贼鼓而前，如莞衽（guān rèn，指蒲草编的席子）上行”。

唐五代是中原气温较高的时期，生于极寒之地的契丹人颇畏惧。契丹太后述律氏曾对耶律德光说：“汝今虽得汉地，不能居也。”

耶律德光于947年初攻占后晋都城汴梁，可几个月后，便“罢兵北还”，半路病死在栾城（今属河北省石家庄市），年仅46岁。

入中原会得病，辽人从此产生恐惧心理。

北宋建国（960年）晚于辽，初期都是主动进攻，想一举收回幽云十六州。自汉代起，中原军队与游牧作战，均学习草原战术——长途奔袭，即组织精锐骑兵直取王庭。为保证机动性，中原军队和游牧军队一样，只带极少粮食，每人两三匹马，星夜兼程，因粮于敌。一击不中，自身便有危险。

汉代霍去病、唐代李靖皆以此成名，中唐名将李愬雪夜入蔡州，依然是这种搏命式的战法。所谓“悬军奇袭，置于死地而后生”。

可契丹与以往游牧不同，它汉化程度高，乃半耕半牧，有完善的城池系统，足以久持。只要拖上10多天，偷袭者自败。北宋两次“经略幽燕”无功，特别是在高梁河之战中，宋太宗还“股中两箭，岁岁必发，其弃天下竟以箭疮发云”，只好从战略进攻转为战略防守。

“水长城”让敌军无法突袭

宋代建国初期，曾有人建议修长城御敌，宋太宗回绝：“若乃决大河、筑长城，又徒自示弱，为后世笑。”坚持“在德不在险”。

端拱元年（988年），名臣何承矩提出建“水长城”，即：“引水东注至海，东西三百余里，南北五七十里，滋其陂泽，可以筑堤贮水为屯田，以助要害，免蕃骑奔轶。”

该计划争议甚久，淳化四年（993年），大理寺丞黄懋（mào）再提此议，宋太宗遂命何承矩等“督戍兵万八千人，自霸州界引滹沱水灌稻为田，用实军廪，且为备御焉”。

到1003年时，已成定制。这条“水长城”全长八百里，深度“五尺至一丈”，汇集河流19条，淀泊30个。共分8段，设堡垒26座，士兵3000余人，还有战舰100余艘。“水长城”未连接处，另设“榆塞”，就是密集种树，延迟骑兵突击。

“水长城”真正可怕之处，在于滋生蚊虻。蚊虻是一种小型吸血昆虫，善飞舞，专虐牛马，牛虻即蚊虻的一种，生于多水之地。北宋沈括写道：“安、沧、景之间多蚊虻。夏月，牛马皆以泥涂之，不尔多为蚊虻所毙。郊行不敢乘马，马为蚊虻所毒，则狂逸不可制。”

北方游牧民很熟悉蚊虻，“以溺（即尿）盥洗”来对抗它，但“腥秽不可近”，不适合大军。“水长城”让辽军丧失了突然性——每年秋冬无蚊虻时才出兵，为绕过“水长城”，仅三条路可走：一是山西燕门；一是从幽州经雄县或霸县，直至汴梁，即东官道；一是从幽州经徐水、满城、望都到汴梁，俗称西官道。

东官道半陆半水且窄，西官道略宽，无塘泊。辽军6次伐宋，5次走的都是这条路。

黄河水患冲毁“水长城”

1004年秋，宋辽签订澶渊之盟，誓约明确规定“不得创筑城隍，开掘河道”。“水长城”渐废弃，仅天然湖泊，如白洋淀，至今仍存。

一方面，“水长城”占用良田太多，宽度长10里—150里，欧阳修曾说：“河北之地，四方不及千里，而缘边广信、安肃、顺安、雄、霸之间尽为塘水，民不得耕者十八九。”名臣包拯也说：“以迫近塘泊，递年例皆淹涝，秋夏未尝收熟。极边之地，民力重困，不可不优与宽恤。”

另一方面，北宋黄河水患严重，167年间，共85年发生了溢决，即“黄河之患，终宋之世，迄无宁岁”。北宋在西北对西夏频繁用兵，大量驻军毁坏森林，加剧水土流失，使黄河泥沙量猛增。北宋中期，黄河河南段已成地上悬河。

唐代以长安为都，与华北有天险阻隔，致河北三镇割据。三镇都依靠大运河，唐朝刻意将航线切成三段，让三镇互相牵制。宋代定都汴梁，在大运河上游，可直接控制三镇命脉，河北遂归顺，但代价是对黄河漕运依赖过重。

北宋时，黄河多次决口，改从天津入海，给北宋带来巨大冲击。

其一，天津靠近辽国，从华北到汴梁，黄河是唯一天险，也是第二道防线，如辽军乘船从天津直下汴梁，可绕过“水长城”，北宋防护体系瞬间崩塌。

其二，黄河北流后，与“水长城”相接，黄河带来的泥沙逐步淤死“水长城”。

其三，北宋在华北有30多万军队，黄河北流后，漕运不济。

金兵是攻城高手

为重建边防体系，宋仁宗、宋神宗、宋哲宗三度开启“黄河改道”工程，即“三易回河”，欲将黄河改回向东流，可故道河床已淤高。“三易回河”随修随溃，给河北人民带来深重灾难。

据史料载：“河北之民尤罹弊苦，粒食罄阙，庐室荡空，流离乡园，携挈老幼，十室而九，自秋徂冬，嗷嗷道涂（途）。”“自沧州以北，所存一二。其他郡大率类此。千里萧条，间无人烟，去年虽丰，无人耕种，所收苗稼，十不一二。”

金国崛起时，面对的华北已与辽国时迥异。一是“水长城”所存无几，蚊虻大大减少，金军可四处出击。

“水长城”未建成时，宋军常用弹性防守战术，即放辽军主力进入华北，择地阻挡，再分兵从背后夹击。弹性防守对指挥统一性要求高，部下须严守号令，与北宋“重文抑武”策略不符。“水长城”建成后，宋军形成死守孤城、等待援军的战法，彼此极少协作。随着“水长城”淤平，防守正面增加，很容易被各个击破。

辽国善野战不善攻城，金国则是攻城高手。宋代名将吴璘在《兵法》承认：“金人攻城，长于用炮（这里的炮指投石机）。”“金人广列垒石炮座，寻碑石、磨盘石、羊虎石为炮，欲攻之。所列炮座百余，飞石如雨。”待城头楼橹被击坍塌，守堞将士立足不住，“推对楼使登城，每对楼上载兵八十人，一对楼接城，则引众兵上”。

为了攻城，金军还组建了工兵部队，“用河南卷埽军筑土山，必与城齐……其筑叠有法，颇难隳坏。”

大敌当前还在内斗

金军强于辽军，北宋末期防守弱于初期，更麻烦的是，河北有离心倾向。

北宋起家于河北，开国将帅皆河北人，都是世代为将，属大名府（治所今属河北省大名县）集团，所以赵匡胤才要“杯酒释兵权”。北宋对出知大名府官员的选择极慎重，自中期起，“非历二府而出者不得焉”。

所谓“二府”，即掌管军事的枢密院（西府）和掌管政务的中书门下（政事堂、东府），“二府”共同行使行政领导权，是当时最高国务机关。

大名府集团多将门，有军权，有藩镇割据的传统，与北宋皇族关系错综复杂，非老成有经验者，不能驾驭。到北宋末年，储位之争成为大名府集团与中枢间矛盾的关键点。

宋徽宗看好三子赵楷，但长子赵桓（即后来的宋钦宗）是王皇后所生，为嫡长子。宋金联手灭辽后，辽国部分领土归宋，边境北移，可北宋中央政府不愿投入，全靠华北出钱、出人，“京东、河北止以租钱及燕山免夫之征剥苛太甚，盗贼四起”，大名府集团扶持赵楷，实为对抗宋徽宗。

宋徽宗意识到了威胁，大名府守臣4年多换了4任，内部矛盾重重，自难应对金国。“水长城”消失后，华北出现很多梁山泊式的“山水寨”，依山傍水，金军无法攻克，在它们的掣肘下，金军初期不敢南下。然而，负责华北防务的赵构（宋徽宗第八子）担心大名府独自挡住金兵，会让五马山义军假冒的赵榛（宋徽宗第十三子）成名，对自己形成威胁，故不予援助，乐见五马山陷落。

如此密切“配合”，金国怎能不成功？

5个皇帝可能都有精神疾患

北宋还有一大隐患，即皇族可能有遗传性精神疾患。

宋真宗赵恒可能是北宋皇帝中病情最严重的精神病患者，在寇准裹挟下，他御驾亲征，来到澶州，此后却表现荒唐，与此前判若两人，很可能是压力导致精神失常。

宋真宗的儿子宋仁宗赵祯46岁时，在大年初五接受百官参拜时，突然手舞足蹈、胡言乱语，持续数日。名臣文彦博问太监是怎么回事，太监说是禁中机密，不可泄露。文彦博大怒说："天子患病涉及社稷安危，我作为宰相，怎能不知情？你们要谋反吗？"

此后文彦博、富弼两位宰相每日到仁宗榻边奏事，宋仁宗不久后痊愈。

宋仁宗的三子均早逝，传位于侄子赵曙，即宋英宗，宋英宗继位仅4天，便在朝堂上大呼"救命"，称有人要杀他，还在宋仁宗的葬礼上忽笑忽哭。宋英宗在位4年，35岁便去世了。

宋英宗赵曙的儿子宋神宗赵顼力助"王安石变法"，他一生忧郁，寿仅38岁。他的儿子宋哲宗也有精神病症状，去世时年仅25岁。宋徽宗本人虽较健康，但他的儿子宋钦宗被金国俘虏后，亦精神失常。第二次汴梁保卫战时，宋钦宗竟相信道士郭京能作法退敌，开"宣化门出战"，致金兵入城。如此操作，很难说精神正常。

北宋气候突然变冷，瘟疫增加。金兵第一次围攻汴梁时，城中大疫，一半市民死亡。相比之下，金军更适应寒冷的天气，金兵第二次围攻汴梁，恰好赶上大雪，金军将领粘罕高兴地说："雪势如此，如添二十万新兵。"种种因素叠加，汇成宋朝兵败的结果。

大历史见必然，小历史见偶然，知必然亦知偶然，才是完整的历史。

金朝亡于鼠疫？怎能一看见瘟疫就当成鼠疫

“汴京大疫，凡五十日，诸门出死者九十余万人，贫不能葬者不在是数。”这是《金史·哀宗本纪》所录金末汴京（今属河南省开封市）瘟疫后惨状。史书未记发生时间，一般认为发生在1232年，蒙金媾和、蒙古大军刚停止攻城后。

此即历史上著名的“汴京大疫”，两年后（1234年），金朝灭亡。坊间写手将这次大疫夸张为“压垮金朝的最后一根稻草”。

“汴京大疫”究竟是什么疫？为何能杀死这么多人？

据郑州大学历史学院学者李中琳、符奎的《1232年金末汴京大疫探析》盘点：有学者认为是流行性肠胃病，有学者认为是感冒，有学者认为是“真伤寒”“可能包括传染性肝炎或钩端螺旋体病”，较主流看法是肺鼠疫。

肺鼠疫传染快、死亡率高，且和西方史家虚构的“蒙古大军西征导致黑死病横扫欧洲”一说呼应，故在民间亦广为流传。

这就忽略了：

首先，1127年金兵攻汴京时，也发生过“人疫”，1/3市民病死。两场“大疫”相距105年，皆在围城战结束后的春天爆发，难道都是肺鼠疫？

其次，在人类史上，肺鼠疫大爆发次数并不多，汴京中招频率为何畸高？

其三，钟鸣诗人元好问当时也被困在汴京城中，作为目击者，他称大疫是“壬辰药祸”，难道他看错了？

疾病会改写历史，但不能把历史所有突变都算到疾病头上。金朝灭亡原因很多，汴京大疫作用有限。

百万级城市不好管

要搞清金末“汴京大疫”，需追溯到宋代汴京（不同时期有东京、汴梁、开封、南京等名，为叙述方便，一律称汴京）。

汴京是百万人口的大城。

宋初，宋太宗便称“（汴京）养甲兵数十万，居人百万”，《三朝北盟汇编》说“总七百万户”，南宋庄绰则说“昔汴都数百万家”。学者估计，最鼎盛时，汴京人口密度2万/平方公里，超过许多现代都市。

以当时的管理水平，很难维持这样的特大城市运转。

比如汉代长安，居民28.2万人，加上驻军，约50万人，隋代时，已井水苦咸，因粪便、生活污水等下渗，污染了地下水。隋炀帝只好在其东南建大兴城，即后来的唐代长安。

从城市史看，百万人口以上的特大城市直到中古（公元500年到1500年间）才出现。世界首座特大城市可能是南朝梁（502—557年）的都城建康（今属南京市），史称“城中有二十八万户”，加驻军，或达百万。

长安人口亦超百万，因缺粮，皇帝一度每年“就食洛阳”。唐高宗时，“出幸仓促，扈从之士有饿死于道中者”。普通居民每年冬季2个月，靠去山上找榛子、橡实、蕨根等充饥。

食物不足，卫生条件还差。韩愈抱怨长安蚊蝇多：

> 朝蝇不须驱，暮蚊不可拍。
>
> 蚊蝇满八区，可尽与相格。

与唐代长安比，汴京还有一大劣势：长安采取坊市制，分108个坊，以2.3—3米土墙包围，虽是治安举措，却限制了疫情传播。

汴京则转为都厢制，社区完全开放，给防疫带来挑战。

定都汴京有先天不足

汴京因地处南北漕运的咽喉而崛起，“四水贯都”（即城内有四条河，实为三条）。

吴越王钱俶（chù）曾向赵匡胤进贡一条宝犀带，赵匡胤开玩笑说：“朕有三条带与此不通……汴河一条，惠民河一条（西段叫蔡河），五丈河一条。”

汴河是主航道。可从唐代起，周边农民常盗汴河水灌田，以致“每至春夏之时，多被两岸田莱（田地，代农户），盗开斗门，舟船停滞”。

汴河是人工河，引自黄河水，沙多易淤。

汴京地势低，汴河一淤，必致水灾。史籍中颇有“自五月大雨不止，水冒安上门”“自七月初雨，至是不止，泥深数尺，朱雀、崇明门外积水尤甚，往来浮罂筏（将罂瓮与枪筏缚成的渡水筏子）以济”“都下积潦，自朱雀门东抵宣化门尤甚，有深至三四尺”等记载。

汴河是生活用河，民众往河中排污、洗衣服、倒垃圾等，水质变差。一旦淤塞，城中多处积水，极易引发瘟疫。而“权豪辈”和皇室肆意侵占河道，他们“筑园榭……以故河道不通”，基层官员也不敢管。

上梁不正，下梁也歪。宋代市民缺乏公德心，甚至“穿垣出秽污”（隔墙扔垃圾、粪便）。当时饮水靠井水，可苏轼就曾在井口“洗我两足泥”。汴京居民常“拦街设祭”，纸灰、垃圾随处丢。苏州民间结婚时，“以灰和蛤粉用红纸作数百包”，让新娘沿途撒在路上。此外，当时还有把死人扔入城市内河的风俗，即“民转死沟渠矣”。

宋代气温较唐代低[①]，加上北宋与西夏在黄河上游连年作战，大量砍伐树木，致森林覆盖率下降到8.3%左右。[②]

种种因素，加上最关键的因素——战争，使汴京易出现大疫。

---

① 竺可桢：《中国近五千年来气候变迁的初步研究》，原载《考古学报》1972年第1期

② 罗宏主编：《中国地学通鉴·环境卷》第11页，陕西师范大学出版总社有限公司，2019年3月。

黑豆加甘草成神药

宋代医学发达，且宋廷重防疫，设熟药所、惠民局、和剂局等，免费向民间施药。故危机重重，未见大疫。可进入战争状态，问题便凸显出来。

汴京无天险可守，由外城、内城、宫城三层围墙构成防御体系。金破汴京时，仅占外城墙，内城未陷落。宋钦宗被骗到金营后，“诸城夜有金人下城虏掠者，亦为百姓掩杀甚多”，可见坚固。

金兵第二次围汴京半年，城中生活艰难。引发1127年春的大疫，《靖康要录》载：“人多苦脚气，被疾者不旬浹（不满一旬）即死，目疾者即瞽。”

古人说脚气，非今天的脚气（皮肤癣菌引起的足部皮肤真菌感染），而是尰（zhǒng），即“甚则肌肉痿，足萎不收，行善瘛（chì，意为痉挛），脚下痛，饮发中满食减，四支（肢）不举”。可能是风湿关节炎，也可能是血吸虫病。

有学者认为是斑疹伤寒，由老鼠传染给人。围城期间，食物匮乏，“一鼠亦值数百”。斑疹伤寒病程2—3周，与“不旬浹即死”相符。斑疹伤寒死亡率达20%，[①]战时多发，但患者发烧、面潮红、浑身剧痛，且有皮疹，这些典型症状，史籍无载。

据学者聂传平在《“靖康之难”中金军围汴造成的生态灾难》一文中钩沉，为治“脚气”，当时有验方黑豆汤：“黑豆二合，炒令香熟，甘草二寸，炙黄，以水二盏煎其半，时时呷之。”

黑豆、甘草能杀菌，但主要功能是补充蛋白质。由此看来，所谓大疫可能是营养不良造成的风湿性关节炎。

昔日繁华已散尽

对北宋末年大疫，太学生丁特起记道：“自围闭，诸生困于齑（jī，意为姜、蒜或韭菜的细末）盐，多有疾故者，迨春尤甚……自春初在学者才七百人，今物故

① 聂传平：《“靖康之难”中金军围汴造成的生态灾难》，《宋史研究论丛》第17辑（2015年12月31日），第170页–171页。

者三之一，亦可骇也。”由此推算，可能有 30 万人死亡（即全城人口的 1/3）。

这究竟是疾病造成的，还是饥饿造成的？可与3年后的情况相对照。

金兵攻占汴京后，迅速退走，宗泽夺回汴京，并守卫了 2 年。宗泽病死后，程昌寓继续守城，直到 1130 年，“京师（指汴京）甸内县犹为国家守，粮食法绝，四处皆不通，民多饿死”。同年，金兵再夺汴京，已是城中“强壮不满万人”。

假设汴京失陷后，城中还留有60万人（即全城人口的2/3），则后来人口快速下降，应是饥饿造成的，其速度、规模并不亚于大规模传染病。

可见，北宋末的汴京大疫，可能并非传染病。

金兵再度占领汴京后，又转交给伪齐。1137 年，金废伪齐，第三次占领汴京。1139 年，宋金议和，又将汴京还给宋朝。1140 年，金兵毁约，第四次占领汴京。同年，为避岳飞进攻，一度又放弃汴京。直到岳飞退兵，金兵才第五次占领汴京。

反复争夺，恶化了汴京的生态环境。

据过汴京的南宋使者记载，已“京城（指汴京）外不复有民舍”“汴水断流……河益堙塞，几与岸平，车马皆由其中，亦有作屋其上”，城外的护龙河也被淤塞，“城壕填垒殆尽”。

金朝汴京竟有三百万人？

金海陵王完颜亮（1149—1161年在位）时，有意“千里车书一混同”，1158 年，下令“起天下军、民、工匠、民夫，限五而役三，工匠限三而役两，统计二百万，运天下林木花石，营都于汴”。

重修汴京给环境带来巨大破坏。

北宋为修汴京，周边森林已被砍伐一空，到完颜亮时，只好去六盘山找大木。六盘山离汴京甚远，“高深而阻绝，唐宋以来不能致”。为将大木运出，金人建长桥十数里，再走水路，“运一木之费至二千万”。

完颜亮时，金朝内部矛盾已白热化。金初期皇位传承是兄终弟及制，君臣关系相对平等，转为父死子立后，叔辈权力受限，引起不满，遂有“金以儒亡”之说，意思是金朝高层倾向儒家，致精神文弱化，国力中衰。

据《元史》载，忽必烈曾就此问名臣、曾在金国当御史台掾的张德辉，张说：金国宰相中有一二儒生，其他都是女真贵族和武将，论及国家大事，从不让儒生参与。儒生提三十条建议，只采纳一条，这怎么能说是“金以儒亡”呢？此论得到忽必烈赞同。

完颜亮虽重修了汴梁城，但连年征战，河南已是一片荒野，根本养不活一座大城。汴梁城中也比较荒凉。

那么，金末汴京大疫的记录就很值得怀疑。

根据史料，至少90万人死于瘟疫，而第二年汴京投降时，有147万人，而蒙古大军攻城16天，据说城内外死亡百万人，则1232年时，汴京人口竟多达340万人，这怎么可能？

汴京大疫也有必然性

就算当时汴京确实病死90万人，也不太可能是鼠疫。

首先，瘟疫发生在蒙金媾和后。此前金廷强制括粟，“自亲王、宰相已下，皆存三月粮，计口留之，人三斗，余入官，隐匿者处死”。战争结束，“步军始出封丘门采薪蔬”，是大饿后大饱引发的疫情。

其次，战争结束于当年五月，天气已暖，突然“大寒如冬”，也是引发疫情的一个因素。

其三，肺鼠疫患者淋巴结肿大，死后全身发紫，易辨认，却无当事人提及。汴京大疫中患者“咯吐不已，肌肉干枯而死者多矣”，与北宋末年相似。

其四，蒙军虽是从鼠疫源头之一的蒙古草原出发，但已在中原征战两年，为何到汴京才引发瘟疫？事实上，蒙古西征比欧洲黑死病流行也早2年，除传教士编造外，无实证。对于貌似“对上了”的史料，应特别谨慎。

“补土派”名医李杲曾接触过“大头天行”（即腺鼠疫），还研发出普济消毒饮子，对汴京大疫，他却不提鼠疫，而是批评：“由其朝饥暮饱，起居不时，寒温失所，动经三两月，胃气亏乏久矣……以调治差误，变而似真伤寒之证，皆药之罪也。”认为医生误诊，用猛药伤了患者本已衰弱的胃气，酿成悲剧。

据史料载，当时医生竟用巴豆、承气汤，对久饿、营养不良者，如此用药，何愁不死？

引人深思的是：如果不是宋金大肆破坏植被，致汴京气候反常；如果没有后期金朝上层斗争，无人抓实务，以致庸医遍地，“汴京大疫”还会发生吗？历史的偶然性中，常隐含有必然性。都推给鼠疫，显然不公允。

元朝为何庸医多

行医有斟酌，下药依《本草》。

死的医不活，活的医死了。

这是《窦娥冤》中赛卢医的上场诗。卢医即扁鹊，传说他“家于卢国（春秋时齐国的封地子国，今属山东济南），因名之曰卢医”。在元代语境中，赛卢医非“超扁鹊”，而是“与扁鹊差不多”。在剧中，赛卢医不仅医术差，且人格卑污，为赖20两银子的债，竟想用绳勒死债主蔡婆，且给坏人张驴儿提供毒药。

史料称，关汉卿曾任“太医院尹”，但元代无此官，或“太医院户”之误，即关汉卿出身医户，熟悉行内事。

在元杂剧《摩合罗》《救孝子》《碧桃花》中，都有赛卢医。《救孝子》中赛卢医上场诗是：“我是赛卢医，行止十分低，常拐人家妇，冷铺里作夫妻”。《摩合罗》中赛卢医上场念白是：“自家李文道便是，开个生药铺，人顺口都叫我做赛卢医。”《碧桃花》中赛卢医则自称：“我做太医（元代尊称医生为太医，未必是御医）手段高，《难经》《脉诀》尽曾学，整整十年中间，医不得一个病人好，拚则兵马司中去坐牢。”

赛卢医之外，还有“糊突虫”（元杂剧《降桑椹》），给富豪诊病时，“俺到那里他有一分病，俺说做十分病，有十分病，说做百分病。到那里胡针乱灸，与他服药吃。若是好了，俺两个多多的问他要东西钱钞；猛可里（忽然间）死了，背着药包，望外就跑”。

元代是中医发展史上的黄金期，一扫宋代医学陈陈相因、只论“伤寒风冷”的旧格局，医生的社会地位空前提高，且是儒医定型期，为何元杂剧中医生的形象如此不堪？艺术是现实的一面镜子，元杂剧忠实地再现了当时“庸医泛滥”的窘况。

元朝曾把儒家当医学

“自昔帝王勃兴，虽星历医卜方术异能之士，莫不过绝于人，类非后来所及，盖天运也。”《元史》中这样总结道。

中原自古以文明自豪，一些士大夫无法解释蒙元为何成功，因而提出，元朝善用“星历医卜方术异能之士”，实天运所归。

元朝确实很重视技术，尤重医学。

散曲大家张养浩曾说：“我元以好生有天下，世祖皇帝诏太医院视三品，寻登二品，无所于统。为其学者，不揉诸民，而殊其籍。又例儒学，官置提举、教授、正、录、教谕，俾理其户而训迪其生徒，岁上能者，不于铨曹，于太医院听差，其上而官之。”

唐代太医署仅正五品，金代也是正五品，乃至后来明清，都是正五品。元朝一开始便为三品，后又升为二品，高于历代。在太医院，采取儒学教育方式，设不同教师职位，学生毕业后不经吏部铨选，可直接在太医院上岗，进而当官。

蒙元初期，统治者搞不清儒学与医学的区别。宪宗（蒙哥）时，名臣高智耀入见，力劝重用儒士，免徭役，释已成驱口（奴隶）的儒士。宪宗却发懵懂之问：“儒家何如巫医？”高智耀回复说：“儒以纲常治天下，岂方技所得比？”宪宗说：“善。前此未有以是告朕者。”

可见，宪宗过去一直把儒家当成了医家。

出文官还出武将

元朝统治者有这种误会不奇怪，因早期被重用的儒生多以医上位。

据学者周剑在《元代医人社会地位研究》中钩沉，早期较著名的儒医是郑景贤，得窝阔台赏识，多次随其出征，耶律楚材称赞他："脱身医隐君谋妙，委迹儒冠我计疏。"指出郑景贤曾参赞军机。

窝阔台灭金时，欲屠汴京，郑景贤力谏乃免，"所全无虑数十万人"。窝阔台一度想让郑当中书令，总领百官。中书令是最高行政官员，与枢密院（掌军事）、御史台（掌监察权）同掌中枢，一般由太子兼任。不过，中书令下有左右宰相（元朝以右为尊），实际掌权的是右宰相，中书令多属虚衔。

在郑景贤推荐下，耶律楚材受重用。耶律楚材精通医术和占卜，得忽必烈信任。忽必烈身边还有另一位儒医许国祯，征云南时，许国祯追随谋划。

至于蒙哥身边，也有儒医颜天翼，未登基前，蒙哥"素闻其名，因来朝奏请与俱还"，登基后，"日侍左右，凡有事于诸神、降香、岳渎，辄使代行"。颜天翼性谨慎，皇帝"问天下利疚，知无不言；问以国政，则谢不能"。

理学名臣窦默也因医入仕，窦默善针灸，传给女婿刘执中，刘后来也当上少中大夫（从三品）。此外还有韩公麟、汪斌等。

不仅能当文官，元朝医生还能当武将，如刘哈喇八都鲁，汉人，出身世医之家，经举荐在太医院当管勾（即管理），以军医身份参加征讨昔里吉之战，卒因军功，官至御史中丞。

元代医生为何这么厉害

元代医生厉害，由二元管理体制决定。

蒙元高官出身二途：一是那颜，即部落贵族；二是怯薛，又称"大根脚"，即亲兵，多由贵族子弟充任。那颜似诸侯，皇帝有圣旨，那颜有"令旨"。在税收上，民户交给皇帝"两户丝"，即每户半斤，交给那颜"五户丝"，即每户0.2斤。正税之外，皇帝与那颜都可随意加税。

为控制那颜，皇帝每年赐予巨资，元成宗时，中央一半收入都给了诸王贵族，为扩大财源，只好滥发纸币，致物价飞腾。为防民变，不得不再多给贵族财物，形成恶性循环。而皇帝想办事，只能靠"大根脚"和近臣，怯薛人数少，所以儒医也有发挥空间。

在古代，从医颇受歧视。魏晋时期葛洪是名医，却“夜辄写书诵习，以儒学知名”。唐代孙思邈有文名，魏征奉诏修史，多次拜访孙。只因当过医生，史籍将孙思邈列入方技，不入儒林。孙思邈说：“朝野士庶咸耻医术之名，多教子弟诵短文，构小策，以求出身之道。”宋代朱熹也感慨道：“思邈为唐名进士，因知医贬为技流，惜哉！”

唐代还有一恶习，即杀医。868年，同昌公主病逝，唐懿宗杀医生及其亲属300余人，连宰相都罢免了。

宋代禁杀医，但严防医生干政。儒医自宋代走上历史舞台，但日本著名医史家冈西为人先生在《宋以前医籍考》中收录106部医书，多是泛泛而论的理论著作，乏“妇科”“外科”“喉科”等专科。

直到元代，儒医才真正走向实践。

科举没了，转去治病

为什么元代儒医能脚踏实地？因为元代儒生无发展空间，转去行医。

元代采取“诸色户计”制度，此词唐代已有，元代正式推行，即将民户分为军户、站户（负责驿站接待）、匠户、屯田户、打捕户、灶户、矿户、儒户、僧户、道户等几十种，子承父业，不得更改，不得移动，有专人负责（僧户、道户除外）。

“诸色户计”是从军事组织中发展出来的管理方式。不同户的税收不同，医户较优惠。除“两户丝”“五户丝”外，每年另交3两包银，以纸钞支付。如是医学教授，丝银皆免。

儒生上位，只能靠科举。耶律楚材曾建议“用儒术选士”“其中选者，复其赋役，令与各处长官同署公事”，但这类考试很快停止。忽必烈和他的太子真金赞成恢复科举，却一直没执行。

忽必烈可能是对宋代因读书人过多，造成社会危机，有所顾虑。宋代重文教，出现了大量乡村知识分子，学者贾志扬推算，宋代可参加科举的男性占20%，其中3.2%的人每年参加乡试，造成巨大社会浪费。

苏辙曾批评说："凡今农工商贾之家，未有不舍其旧而为士者也。为士者日多，然而天下益以不治。举今世所谓居家不事生产，仰不养父母，俯不恤妻子，浮游四方，侵扰州县，造作诽谤者，农工商贾不与也。"

没有科举，恐怕儒不如医。

大家一起钻空子

元仁宗时，正式恢复科举，但终元之世，总共只有16次科举，收进士1139人，相当于同时期官员的4%左右，且"由进士入官者仅百之一"。

科举之外，儒生还可以经地方推荐，去当吏。元代有"岁贡儒吏"制度，据中国台湾"中研院"学者萧启庆统计，地方平均每年向中央举荐119.66名儒、109.67名吏，但从吏到九品流官，一般需210个月。且"官无封建，吏有封建"，吏之间形成了复杂的关系网，儒生不易突围。

相比之下，从医入官更容易，元代不歧视医生，元朝修的《宋史》中便明确记载："'人而无恒，不可以作巫医。'汉严君平、唐孙思邈、吕才，言皆近道，孰得而少（轻视）之哉？"

元代著名儒医有李杲、罗天益、李纲、白珪、滑寿、朱震亨（即朱丹溪）、萨德弥实等，精通医术，且人格高尚。可儒生钻空子，社会闲杂人等也会跟着钻。人人以行医为上位、发财的捷径，局面必然混乱。

元代有医生科举，"试不中的，不得行医"，要求不可谓不严，可培养医生的方式落后。据学者梁其姿统计，史料记录的405名元医中，282人出自家学，77人拜师，29人自学，11人是"家学+拜师"，5人是"自学+拜师"，出身官立学堂的仅1人。

此外，医户包银在太医院系统内收取，太医院在各地设管理者，组织医户每逢朔日和望日拜三皇庙（定伏羲氏、神农氏、轩辕氏为初祖，始于元），探讨医术，并缴包银。可太医院无执法能力，管不住江湖游医。

庸医猛于苛政

元至大四年（1311年），刑部呈文："比年来，一等庸医不通《难》《素》，不谙脉理，至如药物君臣佐使之分，丸散生熟炼之制，既无师傅，讵能自晓。或日录野方，风闻谬论，辄于市肆，大扁'儒医'，以至闾阎细民，不幸遭疾……似此致伤人命，不可缕数。"

据南京大学历史系任冰心《元代"庸医泛滥"之历史解读》统计：金元四大名医之一的朱震亨，5位亲人死于庸医之手；医学教授李君之父被庸医治死；《抱一翁传》中，记庸医案例12个，《沧州翁传》中13个，《撄宁生传》中15个……

百姓受害，贵族也难免。至元七年（1270年），元帅也速歹儿的夫人因医生针灸失误而死。元世祖忽必烈以下，9任元朝皇帝均短寿，平均寿命仅26.9岁，平均在位时间仅2.9年，与医术差应有一定关系。

医生水平低，假药还多，元至元五年（1268年），太医院奏："开张药铺之家，内有不畏公法者，往往将有毒药物如乌头、巴豆、砒霜之类，寻常发卖与人，其间或有非违，致伤人命。"

元政府多次下令："不通医术，制合伪药，于市井货卖者，禁之。""禁止非行医之人自制药并于街市售卖。"可老百姓缺乏医学知识，时人王恽说："今民间庸医及僧道等人，妄行针药。民愚无知，一旦委命于手，至有父杀于前，子夭于后，终不觉悟。是庸医猛于苛政也。"

问题的关键在于，二元管理体制造成政出多门，随着"诸色户计"崩溃，社会陷入无序，元朝气数已尽。明明是医学发展的黄金时代，却搞成历史上庸医最泛滥的时代，令人唏嘘。

看看古人是怎么做美容的

“美容”一词，最早见于明代《普济方》，中有“美容膏”一方，但中国美容史远早于此。“山顶洞人”（距今1.1万年前）已用赤铁矿粉妆饰自己，三星堆（距今5000—3000千年）出土面具中，有眉施黛色、眼影涂蓝、嘴唇与鼻孔涂朱者。

从文字记载看，宋朝人高承《事物纪原》称：“周文王时，女人始傅铅粉。”此书向来被认为是野史，难以为据，但从考古看，周代已有专门采集犯人和奴隶头发编制假发的工场。

《战国策·赵策》中说：“彼郑、周之女，粉白黛黑，立于衢闾，非知而见之者以为神。”《诗经》中也有：“自伯之东，首如飞蓬，岂无膏沐？谁适为容。”可证先秦时，寻常百姓已重妆容，傅粉、涂脂、画眉、润发等，均已流行。

《山海经》中记有12种美容药，从长沙马王堆中出土的《五十二病方》则有6个美容方，但手段可怕，如治疣子，需将破蒲席搓成绳，燃其一端，以灸疣面。

到唐代《千金方》时，已录美容方剂300余种。

值得玩味的是，清入关后，公主平均寿命不足20岁，仅有6人活过40岁。西洋传教士曾总结称：有限的医疗资源都被男性占用了，专为女性治病的大夫实在太少。然而，此时中医美容方却达数千种……

从淘米水开始的美容之路

古人美容，或始于用淘米水洗脸。《礼记》称："三日具沐，其间面垢，燂潘清靧。"潘即淘米水，所谓"沐稷而靧粱"，就是说用不粘小米（也有学者认为稷是高粱）的淘米水洗澡，用白粱米的淘米水洗脸。白粱米，即白色精米，愈白愈佳。直到清末，淘米水都是最常用的美容法。

从淘米水，渐次过渡到傅粉，早期妆粉均为米粉。北魏贾思勰在《齐民要术》中提到"作米粉法"，即："粱米第一，粟米第二。必用一色纯米，勿使有杂。使甚细，简去碎者。各自纯作，莫杂余种。其杂米、糯米、小麦、麦米、穄（稷）米作者，不得好也。"

米粉的缺点在附着性不强，易滑落，此外颜色偏暗，加入动物油脂后，略有改观，但无法与胡粉相提并论。

胡粉即铅粉，色极白，且有光泽，西晋张华在《博物志》中说"纣烧铅粉成胡粉"，但依据不足。从名称看，胡粉或为西亚舶来，另说胡是"糊"的意思，早期胡粉颗粒大，不易附着，必须掺入油脂，呈膏状，方能粘在脸上。

古人亦称胡粉为粉锡，致后人误会，以为是用锡制成，但锡粉为黑色，无法用来美容，明代李时珍在《本草纲目》中特别指出：古人称铅为黑锡，胡粉实为铅粉。

慢性中毒数千年

铅为重金属，可渗入血液，并在体内沉积，给人造成长期伤害。

对铅的毒性，古人已有认识，《本草纲目》载："《何孟春余冬录》云：嵩阳产铅，居民多造胡粉……其铅气有毒，工人必食肥猪犬肉、饮酒及铁浆以厌之。枵腹中其毒，辄病至死。长幼为毒熏蒸，多萎黄瘫挛而毙。"《本草纲目拾遗》中亦称："工人无三年久业者，以铅醋之气有毒，能铄人肌骨，且其性燥烈，坊中人每月必食鹅一次以解之……"

虽已观察到现象，但在认识上仍存偏差，古人更倾向于认为，铅毒来自火炼，属“热毒”，原因有二：首先，长期使用胡粉，则皮肤粗糙干裂，呈青色，似有“燥热”迹象；其次，铅渗入血管后，会刺激血液加速流动，给人以发热感。

为解铅粉的“热毒”，往往掺入米粉来中和，但米粉颗粒大、色黯，掺和后缺点更突出，故较常用的办法是用火炼来给铅“解毒”，古人炼制铅粉时，因反应不充分，往往遗留较多纯铅，这是引发中毒的主因。在孙思邈的《千金翼方》中，不仅火炼，且加入鸡蛋，鸡蛋蛋白质含量高，而蛋白质遇重金属则变性结块，这就减少了铅粉中纯铅的含量。《本草纲目》中说制胡粉工人要多吃肉，也是用肉中蛋白质消除铅毒之意。

其实，铅粉本身亦含毒，只是做成胡粉后毒性减少、不易被察觉而已。自唐以后，胡粉始终是国人美白的首选。

古人为何这么喜欢白

为了白，宁可忍受胡粉的毒性，体现出古人对白的畸爱。

在晋代、唐代医家典籍中，对白多有推崇，甚至将“肥白”视为美的尺度，在《肘后备急方》中，葛洪建议道：“大豆黄炒，舂如作酱滓。取纯黄一大升，捣，筛，炼猪脂和令熟。丸，酒服二十丸。日再，渐加至三四十丸，服尽五升，不出一月，即大能食，肥白。”

葛洪用药，亦多“白”字，如白芷、白茯、白附子、白桐叶、白术、白芍药、白胶香、白檀香、白蜜、白蜡、鸡子白等，甚至连鸽粪也要白鸽粪。

孙思邈也赞美“肥白”，有“五十日肥白方”，且主张多吃葡萄，说“令人肥健，耐饥忍风寒，久食轻身不老延年”。

为了白，医家不惜搜求奇药，比如鹰屎白，即鹰大便末梢上的一点白屎，鹰屎有酸性，古埃及人曾用来美白。

对白的爱好，可能出于两个原因：

首先，在农耕社会中，绝大多数人需从事繁重的农业生产，久曝于风吹日晒中，致皮肤粗糙、色黑，身体亦瘦弱，只有贵族才能肤白且肥，“肥白”因而成为一种身份的象征。

其次，汉代之后，中原战乱近400年，特别是“五胡乱华”，种族畛域被打破，匈奴“颇白皙”，羯人亦属白色人种，加上佛教自西传入，胡僧多高鼻深目、“相好庄严”，影响了当时中原的审美观。

胭脂可能也是舶来品

“肥白”之外，对胭脂的钟爱，可能也与域外相关。

制胭脂，一般用红花（即红蓝花），而红花自中亚舶来，它传入中国分两个阶段：第一阶段传入西北，时间已不可考，匈奴多用之，所谓“失我焉支山，使我嫁妇无颜色”，胭脂之名或源于焉支山，此地或为红花的主产地；第二阶段则是自西北传入中原，张华在《博物志》中说：“红蓝花生梁汉及西域，一名黄蓝，张骞所得也。”

元代重红花，设有“红花局”“红花提举司”等，红花中既含红色素，亦含黄色素，红色素只溶于碱性溶液，古人利用此特性将其提纯，制成胭脂。

胭脂也可用其他方法制成，比如朱砂，三星堆中出土铜面具上的胭脂与口红即为朱砂，此外还有“涂朱甲骨”，即在甲骨刻字的笔画中涂入朱砂，以求醒目。朱砂的主要成分为硫化汞，是提取水银的原材料。朱砂含毒，唐代人甄权《药性论》便指出这一点，称其“有大毒”，明朝缪希雍《本草经疏》中亦称：“若经火及一切烹炼，则毒等砒硇，服之必毙。”

此外还可用紫柳、石榴花、苏方木、落葵籽、蔷薇等提取胭脂，但不如红花普及。唐人使用胭脂较多，唐宋时期中国气温较高，服装多无领，不仅面上要施以白粉、胭脂，还要惠及颈肩甚至胳膊，致汗水都被染成“红汗”。

国际交流背景下的中国美容

宋代以前，中国美容深受国际交流影响，大量“香药”舶入中国，黄巢占领广州时，杀死在此定居、贸易的阿拉伯商人多达10余万，可见此时东西方交流的密切程度。

外来文化与本土文化有机结合，如关羽“五绺长髯，飘洒前胸”，未必是关羽的真形象，此前中原不以多须为美，“五胡乱华”之始、前赵皇帝刘渊（本是匈奴人，祖先归顺汉朝，被赐以刘姓）因“三绺长髯，飘洒前胸”，时人称为“英雄相”，后人将刘渊的胡子嫁接到关羽脸上，还另添了两绺，以契合人们对“战神”的想象。

胡子受尊重，则如何战胜基因遗传因素，刺激其野蛮生长，便成了医家努力方向，甘蔗、金樱子、金星草、石荆等生须药受到追捧。

胡子之外，“澡豆”亦对中国美容产生深刻影响。

“澡豆”是一种原始肥皂，主要成分是豆面，有一定去污力，是大乘比丘随身十八物①之一，与佛教一起传入中原，“澡豆”的原材料都是食物，比较健康。“澡豆”多用绿豆、毕豆（即豌豆），而这两种豆都是自中亚舶入。

唐代是中国“香料大发现”的时代，安息香、丁香、沉香、西香、檀香、回葱、龙涎香、冰片等“香药”经胡商传入中原，成为中药的原材料。

唐代“胡妆”也很流行，如染黑牙齿、赭色唇膏，来自吐蕃的烟熏妆也曾风靡一时。

中国美容为何由外转向内

中国美容在宋代出现重大转型，即由向外学习转为向内探求。

宋代积弱，长期受北方列强压迫，通往中亚的商路被遮断，虽海上贸易繁荣，但经中唐后百余年动荡，士大夫阶层普遍有厌恶军人、提防异族的心理，对本土文化格外重视，希望从中找到“自性”，故宋代艺术追求精致化、本土化，生怕被外来文化污染。

宋代军人社会地位低，夸张、直白的表达方式受排斥，文人式的隐约成为主流，表现在美容上，柳眉、杏眼、樱桃小口、略施薄粉、淡涂胭脂成为女性修饰

---

①　杨枝（齿木）、澡豆、三衣（袈裟）、净瓶、钵（应量器）、坐具、锡杖（声杖）、香炉、漉水囊（滤水罗）、毛巾、戒刀、火燧、镊子、绳床（坐床）、经本（经典）、戒律（戒本）、佛像、菩萨像。

的标准，唐人喜欢牡丹等粗放、热烈的大花，而宋代则推崇梅花等精致、优雅的小花，正是在这一背景下，女性缠足开始普及。柳永在《木兰花》词中说："天然淡泞好精神，洗尽严妆方见媚。"即体现了中原文化自艳入媚的转型。

元代疆土广大，"蒙古走廊"连接起东欧和中国，两种文化互相激荡，许多回医来到中原，带来了新的美容方式。但元代政权不足百年，且后期战乱不已，到了明代，朱元璋为强化统治，发动了较彻底的"去元化"运动，元朝留下的不同文化基本被扫除殆尽。这种重内斥外的心态一直延续到清末，由于长期与外隔绝，到西方美容方法再传入中原时，人们却将其视为奇形怪状、以丑为美。

面粉为何被古人认为有毒

“面有微毒。”对此说法，现代人恐怕会觉得匪夷所思，但对古代医家来说，这是常识。

唐代名医孙思邈认为面“多食，长宿，加客气。畏汉椒、萝卜”，即吃面多易引发外邪侵入体内，用花椒、萝卜方能克其毒。他信誓旦旦地说，曾亲眼看到一些吃面多的山陕人小腹发胀、头发脱落而死。

宋代苏颂等编撰的《本草图经》中说：“小麦性寒，作面则温而有毒。”

元代名医贾铭更夸张，说吃面中毒后，不仅掉头发，连眉毛也跟着一起掉。

明代慎懋官在《花木考》中称：“小麦种来自西国寒温之地，中华人食之，率致风壅。小说载中麦毒，乃此也。昔达磨游震旦，见食面者惊曰：‘安得此杀人之物’。后见莱菔（萝卜的古称），曰：‘赖有此耳。’盖莱菔解面毒也。”

北宋医学家董汲、北宋科学家沈括、五代十国时南唐大学士张洎、明代学者高濂等名人都相信面有毒，清代文学家袁枚本喜吃面，无意中从古书上得知此说，从此不再食用，做客时别人请吃面，必用清水反复冲洗数遍，方能下咽。

应付面毒，大招使尽

那么，面中的毒从何而来？古代医家的意见大致分为两种。

其一，认为与种植地相关，只有南方小麦有毒，北方小麦无毒。比如元代贾铭《饮食须知》中便说：“北麦日开花，无毒。南麦夜开花，有微毒……勿同粟米、枇杷食。凡食面伤，以莱菔、汉椒（蜀椒）消之。”元代名医李鹏飞也认为，多霜雪处，面即无毒，故南方不宜种麦。

其二，认为是加工方式导致，如唐代名医孟诜认为，“为磨中石末在内，所以有毒，但杵食之即良”，意思是磨面会掺入石粉，所以有毒，应用臼捣来脱壳。

至于解毒方式，则众说纷纭，除了前文提到的萝卜之外，另有以下怪招：

风吹法：明代学者顾元庆建议“寒食日以纸袋盛悬风处，数十年亦不坏，则热性皆去而无毒矣，入药尤良”。

喝面汤：宋代方勺在《泊宅编》中称：“世人食面讫，往往继进面汤，云能解面毒。”正是“原汤化原食”。

黑豆汁和面：明代学者高濂在《遵生八笺》中说：“凡和面，用黑豆汁和之，再无面毒之害。”

不去壳：《唐本草》中说：“小麦汤用，不许皮坼，云坼则温，明面不能消热止烦也。”

面为何受“歧视”

一般认为，古人对误读面粉，源于小麦是舶来植物，因而受歧视。

众所周知，小麦源于西亚“新月地带”（即今以色列、巴勒斯坦、黎巴嫩、约旦、叙利亚、伊拉克东北部和土耳其东南部），驯化时间距今1万年左右。

日本著名史学家西嶋（dǎo，同岛）定生先生认为：汉以前中国史料中无小麦的明确记载，加之此前无石磨，很可能是张骞出使西域时将小麦带入中原。

春秋时，华夷之辨的一个重要标尺即“粒食”与“粉食”的区别，《墨子》便说：“四海之内，粒食之民。”“粉食”则被视为是缺乏教养的化外之民。

这种心态到南宋仍有遗存，金兵南下时，南宋军民虽食品困乏，亦不动金兵留下的粮草，因其中只有小麦。

从传播角度看，面食在中国几起几伏，虽唐代长安已有胡饼（馅饼）、古楼子（近于今京东肉饼）、秃秃麻失（即今之麻食）、汤饼（即面条，当时面食都称饼）等，但清中期时，北京人反而以米为主食，后山东人大量入京，面食才流行开来。

在南方，至今有“再吃打卤面，黄泉路上见”的俗语，可见偏见之深。

“歧视说”存在漏洞

西嶋定生的说法遭到国内学者的驳斥。

从考古发现看，至迟距今4000年，中国人已种植小麦，且分布广泛，甘肃、陕西、河南、山东等地均有出土，此外还出土了战国时期的石磨，与今天的石磨近似。

制面粉不一定非用石磨，也可以用碾棒，则有新石器时期文物出土，此外还可用臼杵，《说文解字》中称：“面，磨麦也，从麦差声，一曰持也。”可见汉代就是用臼杵法制粉的，而相关出土文物亦属新石器时期。

从文献看，也绝非汉代以后才有确切的小麦记载，《夏小正》中即有九月“树麦”和次年三月“祈麦实”，甲骨文和青铜器中有“麦”和“来”字。

中国农科院农业遗产研究学者曹隆恭先生指出，在先秦典籍中，不乏关于小麦的记载，比如《吕氏春秋·审时篇》中说：“得时之麦，……二七以为行，而服薄糕而赤色。”西嶋定生认为此处的“麦”指的是大麦，但大麦穗多数是六棱，籽粒排列为一面三行、两面共六行，如果是大麦，原文应称“三七以为行”，而小麦从侧面看是两行，所以才有“二七以为行”之说。此外大麦壳没有红色的，有些近棕色，而小麦壳分白色、红色两种，说“服薄糕而赤色”，只能指小麦。

中国也是小麦原产国？

更有学者认为，中国小麦并非舶来，中国也是小麦的原产国之一。

首先，中国小麦有6000多个类型，分属在86变种之中，我国小麦地方品种和变种之多，世界上最为罕见，其中有3个独有的亚种，即云南小麦、西藏半野生小麦和新疆小麦，此外还有137个变种，其中完全无芒类变种（12个）也属独有。如小麦是舶来，怎可能种质资源如此丰富？

其次，中国小麦与西亚小麦并不相同，陕西省社会科学院学者陈恩志指出，西亚新石器早期阶段并未出土6倍体小麦，只有4倍体，而中国的云南小麦、西藏半野生小麦和新疆小麦均为6倍体，中国考古发现的距今近5000年炭化麦种，亦为6倍体，这证明中国小麦很可能是独立起源的。

其三，古代中国气候与“新月地带”近似，具备单独孕育小麦的条件，欧洲农业源于“新月地带”农业，而古代中国小麦种优于欧洲，欧洲当年小麦留种比是1∶3，而中国是1∶10，正是在引入中国麦种后，欧洲小麦产量才迅速增加。

既然中国也是小麦的原产国，为何直到汉代才广泛种植?

学者给出的解释是：汉代中国人口迅速增加，致粮食不足，而小麦产量更高，因此得到普及。此外还有加工方式的问题，汉代人吃小麦多“粒食”，即“麦饭”（磨麦合皮而炊之），麦皮有苦涩味，属“野人之食”。南北朝时，齐梁大战，梁军以“麦屑为饭……兵士皆困”，萧衍急调大米，军心大振，才打败了齐军。

可见，是加工方法落后限制了小麦普及，历史上埃及很早便栽培小麦，但直到公元前2000年发明面包后，小麦种植面积才超过大麦。

“舶来说”仍是主流

虽“本土说”有一定说服力，但目前主流意见仍倾向于“舶来说”。

“本土说”有几个解释不了的问题。

首先，“新月地带”人工驯化麦种是1万年前，而中国目前相关出土最早在约5000年前，如何解释这5000年落差？小麦是最易采集的谷物之一，难道中国先民需要5000年才发现它可食?

其次，在小麦之前，中国北方多以粟为食，小麦单产明显高于粟（20世纪初小麦平均亩产约100公斤，粟只有60公斤），且小麦成粮率约85%，远高于粟的55.7%，为何先民非要舍小麦而求粟?

其三，虽然中国有3个独有亚种小麦，但都分布在西南一带，这里并非小麦主产区，目前出土的早期麦种都在北方，且从西到东，时间越来越靠近，清晰描绘出传播的时间差。

西北民族大学教授李裕认为，问题的关键在于我们常常忽略了古人的移动能力，认为先民不可能实现跨洲的交往，但以芝麻、蚕豆、花生为例，均源出非洲，可在中国出土了距今4000多年的相关遗存，再比如高粱，也源于非洲，中国也出土了距今5000年的遗存。

四川三星堆出土的青铜文物中，颇有高鼻深目者的雕塑，艺术风格近于古埃及。在朝鲜半岛上，发现了4000年前的中国稻米。

历史学巨匠麦克尼尔（William Hardy McNeill）曾假设：中亚战车兵曾分别向东、向西征服世界，在东方即为商朝，此前中国无车，而战车是商的主战工具，沿着战车兵蹚出的“青铜之路”，东西方文明连接为一体，比如在春秋文物中即可见古埃及独有的文物“蜻蜓眼”（一种彩色玻璃饰物）。

至于4倍体小麦和6倍体小麦的问题，学者认为，很可能是小麦东来过程中与小麦草杂交，产生了变异，从4倍体变成了6倍体。值得注意的是，在中国，有小麦草生长的地方，几乎都有原始社会的遗址。

中国也是原产国?

不论“本土说”还是“舶来说”，都同意中国小麦起源甚早，则“歧视说”显然不成立，那么，为何会产生“面有微毒”的说法呢?

一方面，面粉热量比较高，每百克为344大卡，而米饭热量每百克只有116大卡，相差近2倍，对于不习惯面食的人来说，易致消化不良，出现大便干燥、内热、脸上长疖子等症状。虽然国人原来的主食小米的热量也很高（每百克358大卡），但小米粒小，易煳锅，一般不做成饭，多用来煮粥，从而降低了整体热量。

另一方面，古人“毒”的定义较含混，孙思邈在《千金食治》中，称熊肉、鳗鲡（即白鳝）、红鳞鱼、蝮蛇肉等有毒，元代贾铭的《饮食须知》中说黄牛肉、香菇、葫芦也有毒，甚至木耳必须趴着长，如果“仰生”，也被认为有毒。在古代医书中，食物相克记载多达944种，未必都有道理。

一般来说，南方人对小麦偏见更多，因南方宜种水稻，与小麦比，水稻留种比微不足道，产量亦高，种水稻比种小麦更合理。不过，随着社会流动速度的增快，南方人对面的偏见也已近绝迹。

古人如何下毒

翻开史籍，下毒记载比比皆是，但用“毒”代称有害物，或是受外来语影响。

据《说文解字》称：“毒，厚也。害人之草，往往而生。”可见，古人所说的毒源于植物，可能指的就是乌头（一种植物），以乌头汁液制膏，涂在箭头上，即成毒箭，《魏书》中说匈奴宇文莫槐“秋收乌头为毒药，以射禽兽”。乌头又称射罔，即射后可令鸟兽迷惘。

在英语中，toxic（有毒的）与中文“毒”的发音相近，而toxic出自希腊语，意为箭毒，与东方人的认识竟不谋而合，这或者意味着，“毒”的说法可能来自游牧民族，分别向东、向西传入亚欧。

在先秦典籍中，“毒”常作“害”“治”“征伐”“奴役”解，用作“毒药”反而少见，在甲骨文中，人们常用“蛊”来表示毒药，或者是随草原文明影响增加，“毒”压倒了“蛊”，成为标准称呼。

古人为何要用毒

用毒之始，有三种说法，即宗教说、毒鼠说和射猎说。

宗教说认为，在原始巫术（如萨满）中，巫师常用毒品引导人们进入幻境。

公元前3400年，苏美尔人的泥版文书里中便记载了罂粟，古巴比伦图书馆的医书中，42种药品（共记录115种药）与鸦片相关，希罗多德在《历史》中也说，斯基泰人常吸大麻。有学者认为，古陶器上圆圈纹、波折纹、涡纹等，即是吸毒后幻觉的呈现，商周时期中国青铜器上花纹诡异，亦源于此。

萨满多用毒蘑菇、佩约特仙人掌（乌羽玉）、莨菪、大麻、曼德拉草等致幻，而中原多用乌头，因其分布广泛、较易获得，但乌头致幻作用不明显。

毒鼠说则认为，用毒始于灭鼠，因鼠类可造成15%—20%的农作物损失，且一对成年鼠一年后可繁殖1.5万只后代，不用毒难以遏制。

公元前3000至2000年的欧洲、埃及和阿富汗等地都有陶制捕鼠器。公元前350年即已用亚砷酸灭鼠，古代中国则多用莽草（芒草，貌似八角）、乌头、巴豆、礜石、砒石、特生石（即苍石）等。其中砒石加以精炼，即为砒霜，因其毒性猛如貔（传说中的猛兽），故名为砒。

射猎说则认为，用毒始于狩猎。

在距今9000年前的河姆渡遗址中，出土大量水牛遗骨，都是未驯化的野生水牛，猎取它们，只能用毒。公元2世纪完成的《神农本草经》中便明确称：“其（乌头）汁煎之，名射罔，杀禽兽。”张仲景在《金匮要略》中则称：“鸟兽有中毒箭者，其肉有毒，解之方：大豆煮汁，及盐汁，服之，解。”

以上三说各有道理。

“蛊”真的那么可怕吗

在毒药中，最传奇的莫过于蛊。

《左传·昭公元年》中说：“何谓蛊？对曰：淫溺惑乱所生也。于文，皿虫为蛊。”这是史籍中有关蛊毒的最早记载。

汉代之前，蛊多指毒虫，但到了汉代，蛊则成了巫术代名词，指为加害别人而模仿制作的桐木偶，隋代以后，又出现了精神性的蛊，如猫鬼，自唐代始，蛊突然变得复杂、神秘起来。

据《隋书·地理志》称：“其法以五月五日聚百种虫，大者至蛇，小者至虱，合置器中，令自相啖，余一种存者留之，蛇则曰蛇蛊，虱则曰虱蛊，行以杀人。因食入人腹内，食其五藏，死则其产移入蛊主之家。”

古人无抗生素，消化道疾病是致死主因，由于无法解释细菌引起的急性腹痛、腹泻等，往往推为蛊，如《说文解字》即称蛊为“腹中虫也”。唐代医学进步，据5100个墓志铭统计，人均寿命达59.3岁。[①]医盛巫弱，巫师需炒作新概念来维持生计，定义模糊的“蛊”恰好契合了他们的需要，制蛊、下蛊、解蛊之说日渐成熟。

其实，不同虫毒化学成分不同，彼此相噬，毒性并未有效累积，不可能获得更强毒性。然而，唐代南方始大规模开发，全国经济中心渐向南偏移，北人对湿热、植物种类多样的南方有恐惧心理，常附会以“蛊”“瘴气”等，柳宗元便称柳州是“阴森野葛交蔽日，悬蛇结虺如蒲萄”。

蛊多靠笔记小说流传，现代人知道蛊，亦与武侠小说有关。

鸩究竟是什么鸟

在用毒史上，鸩的名声不亚于蛊。

古籍中称，鸩是一种鸟，以蝮蛇头为食，肉和羽毛有剧毒，能致人死，但可用来治疗蛇毒。据郭璞说：“鸩大如雕，紫绿色，长颈，赤喙。”而《名医别录》中又说它：“状如孔雀，五色杂斑，高大，黑颈，赤喙。”从古籍看，鸩四处皆有，鸣声如“同力”。

鸩之说在甲骨文中未发现，但在春秋则很普及，据说用鸩的羽毛泡酒，可“入五脏，烂杀人”，无数名人死于其下。配置鸩酒需专业的“鸩者”在犀牛角、兽皮保护下才行，因鸩毒性太大，它的羽毛划过酒，即成剧毒，甚至鸩洗过澡的池塘水也能毒死百兽，但只要犀牛在其中洗一下角，其毒顿解。

鸩酒出现得离奇，消失得也离奇。南朝陶弘景曾说：“昔时皆用鸩毛为毒酒，故名鸩酒。倾来不复尔。”西晋“衣冠南渡”时，“时制，鸩鸟不得过江”，此江应指长江，从此鸩鸟便似乎从历史中消失了，后代虽有鸩酒之说，但只是用来代称毒酒，与鸩鸟已无关。陶弘景曾说鸩鸟“状如孔雀”，唐人则否定

① 王春花：《唐代老年人口研究》，山东大学中国古代史2011年博士论文，导师：刘玉峰，第19页。

说“陶云状如孔雀者，交广人诳也”。

有学者认为，鸩可能是一种已灭绝的鸟，但也有人认为，鸩即今东南亚尚能见到的黑鹤，它也以蛇为食，但无毒，可能是古人以鸩羽拔毒入酒，令人误会为鸩有毒，但更多学者认为，鸩只是一种传说。

水银与黄金有毒吗

在小说中，有用水银下毒和“吞金而死”之说，《水浒》中的宋江死于前，《红楼梦》中的尤二姐死于后，但均属小说家言。

水银不溶于水，进入人体后无法被吸收，汞蒸汽和汞盐会给人带来伤害，但前者需要在1—44毫克/立方米的较高浓度下，人体暴露4至8小时才能中毒，后者常见形式为硫化汞，即朱砂，曾被认为是补品，唐代医家则认识到，朱砂有毒，不能长期服用。

黄金亦不溶于水，甚至不溶于普通的酸碱，黄金制品上多有尖刺，可能刺伤内脏，这会带来较大痛苦，但曹雪芹笔下的尤二姐却又明明是安详地死去。

为什么曹雪芹会认为金有毒呢？因为史书上有金屑酒，是一款名毒，妒后贾南风即死于此，刘禹锡在《马嵬行》中说：“贵人饮金屑，倏忽蕣英莫。平生服杏丹，颜色真如故。”称杨贵妃也死于金屑酒。（此处刘禹锡有误记，史籍明确说明杨贵妃系“缢死”）

显然，曹雪芹在此望文生义，将“药金”误为黄金。“药金”是古代方士提炼出的一种类似黄金的金属，一般指黄铜，在相当时期，“药金”被认为是黄金的一种。古人认为黄金不朽，服之可以延年，但黄金太贵，亦以“药金”替代，可炼制“药金”要使用水银和雄黄、雌黄、砒黄等硫化物，如处理不善，就会成毒，“杀人及百兽”，这才是金屑酒的原材料。

令人费解的粪便解毒

人体状况各不相同，通用毒药并不易得，在宋代以前，比较常用的毒药无非野葛（钩吻，即断肠草）、乌头、马钱子、巴豆、蓝药几种。

野葛比乌头还毒，本名为冶葛，产自南方。马钱子即牵机药，传说赵光义用此毒死李后主，服食该药后，头部抽搐，躯干向下弯曲，与足相接而死，状如在操作织布机，故称牵机药。巴豆毒性较低，因人而异。蓝药则为一种蛇毒，《酉阳杂俎》中说："蓝蛇，首有大毒，尾能解毒，出梧州陈家洞。南人以首合毒药，谓之蓝药，药人立死。取尾为腊，反解毒药。"

在这些毒药中，乌头最常见，李时珍曾质疑道，乌头分两种，即川乌头和草乌头，前者无毒，古人却未载，学者霍斌指出：李所见川乌头为人工培植种，宋代始有，而此前野生川乌头也都是有毒的。

在"刮骨疗毒"中，关羽所中箭上的毒，即应为乌头毒，按传统疗法，只需用药补疮即可，但关羽中毒已深，不得不刮骨疗毒。

古人发现，乌头毒对付鸟兽极为效验，"唯射猪犬，虽困犹得活"，古人认为这是"以其噉（dān）人粪故也"，葛洪在《肘后方》中提议："人若有中之，便即飡（同餐）粪，或绞滤取汁饮之，并以涂疮上，须臾即定，不尔，不可救也。"此方后收入《华佗神方》，孙思邈亦曾加注。

众名医都同意粪便解毒法，其中关窍，令人费解。

砒霜一统江湖

宋代以后，下毒方法渐趋简单，因砒霜崛起，一统江湖。

砒霜源自天然砒石，以江西信州（今上饶市部分地区）质最优，其中色红者即"鹤顶红"，号为毒物之王，宋代竟"每一两大块者，人竞珍之，不啻千金"。

但，宋代医家甚少关注砒霜，《本草经集注》《唐本草》均未载，直到《开宝本草》才列入砒霜，也仅称"味苦，酸，有毒。主诸疟，风痰在胸膈，可作吐药。不可久服，能伤人。"李时珍曾奇怪地说："砒乃大热大毒之药，而砒霜之毒尤烈，雀鼠食少许即死，猫食鼠雀亦殆，人服至一钱许亦死，虽钩吻、射罔之力不过如此，而宋人著《本草》，不甚言其毒，何哉？"

这或与加工方式有关。宋代制砒霜，是"取山中夹砂石者，烧烟飞作白霜”，这种升华法产量低、质量差，如采用煅烧法，则毒效立增，即砒石末加明矾烤制，明矾遇热融化，裹在砒石末上，防止其中有效成分挥发，成品毒效倍增。

据《天工开物》载，煅烧制霜时，“立者必于上风十余丈外。下风所近，草木皆死。烧砒之人，经两载即改徙，否则须发尽落”。

小说《水浒传》中，武大郎死于砒霜，但其实砒霜不易溶于水，用汤药灌远不如混在食物中。砒霜用量小、价格廉，乌头、野葛等已无法与之匹敌。